本书系中国教育学会 2021 年度教育科研一般规划课题(编号:202132002002B)、江苏省中小学教学研究课题(编号:2021JY14-L73)和苏州市第五批基础教育前瞻性教学改革实验项目(二类)研究成果

教育数字化转型背景下
云端一体化课堂校本创新实践

叶鹏松　编著

苏州大学出版社

图书在版编目(CIP)数据

教育数字化转型背景下云端一体化课堂校本创新实践/叶鹏松编著. — 苏州：苏州大学出版社，2024.4
ISBN 978-7-5672-4766-6

Ⅰ.①教… Ⅱ.①叶… Ⅲ.①数字技术—应用—中小学教育—研究 Ⅳ.①G63

中国国家版本馆 CIP 数据核字(2024)第 065880 号

书　　名：	**教育数字化转型背景下云端一体化课堂校本创新实践** JIAOYU SHUZIHUA ZHUANXING BEIJING XIA YUNDUAN YITIHUA KETANG XIAOBEN CHUANGXIN SHIJIAN
编　　著：	叶鹏松
责任编辑：	马德芳
助理编辑：	王　叶
装帧设计：	刘　俊
出版发行：	苏州大学出版社(Soochow University Press)
社　　址：	苏州市十梓街 1 号　邮编：215006
印　　刷：	镇江文苑制版印刷有限责任公司
邮购热线：	0512-67480030
销售热线：	0512-67481020
开　　本：	787 mm×1 092 mm　1/16　印张：18.25　字数：398 千
版　　次：	2024 年 4 月第 1 版
印　　次：	2024 年 4 月第 1 次印刷
书　　号：	ISBN 978-7-5672-4766-6
定　　价：	60.00 元

图书若有印装错误,本社负责调换
苏州大学出版社营销部　电话：0512-67481020
苏州大学出版社网址　http://www.sudapress.com
苏州大学出版社邮箱　sdcbs@suda.edu.cn

序

技术时代的新型学校

叶鹏松校长领风气之先,带领苏州工业园区星洋学校(简称星洋学校)走进了欣欣向荣的新场景时代,又在新的场景中积极探索,全面建设新时代的新型学校。

21世纪以来,以信息技术为代表的新技术迅速改变人类的思维方式、生产方式、生活方式和学习方式。面对时代的挑战,我国提出要建设网络化、数字化、个性化、终身化新教育体系。在这个新的体系里,中小学应该是什么样子?与传统学校有什么不同?教育界很多人都在思考这个问题,都在试图描绘新型学校的模样,探索新型学校的教育模式。而叶鹏松校长则通过他的思考和在星洋学校的生动实践,提供了一个优秀的解决方案。

这个方案包含了一个新型学校的整体架构,它不是一般的"教育+技术",也不是简单的"技术+教育",而是技术时代的新型教育方案。因此它的设计和实施涉及环境、技术、资源、空间的建设与利用,教学、学习、评价、教研的改革与重构,学校、班级、课堂、教研组的组织与管理诸多方面,每个方面都要求站在时代的高度思考,具有新的思路、新的举措,同时这些方面又始终保持协调发展,发挥协同育人的整体效应。特别值得称道的是,在以"八朵云"为代表的基础架构基本完成之后,近几年来,星洋学校又通过一系列创新行动,探索出以"云端一体化"教学模式为核心的新型学校的新样态,为技术时代新型学校的建设提供了新鲜的经验。这些在这本书里都有很好的阐述,而且有许多鲜活案例的支持。建议大家读一读,如果有机会去星洋学校看一看,一定会有更真切的感受。

《技术时代重新思考教育:数字革命与美国的学校教育》(阿兰·柯林斯、理查德·哈尔弗森著,陈家刚、程佳铭译,华东师范大学出版社2013年出版)思考了近些年来发明的所有新技术引起的教育变革,认为这可能是继200年前将学徒制带入普遍学校教育的那场革命之后的又一次革命。书中从八个方面梳理了从学徒制到普遍学校教育，再到新技术时代学校教育的发展，给我们很多启发。

叶鹏松校长准确把握新技术时代教育发展的趋势，深思熟虑，勇敢探索，用八年时间，带领他的团队把星洋学校建成了一所技术时代的新型学校，让我们非常振奋。可以说，这是一个中国人设计的技术时代新型学校的方案。

如今，叶鹏松校长完成了作为一个新型学校设计师和工程师的光荣使命，转去苏州工业园区教师发展中心主持工作。相信叶校长在新的岗位能够不断探索创新，继续引领星洋学校的发展，引领更多学校像星洋学校一样成为技术时代的新型学校。

陆志平

研究员、特级教师、江苏省教育学会名誉会长

2023 年 12 月 18 日

前言

苏州工业园区星洋学校成立于 2015 年 7 月，成立伊始就以建一所预见未来的智慧学校为办学愿景，积极构建个性化、自主化、网络化、智能化的"云课堂"。得益于江苏省、苏州市和苏州工业园区智慧教育的区域优势和校本化先行先试，2018 年 5 月，学校成功申报江苏省基础教育前瞻性教学改革实验项目"'互联网+'背景下'云课堂'整体架构的创新实践"，并在此基础上率先系统提出了云端一体化课堂的概念界定、内涵特征、技术支架、教学流程、结构范式与课堂评价体系，确立了"互联网+"时代学习者的主体地位和学校发展的核心竞争力，成功应对了新冠疫情带来的教学挑战，展现了前瞻性项目对推进"互联网+"时代课堂变革的影响力与示范带动作用，获评 2021 年恩欧希教育信息化发明创新奖和江苏省教育成果奖二等奖。

作为项目研究的深化，2021 年 12 月，学校主课题"教智融合背景下云端一体化课堂整体架构创新实践"，成功入选中国教育学会首批"十四五"科研课题。作为项目成果的推广，2022 年 12 月，学校申报的"教育数字化转型背景下'云端一体化课堂'校本化创新实践"成功入选第五批苏州市基础教育前瞻性教学改革实验项目。

在沈坚局长主持的 2023 年江苏省基础教育前瞻性教学改革实验二类项目"大数据促进适合的教育实践研究"引领下，学校立足时代变革，立足课题研究与项目实践，积极响应教育数字化转型战略行动，进一步丰富和拓展云端一体化课堂的时代内涵、创新应用和示范辐射作用。在课堂成功进行数字化转型的基础上，又率先提出了云端一体化"教—学—评—研"的概念界定、技术支架、业务流程和范式架构，实现了教学核心环节全流程、全要素的数字化转型，为 OMO（Online-Merge-Offline，线上与线下）深度融合的大场域、大教学、大教研新生态的形成，更好地实现智慧教学与数智治理，全方位提升教育数字化转型背景下师生的数字胜任力和素养导向的面向未来的学习竞争力提供了坚实支撑。

　　本书是对项目实践和课题研究成果的系统梳理，希望能启发教育数字化转型背景下更多学校面向未来的教育教学创新实践。由于实践时间短，技术资源迭代快，团队能力和水平有限，不当之处在所难免，恳请专家批评指正！

叶鹏松

2023 年 10 月 1 日

目 录

第一章 教育数字化转型与云端一体化课堂 ········ 1

教育信息化发展十年简述 ········ 1
教育数字化转型的背景、内涵与路径 ········ 6
基于教育数字化转型的云端一体化课堂校本创新实践 ········ 17
"教—学—评—研"云端一体化整体架构与创新实践 ········ 29

第二章 云端一体化课堂技术平台应用 ········ 40

云问卷——问卷星 ········ 40
云教研 ········ 43
云课程——Moodle ········ 49
云评价——班级优化大师 ········ 52
云合作——"每日交作业"小程序 ········ 56
云阅卷——云痕大数据学情诊断平台 ········ 59
云管理 ········ 67
云直播 ········ 73
云教学 ········ 75

第三章 云端一体化课堂创新案例 ········ 96

教学案例 ········ 96
基于"四学"流程的云端一体化物理课堂教学实践
——以初中物理二轮复习"力与运动、能量综合"专题为例 ········ 96
基于云端一体化的小学语文教学
——以点通板、墨水屏、希沃易课堂等云技术应用支架为例 ········ 100
云端一体化背景下小学数学探究小组学习策略
——以企业微信班级群应用为例 ········ 102

小学数学云端一体化课堂创新教学范式
——《认识一个整体的几分之一》教学案例 ············ 106

"四学"流程，云端一体
——以《和与积的奇偶性》教学为例 ················ 113

教育数字化转型背景下易加学院在云端一体化课堂中的运用
——以《百分数的意义》教学为例 ·················· 118

教育数字化精准反馈，云端一体化高效课堂
——希沃 click 反馈器在小学英语教学中的应用 ········ 122

德育案例 ··· 126
  "双减"背景下家校协同育人的数字化转型 ················ 126
  云端一体化：初中家校共育的创新策略 ···················· 129
  云端一体化背景下云技术在班级管理中的应用 ·············· 131
  教育数字化转型下家校社协同育人探索 ···················· 133

第四章 云端一体化课堂创新课例 ························· 137

解锁智慧教育新型教与学模式
——《琥珀》第 2 课时教学设计 ···················· 137

基于墨水屏的云端一体化教学设计
——《城南旧事》课外阅读指导课教学设计 ············ 142

基于云端一体，助推学力提升
——《大自然的声音》第 1 课时教学设计 ·············· 147

基于易加平台的云端一体化教学设计
——《茅屋为秋风所破歌》第 1 课时教学设计 ·········· 150

运动中发现数学真理
——《平移和旋转》教学设计 ······················ 155

云端一体化课堂背景下指向数学素养的规律探索
——《间隔排列》教学设计 ························ 160

云端一体化课堂下的"四学"流程架构的课堂探索
——Unit 4 Then and now 第 3 课时教学设计 ········ 167

"云"设计助力"云课堂"
——《法不可违》教学设计 ························ 172

创设基于云端一体的教学情境，加深多感体验
——《瑶族舞曲》教学设计 ························ 178

基于云端一体化课堂的互动与融合
——《姑苏食话 妙"藕"天成》教学设计 ············ 182

基于易加学院互动课堂的教学创新实践
　　——以《植物的生长发育》第1课时教学设计为例 ·················· 185

第五章　云端一体化课堂实践探索 ·················· 190

云端一体化教研 ·················· 190

教育数字化转型背景下的云端一体化教研 ·················· 190

用评价助力数字阅读素养持续进阶
　　——基于数字阅读的小学语文课外阅读评价变革探索 ·················· 196

巧用希沃白板5，创新小学英语"教—学—评"一体化 ·················· 199

线上线下深度融合，共享共研减负增效
　　——基于希沃白板5的小学语文校本教研路径探索 ·················· 204

小学数学"教—学—评—研"云端一体化探究式创新实践 ·················· 207

数字化转型背景下的教研新样态 ·················· 211

云端一体化教学评价 ·················· 213

基于云端一体化的质量监测应用案例
　　——以初中地理专题复习《等高线地形图》为例 ·················· 214

人工智能在数学课堂教学评价中的应用探析
　　——以《探索三角形全等的条件》为例 ·················· 219

云端一体化初中物理课堂的"教—学—评—研"
　　——以《浮力》教学为例 ·················· 223

"教—学—评—研"云端一体化背景下初中地理项目化教学探究
　　——以《东方明珠——香港和澳门》为例 ·················· 226

实践研究感悟 ·················· 233

云端一体化背景下物理"大单元"统整复习在线教学探索与实践 ·················· 233

基于云端一体化课堂的中小学信息科技教学策略分析 ·················· 238

云端一体，作文教学新的行走方式 ·················· 246

基于云端一体，提升英语线上教学有效性 ·················· 252

基于云端一体的小学语文个性化教学探究 ·················· 256

教育数字化转型背景下大数据与小学数学探究式学习的融合 ·················· 261

小学英语课内外全链条"云课堂"教学模式的实践 ·················· 265

云端一体，地球与宇宙科学领域实验教学数字化转型新路径 ·················· 271

人工智能驱动课堂改革，数字技术赋能教师成长
　　——以评价改革引领教育高质量发展的探索与实践 ·················· 278

后记 ·················· 280

第一章
教育数字化转型与云端一体化课堂

导读：随着 5G 移动互联、大数据、云计算、AR（Augmented Reality，增强现实）/VR（Virtual Reality，虚拟现实）、区块链和人工智能等数字技术资源与社会生产生活的不断融合，数字中国战略的深入实施，用数字技术推动教育发展，通过教育培养数字人才，已成为全球大趋势，中国教育信息化开始向教育数字化战略转型，如何准确把握教育数字化与教育信息化的逻辑关系，如何高质量推进教育的数字化转型，正日益成为教育改革与创新的热点。本章重点从中小学教育时代变革的视角，对教育信息化十年的发展、教育数字化的内涵与路径以及教育数字化转型的校本化实践做了简要概述，以期形成更为理性的数字化理念与思维来指导教育的科学实践。

教育信息化发展十年简述

探讨教育数字化转型时代背景的视角很多，这里首先从教育信息化发展，尤其是"互联网+"背景下教育的深刻变革谈起。以下重点围绕《教育信息化十年发展规划（2011—2020 年）》[①]，分别从教育信息化发展源起、规划启航、应用驱动、深度融合、创新发展和生态重塑六个阶段，从中小学教育时代变革的视角，就十年来中国教育的信息化发展历程作简要回顾总结。

1. 发展源起

1994 年 4 月 20 日，是被载入史册的一天。当天，中国通过美国 Sprint 公司连入一条 64K 的国际网络专线，成为全球第 77 个有网络的国家。1995 年中国教育和科研计算机网（China Education and Research Network，简称 CERNET）连通国际互联网[②]。从窄窄的 64K 带宽开始，中国教育信息化之路越走越宽，有力促进了教育、科学与技术的信息共享与社会发展。

---

① 中华人民共和国教育部. 教育部关于印发《教育信息化十年发展规划（2011—2020 年）》的通知[EB/OL].（2012-03-13）[2023-09-15]. http://www.moe.gov.cn/srcsite/A16/s3342/201203/t20120313_133322.html.

② 陈琳，姜蓉，毛文秀，等. 中国教育信息化起点与发展阶段论[J]. 中国远程教育，2022，(01)：37-44.

2. 规划启航

2012年3月，教育部印发《教育信息化十年发展规划（2011—2020年）》（以下简称《十年规划》）提出了以教育信息化带动教育现代化，是我国教育事业发展的战略选择，要把教育信息化摆在支撑引领教育现代化的战略地位；明确了面向未来，育人为本，应用驱动，共建共享，统筹规划，分类推进，深度融合，引领创新的工作方针和用十年左右的时间初步建成具有中国特色的教育信息化体系，使我国教育信息化整体上接近国际先进水平的发展目标。

这也是新中国成立以来首份有关教育信息化的规划文件，它明确以教育信息化带动教育现代化，是我国教育事业发展的战略选择，对全面推进信息技术在教学、管理、科研等方面的深入应用，实现信息技术与教育的全面深度融合，变革教育理念、模式与方法，支撑教育创新发展与国际交流合作提出了明确的要求，具有里程碑意义。

3. 应用驱动

2012年是《十年规划》启航元年，从这一年开始，在"三通两平台"等一系列重大项目和工程支持下，教育信息化基础设施和软、硬件应用环境得到了持续快速的发展，智能终端、移动互联网、云计算、大数据等技术应用集体亮相并不断壮大，各种应用系统和平台蓬勃发展，教育信息化开始步入发展的快车道。

大家关注的课堂教学的变革开始悄然发生，以慕课、微课、翻转课堂、混合教学等为代表的新型教与学开始走进人们的视野，技术加持下以学习者为中心的教与学被纷纷仿效。与此同时，教师队伍整合技术的学科教学知识（Technological Pedagogical Content Knowledge，即TPACK）匮乏问题开始显现。

2014年5月，教育部办公厅印发《中小学教师信息技术应用能力标准（试行）》[1]，重点从应用信息技术优化课堂教学和应用信息技术转变学习方式两个维度，共二十五项指标，以三年为期，全面提升中小学教师的信息技术应用能力，促进信息技术与教育教学深度融合。

4. 深度融合

2015年5月23日，首届国际教育信息化大会在山东青岛开幕。国家主席习近平发来贺信，强调因应信息技术的发展，推动教育变革和创新，构建网络化、数字化、个性化、终身化的教育体系，建设"人人皆学、处处能学、时时可学"的学习型社会，培养大批创新人才，是人类共同面临的重大课题。

由此，教育信息化开始被提升到新的战略高度，并逐步从应用驱动向深度融合转型，其促进课堂教学变革与教育改革发展的作用日益凸显，为我国教育高质量发展奠定了坚实的基础。

---

[1] 教育部办公厅. 教育部办公厅关于印发《中小学教师信息技术应用能力标准（试行）》的通知［EB/OL］.（2014-05-28）［2023-09-15］. http://www.moe.gov.cn/srcsite/A10/s6991/201405/t20140528_170123.html.

2015年10月中共中央第十八届五中全会明确实施网络强国战略，实施"互联网+"计划和国家大数据战略。在这一大背景下，2016年6月教育部发布《教育信息化"十三五"规划》①，提出2020年教育信息化发展目标：到2020年，基本建成"人人皆学、处处能学、时时可学"，与国家教育现代化发展目标相适应的教育信息化体系；基本实现教育信息化对学生全面发展的促进作用，对深化教育领域综合改革的支撑作用和对教育创新发展、均衡发展、优质发展的提升作用；基本形成具有国际先进水平、信息技术与教育融合创新发展的中国特色教育信息化发展路子。2017年1月，国务院印发《国家教育事业发展"十三五"规划》②，首提"互联网+教育"，实施"互联网+教育培训"行动，支持"互联网+教育"教学新模式，发展"互联网+教育"服务新业态。"互联网+教育"成为教育信息化创新的热点和"十三五"教育发展的新动力。

5. 创新发展

2018年，教育部发布《教育信息化2.0行动计划》③，其基本目标是到2022年基本实现"三全两高一大"，即教学应用覆盖全体教师、学习应用覆盖全体适龄学生、数字校园建设覆盖全体学校，信息化应用水平和师生信息素养普遍提高，建成"互联网+教育"大平台；努力构建"互联网+"条件下的人才培养新模式，发展基于互联网的教育服务新模式，探索信息时代教育治理新模式。

这是教育信息化发展中又一个具有里程碑意义的重要文件，教育信息化被视为教育现代化的基本内涵和显著特征，成为教育系统性变革的应有生态和内生动力，并作为重要内容写进《中国教育现代化2035》和《加快推进教育现代化实施方案（2018—2022年）》，教育信息化也开始从融合应用走向创新发展，标志着我国教育信息化转段升级进入2.0时代。

以移动互联、云计算、大数据、物联网、智能终端广泛应用为标志的云课堂、未来教室、移动教学、AR/VR实验教学、直播互动教学、在线诊断、伴随性评价和大数据质量分析等应用和系统开始迅速在中小学落地、普及、推广，为教育创设了更加多元化、个性化、泛在化和智能化的应用场景。无论是孔子倡导的"有教无类"，还是捷克教育家夸美纽斯期盼的"把一切知识教给一切人"，在"互联网+教育"时代，都正以前所未有的速度接近现实。各类应用的系统性、兼容性、集成度逐步提升，源自互联网平台的各类优质教育资源也日益丰富，教室的边界和学校的围栏开始被打破，教育教学管理评价业务流程开始被结构性重塑，并涌现出一大批优秀的创新实践

---

① 中华人民共和国教育部. 教育部关于印发《教育信息化"十三五"规划》的通知［EB/OL］.（2016-06-07）［2023-09-15］. http://www.moe.gov.cn/srcsite/A16/s3342/201606/t20160622_269367.html.
② 国务院. 国务院关于印发国家教育事业发展"十三五"规划的通知［EB/OL］.（2017-01-19）［2023-09-15］. https://www.gov.cn/zhengce/content/2017-01/19/content_5161341.htm.
③ 中华人民共和国教育部. 教育部关于印发《教育信息化2.0行动计划》的通知［EB/OL］.（2018-04-18）［2023-09-15］. http://www.moe.gov.cn/srcsite/A16/s3342/201804/t20180425_334188.html.

案例，以及走在前列的智慧教育示范区、网络学习空间应用普及活动先进校和智慧校园示范校，起到了很好的示范、引领作用。

《十年规划》实施以来，国家教育政策也在持续引导、推进教育信息化和"互联网+"时代教育转型。这也体现了国家对当前世界新一轮科技革命和产业变革蓄势待发、未来创新人才激烈竞争，以及世界范围教育革命性变化的科学研判和前瞻性引领。

为更好地服务国家"互联网+"、大数据、人工智能等重大战略，推动教师主动适应信息化、人工智能等新技术变革，积极有效开展教育教学，2019年3月，教育部出台《关于实施全国中小学教师信息技术应用能力提升工程2.0的意见》[①]（以下简称《意见》）。作为贯彻落实党中央、国务院全面深化新时代教师队伍建设改革重大决策部署的工作举措，《意见》明确信息技术应用能力是新时代高素质教师的核心素养，计划到2022年，基本实现"三提升一全面"的总体发展目标：校长信息化领导力、教师信息化教学能力、培训团队信息化指导能力显著提升，全面促进信息技术与教育教学融合创新发展。

随后，中小学教师信息技术应用能力提升工程执行办公室印发《中小学教师信息化教育教学微能力诊断指引》，围绕多媒体教学环境、混合学习环境和智慧学习环境，分别从学情分析、教学设计、学法指导和学业评价四大维度，共设立30项微能力，对教师信息素养提升进行系统诊断和评估。这为在教育信息化创新发展阶段培育具有"互联网+"思维和技能的未来教师，尤其是具有示范性的信息化领导力种子校长与培训团队起到了关键性的保障作用。

6. 生态重塑

2020年初新冠疫情来袭，为阻断疫情向校园蔓延，确保师生生命安全和身体健康，教育部下发通知，要求利用网络平台，"停课不停学"[②]，一时间约2.76亿在校生的学校教育整体从线下跨向云端。虽然初期困难重重，无论是互联网服务器、网络带宽和覆盖面，还是在线教学资源、技术平台应用和师生教学信息化素养等，都面临着前所未有的压力和挑战，但得益于《十年规划》超前布局和《国务院关于积极推动"互联网+"行动的指导意见》《教育信息化"十三五"规划》《教育信息化2.0行动计划》《关于实施全国中小学教师信息技术应用能力提升工程2.0的意见》等文件的前瞻性引领，以及近十年教育信息化发展的软硬件成果与良好生态，我们有效应对了这场危机。经历短时阵痛之后，网络环境快速优化，《同上一堂课》等优质资源源源不断汇聚云端，腾讯会议、钉钉、希沃等平台功能日益完善，师生的云端教与学逐步走向平稳和相互适应，并成为疫情期间教学的新常态。2022年3月28日，国家

---

① 中华人民共和国教育部. 教育部关于实施全国中小学教师信息技术应用能力提升工程2.0的意见[EB/OL]. (2019-03-21) [2023-09-15]. http://www.moe.gov.cn/srcsite/A10/s7034/201904/t20190402_376493.html.

② 中华人民共和国教育部. 教育部：利用网络平台，"停课不停学"[EB/OL]. (2020-01-29) [2023-09-15]. http://www.moe.gov.cn/jyb_xwfb/gzdt_gzdt/s5987/202001/t20200129_416993.html.

智慧教育公共服务平台正式上线，平台把资源数据中心和公共服务结合起来，为学生学习、教师教育教学、学校教育管理、教育改革研究以及应对疫情提供了强有力支撑。

疫情的反复不断对学校线上线下教育教学提出新挑战，源自一线的创新案例和成果不断涌现，慕课教学、直播教学、双师课堂、混合教学、微视频教学、AR/VR教学、人工智能教学等教育新场景时常能按需切换，灵活应对；在线教学逐步走向云端教学，走向认知流程与数据驱动的教学结构性变革；线下教学也越来越多地主动融入云端的技术与资源，呈现方式、交互方式、评价方式、教与学的方式与流程也在不断创新重构，并与线上教学有机融合，校内校外联动日益成为常态；多元参与、共建共享、学有优教渐入佳境，教育教学管理评价和家校共育等业务流程线上线下兼容，逐步实现云端一体化；个性学·智慧教·精准管·科学测·智能评价的线上线下融合互动的混合式学习空间基本形成；基于数据驱动的学校治理效能显著提升，线上与线下（Online-Merge-Offline，OMO）深度融合成为新常态和广泛共识，智慧教育生态初步形成，并以前所未有的深度和广度影响着学校教育教学。三年疫情给教育带来的挑战既是对教育管理者、广大师生乃至家长教育信息化素养的一次全员实训，也是对我国教育信息化十年发展的一次全面检阅，更是进一步推进教育信息化发展的一次全面加速。

截至2023年2月，全国中小学（含教学点）互联网接入率达到100%，比2012年提高了75个百分点；99.9%的学校出口带宽达到100M以上，超过四分之三的学校实现无线网络覆盖，99.5%的学校拥有多媒体教室[1]；国家智慧教育平台汇聚基础教育资源4.4万条、职业教育精品在线开放课程6757门[2]、高等教育优质慕课、虚拟仿真实验2.7万门，访问总量超过67亿次，覆盖200多个国家和地区，成为世界最大的教育资源中心和公共服务平台[3]；师生的数字素养和应用能力得到了大幅提升。"互联网+教育"示范区、"智慧教育示范区"、信息化教学实验区、"5G+智慧教育"和人工智能助推教师队伍建设行动试点等因地制宜进行了大胆的探索，加大了教育信息化协同推进力度。总体来说，我国教育信息化实现了跨越式发展和历史性突破。

2022年全国学历教育在校生已达2.93亿人。[4] 回望十年发展，面对体量如此庞大的在校生教育，中国教育信息化交出了一份高质量的答卷。实践证明，国家关于教

---

[1] 中华人民共和国教育部. 教育部：全国中小学（含教学点）互联网接入率达到100% [EB/OL].（2023-02-09）[2023-09-15]. http://www.moe.gov.cn/jyb_xwfb/xw_zt/moe_357/2023/2023_zt01/mtbd/202302/t20230213_1044232.html.

[2] 中国教育报. 数字化助力职教高质量跃升 [EB/OL].（2023-02-11）[2023-09-15]. http://www.moe.gov.cn/jyb_xwfb/s5147/202302/t20230211_1043746.html.

[3] 中华人民共和国教育部. 我国基本建成世界第一大教育教学资源库. [EB/OL].（2023-02-10）[2023-09-15]. http://www.moe.gov.cn/jyb_xwfb/xw_zt/moe_357/2023/2023_zt01/mtbd/202302/t20230213_1044239.html.

[4] 中华人民共和国教育部. 我国在校生达2.93亿人，专任教师达1880.36万人 [EB/OL].（2023-03-23）[2023-09-15]. http://www.moe.gov.cn/fbh/live/2023/55167/mtbd/202303/t20230324_1052499.html.

育信息化的规划与系列决策部署是前瞻的、科学的，贯彻落实也是扎实高效的。

疫情期间的学校教育创新实践，使全社会对OMO教育教学和学校治理有了更为全面、深刻、理性的认知，这为中国教育信息化的深层次、系统性变革埋下了伏笔。面对教育数字化转型的新形势、新要求，学校教育教学在目标、理念、时空、资源、环境、流程、评价与治理等各方面，已为全面步入生态重塑的新阶段做好了必要准备，这也是我国教育信息化十年发展交出的最好答卷。

教育数字化转型的背景、内涵与路径

十年磨一剑。2022年既是《十年规划》实施的收官之年，也是中国教育信息化一个新的战略转折点，教育部在年初全国教育工作会议和年度工作重点中，都明确大力实施教育数字化战略行动。10月，党的二十大报告提出"推进教育数字化"，这标志着教育数字化转型已成为我国教育改革发展的重要战略部署，将为面向未来的中国教育高质量发展注入新动力。

为准确理解和把握教育数字化转型的内涵和实践路径，以下重点就教育数字化转型的时代背景，意义价值，与信息化的区别与联系，发展阶段，实践路径和学校首席信息官、首席数据官/数字官职责与使命等六个关键问题作简要分析。

1. 教育数字化转型的时代背景

第一是世界大势。

2019年6月7日，习近平总书记在第二十三届圣彼得堡国际经济论坛全会上致辞时指出：当今世界正经历百年未有之大变局，新兴市场国家和发展中国家的崛起速度之快前所未有，新一轮科技革命和产业变革带来的新陈代谢和激烈竞争前所未有，全球治理体系与国际形势变化的不适应、不对称前所未有。[1]

教育之大变局总是与世界之大变局相伴而生，教育不可能置身事外。2020年9月，联合国教科文组织、国际电信联盟和联合国儿童基金会联合发布了《教育数字化转型：学校联通，学生赋能》，关注教育的数字化连通。同年，欧盟发布了《数字教育行动计划（2021—2027年）》，明确了欧盟层面未来需要推进"促进高性能的数字教育生态系统的发展"和"提高数字技能和能力以实现数字化转型"两大战略事项。2021年6月8日，经济合作与发展组织发布报告《数字教育展望2021：用AI、区块链和机器人推向前沿》，介绍已经应用于教育系统的人工智能（AI）或机器学习、机器人和区块链三种智能技术正如何改善课堂教学、教育机构以及教育系统的管理。8月18日，由联合国教科文组织教育信息技术研究所（UNESCO IITE）与中国电子图书馆共同启动了"利用人工智能和数字技术进行教师能力建设：教师电子图

---

[1] 习近平在第二十三届圣彼得堡国际经济论坛全会上的致辞（全文）[EB/OL].（2019-06-13）[2023-09-15]. http://www.mofcom.gov.cn/article/i/jyjl/l/201906/20190602872610.shtml.

书馆"项目,项目倡导在推进教育技术深入发展的同时,也要注重学习者权利的保护。①

当今世界正在经历历史性的转变。随着时代的发展,世界各国都在积极行动,把数字教育作为应对危机挑战、开启光明未来的重要途径和举措。联合国教育变革峰会提出,数字革命应当惠及所有学习者。不少国家应时而动,纷纷出台数字化发展战略,并将教育作为其中的重要组成部分。可见,用数字技术推动教育发展,通过教育培养数字人才,已成为全球大趋势。在国际人才竞争进入大变局之际,中国的教育数字化转型迫在眉睫。要发挥教育的先导性、全局性、基础性作用,与时代同频共振,中国教育数字化转型时不我待。

第二是发展大局。

"十三五"规划纲要将"数字中国"上升为国家战略;在数字经济方面,2022年我国数字经济规模达到50.2万亿元,总量稳居世界第二,占GDP比重提升至41.5%;2021年12月《"十四五"国家信息化规划》,提出要加快建设数字中国,大力发展数字经济,实施全民数字素养与技能提升行动;全民数字素养与技能日益成为国际竞争力和软实力的关键指标,这无疑对教育改革发展和人才培育提出了新的要求。2022年1月全国教育工作会议(简称全教会)提出实施国家教育数字化战略行动,促进全要素、全业务、全领域和全流程的数字化转型;同年10月,党的二十大报告首次把教育、科技、人才进行"三位一体"统筹安排、一体部署,并提出"推进教育数字化,建设全民终身学习的学习型社会、学习型大国"。这是教育数字化第一次被写入党的代表大会报告,是以习近平同志为核心的党中央作出的重大战略部署,赋予了教育在全面建设社会主义现代化国家中新的使命,明确了教育数字化未来发展的行动纲领,具有重大意义。教育数字化为我们不断推动教育变革和创新,建设人人皆学、处处能学、时时可学的学习型社会、学习型大国,加快建设教育强国指明了前进方向、提供了根本遵循。作为"数字中国"战略的一部分,推进教育数字化是贯彻落实科教兴国战略、人才强国战略、创新驱动发展战略的重要先手。这些都需要我们的教育乘势而上,顺势而为。

2023年2月13日—14日,世界数字教育大会在北京召开,教育部长怀进鹏在世界数字教育大会上作《数字变革与教育未来》的主旨演讲。怀部长指出:发展数字教育,推动教育数字化转型,是大势所趋、发展所需、改革所向,更是教育工作者应有之志、应尽之责、应立之功。

第三是内在需求。

在《十年规划》顶层设计的指引下,我国教育信息化实现了跨越式发展和历史性突破,但一些深层次问题也开始显现出来。经济发展不均衡带来的教育信息化区域

---

① 北外领衔发布2021年全球教育政策十大事件[EB/OL]. (2022-01-02)[2023-09-15]. https://news.bfsu.edu.cn/article/290330/cate/4.

发展不均衡问题，导致数字鸿沟仍在一定程度上阻碍着教育公平；由于缺乏统一技术标准规范，各级各地教育信息化平台系统应用数据不兼容，长期存在着数据孤岛效应，严重制约了教育资源与服务的共享性，以及大规模教育质量提升；各类系统平台重复建设，严重制约了资金的使用绩效；过度重视硬件设施设备添置，忽视软件资源服务投入、教师信息技术应用能力培训、提升和常态化融合应用；主阵地课堂教学中应用信息技术固化传统应试教育的现象仍在一定范围内存在，利用信息技术转变教与学方式亟待提升；还有基层学校教育信息化发展规划，课题引领和首席信息官、首席数据官/数字官领导管理架构缺失的问题，等等，这些都一定程度上制约着教育信息化整体效能的进一步释放和教育的高质量发展。

推进教育全要素、全流程、全业务和全领域的数字化转型，是站在时代变革全局化的视角对教育信息化进行的一次结构性重塑和顶层系统优化，有利于打破平台系统壁垒，充分释放数据价值，构建全系统全链条数字教育大生态，最大化促进资源共享、数据流通，以及数智融合的教育教学与智慧治理。

2. 教育数字化转型的意义

第一，有利于破解传统教育两大瓶颈，推进教育高水平发展。

首先，教育数字化转型能更好地促进教育公平。推进教育数字化转型有利于实现教育大规模优质均衡，共享优质师资和资源，真正实现有教无类，把每一所学校都办好。

其次，教育数字化转型能更好地提升教育质量。推进教育数字化转型有利于实现教育大规模个性化学习和智慧治理，全面实现因材施教，发展好每一位师生。

这需要我们积极推动数字教育的技术、模式、业态和制度创新，以教育数字化支撑和引领教育现代化，让教育成为伴随每个人一生的教育、平等面向每个人的教育、适合每个人的教育、更加开放灵活的教育，成为建设学习型社会、学习型大国的重要支撑。

第二，有利于抢抓教育发展"双新"机遇，构建教育发展新格局。

正如2023年5月29日，习近平总书记在中共中央政治局第五次集体学习时所强调的：教育数字化是我国开辟教育发展新赛道和塑造教育发展新优势的重要突破口。进一步推进数字教育，为个性化学习、终身学习、扩大优质教育资源覆盖面和教育现代化提供有效支撑。

在这一时代背景下，尤其要发挥好教育的先导性、全局性、基础性作用，一方面积极应用数字技术，赋能教育发展，另一方面创新变革教育，积极培养数字技术人才，服务社会经济新发展。我们要树立数字思维，抢抓"双新"机遇，面对国内外数字经济发展和数字人才需求，积极探索实践教育数字化转型的新场景和新路径，构建教育高质量发展新格局，实现教育整体水平提升，不断向教育强国迈进。

习近平总书记强调，教育兴则国家兴，教育强则国家强。建设教育强国，是全面建成社会主义现代化强国的战略先导，是实现高水平科技自立自强的重要支撑，是促进全体人民共同富裕的有效途径，是以中国式现代化全面推进中华民族伟大复兴的基础工程。要全面贯彻党的教育方针，坚持以人民为中心发展教育，主动超前布局、有力应对变局、奋力开拓新局，加快推进教育现代化，以教育之力厚植人民幸福之本，以教育之强夯实国家富强之基，为全面推进中华民族伟大复兴提供有力支撑。①

综上所述，教育数字化转型已成为当下教育高质量发展的内在需求、内生动力和必由之路。

3. 数字化与信息化的区别与联系

关于这两个概念的确容易引发认知困惑，学术界也没有一致认可的界定，以下是综合各方观点和一线实践的个性化解读。

信息化简单来讲就是流程的数据化。即通过信息与通信技术（information and communication technology，ICT）实现对人、财、物、事的流程信息进行数据化处理、记录、储存和管理，并通过信息网络系统和终端进行数据呈现、传播与沟通的过程，可让许多传统业务流程变得简洁、高效，从而显著提升工作效能。

可见，信息化的核心是流程驱动，属于网络化的基础工程。从这个意义上讲，信息化也不会因为有了数字化而停止。但是信息化常常因为业务流程不同、平台不同、系统不同等，导致"数据烟囱"林立，数据难以得到有效流通，从而一定程度上制约了信息化的高质量发展。

数字化简而言之就是数据的流程化。信息化离不开数据支撑，其本身也会产生海量有价值的数据。通过移动互联、大数据、云计算、区块链和人工智能等数字技术，可以让这些数据真正闭环流通起来，并通过数据挖掘创造新流程和产生新的价值。

可见，数字化的核心是数据，是信息化发展的高级阶段，也可以把信息化看作是数字化的初级阶段。区别信息化和数字化阶段的核心标志是看数据是否成为资产，并创造新价值。

譬如教学中我们时常采用扫描阅卷系统，可以实现阅卷和采分从线下到线上的流转，这一过程可以看作是教育信息化的过程，让流程变革，提高工作效能。

日积月累，阅卷过程中会不断产生新的数据，学科间、班级间、同学间、年段间、不同考试间的数据都是相互关联的，如果引入数据挖掘，进行系统分析，就很容易发现这些数据蕴含的许多教育秘密，并为科学评估、预测和精准改进教与学提供决策支持，这一过程则可以看作是教育数字化的过程，让数据挖掘产生价值，让数据成为驱动教育创新的关键要素。

当然，如果在此基础上，建立大数据模型，引入智能化分析系统，就可以为师生一人一案个性化推送学习资源，或为教育教学管理提供智能化的决策和指导建议，这一过程则可以看作是教育智能化的过程，让模型应用产生价值，这也是数字化转型的

---

① 新华社．习近平主持中央政治局第五次集体学习并发表重要讲话［EB/OL］．（2023-05-29）［2023-09-15］.https://www.gov.cn/yaowen/liebiao/202305/content_6883632.htm.

意义和价值所在。基于数据的个性化教学、科学化评价、精细化管理、精准化培训、智能化决策等，将对提高教育质量、培养创新人才、提升管理效能具有潜在的巨大推动作用。信息化、数字化和智能化是一个有机的整体，信息化是基础，数字化是关键，智能化是核心价值追求。

4. 教育数字化转型需经历的发展阶段

总体可以分为四个阶段：

一是资源数字化阶段，是数字化的基础阶段。但不要简单地理解为仅仅是把线下资源搬到线上而已，就像把课本变成 PDF 文档那样，我们还应更多地实现线上资源从静态向动态可自由交互的资源转变，从孤立向智能互联的资源转变，从平面向 3D 立体的资源转变，从虚拟向与现实融合的沉浸式体验的资源转变，从个体化散点资源向系列化、精品化专家平台资源转变，尤其是要实现从服务教转向服务学的资源转变，不断提升数字资源供给质量。

二是能力数字化阶段，是数字化的关键阶段。教育数字化较其他行业要复杂得多，数字化能力建设不能仅仅满足于教，要做到"学—教—测—评—管—研—培—服务—家校沟通"等流程全覆盖；不仅要加强教师数字化能力建设，还要同步提升学生和家长包括数字化环境保障等要素的数字化能力，任何一个流程和要素的缺失都将影响能力数字化全局的效能。要积极培育、发展教育数字化生态，逐步实现教育全要素、全流程、全业务和全领域的数字化转型。这一阶段的具体工作是要推进数字教育技术、平台、资源、环境与教育教学管理评价的深度融合，促进教育管理者、广大师生和家长教育数字化思维、理念、技能和素养的全面提升。

三是流程数字化阶段，是数字化的核心阶段。这一阶段不仅要实现业务流程闭环，而且要尽可能创建属于自己的数据基座，突破多终端、多应用、多源异构数据的融合壁垒，为个性化精准服务提供丰富的数据来源，实现各类应用数据闭环，让数据更完整、更安全、更互联互通，也更有价值，并为新流程、新决策提供数据支撑。教育在这一阶段的具体表现是大规模因材施教逐步普及，教育开始迈进大规模高质量发展的新阶段。

四是数智一体化阶段，是数字化的高级阶段。这一阶段数据开始与人工智能（AI）技术深度融合，建立状态感知、实时分析、科学决策、智能化分析与管理、精准化执行的智能系统。这一阶段，对教育而言，有利于促进学生成长智能感知、教师发展智能服务、育人环境智能升级、公共服务智能协同，释放数智融汇的巨大潜能；作为在校师生，将体验到更多人智协同的新场景，智能助教、智能学伴等智能助手将越来越懂我们，并为我们提供越来越多的个性化智能服务。由此，我们的教育也将从大规模因材施教迈进智能化、个性化学习新时代。

需要指出的是，四个阶段是一个螺旋上升的有机整体，每一个阶段都需要不断迭代，都不是一蹴而就的，教育数字化整体水平的提升离不开各阶段的协同发力和系统优化。

5. 推进教育数字化转型的实践路径

从国家层面来看，具体推进上总体做到了"四个强"。

一是强基建。

与其他产业和行业一样，教育数字化转型离不开以5G、云计算、大数据、人工智能、物联网、区块链等为代表的新一代ICT技术和资源的广泛应用，这些都需要新基建的有力支撑。2018年12月，中央经济工作会议首次提出"新基建"这一概念，并于2019年3月被写入政府工作报告。2020年3月，中共中央政治局常务委员会会议强调，加快5G网络、数据中心等新型基础设施建设进度。

教育部教育信息化战略研究基地（华中）常务副主任、华中师范大学教授吴砥指出："与传统基建概念不同，教育新基建不仅包括网络、教室等'硬'基础设施环境，还包括资源、应用等'软'基础设施条件，强调的是夯实整个高质量教育体系的数字底座。"①

教育新基建将5G、AI、云服务、物联网以及VR/AR等前沿领域融合在一起，可以为教育提供诸如远程全息互动教学、3D虚拟仿真、增强现实等沉浸式体验与智能交互的创新应用场景。2021年7月，教育部等六部门出台《关于推进教育新型基础设施建设构建高质量教育支撑体系的指导意见》②，并提出教育新基建主要从推动网络新基建、平台新基建、资源新基建、校园新基建、应用新基建、安全新基建六方面着力。这为各地推进教育新基建提供了明确方向。为树立一批可复制推广、可规模化应用的发展标杆，2021年9月，工业和信息化部办公厅、教育部办公厅组织开展"5G+智慧教育"应用试点项目申报工作，旨在培育一批以5G为代表的新一代信息通信技术与教育教学创新融合的典型应用，为推动"5G+智慧教育"创新发展提供经验，助力教育高质量发展。③

2021年12月，《"十四五"国家信息化规划》提出要加快建设数字中国，大力发展数字经济，实施全民数字素养与技能提升行动，开展终身数字教育；2022年1月，国务院印发《"十四五"数字经济发展规划》，明确进一步优化升级数字基础设施，强调推进教育新型基础设施建设，推动"互联网+教育"持续健康发展。

2022年10月，党的二十大报告提出，要优化基础设施布局、结构、功能和系统集成，构建现代化基础设施体系。2023年2月，中共中央、国务院印发《数字中国

---

① 中国教育报. 教育新基建如何筑基未来教育[EB/OL].（2021-08-04）[2023-09-15]. https://baijiahao.baidu.com/s?id=1707143845798716230&wfr=spider&for=pc.
② 中华人民共和国教育部. 教育部等六部门关于推进教育新型基础设施建设构建高质量教育支撑体系的指导意见[EB/OL].（2021-07-08）[2023-09-15]. http://www.moe.gov.cn/srcsite/A16/s3342/202107/t20210720_545783.html.
③ 工业和信息化部办公厅等. 工业和信息化部办公厅 教育部办公厅关于组织开展"5G+智慧教育"应用试点项目申报工作的通知[EB/OL].（2021-09-27）[2023-09-15]. https://www.gov.cn/xinwen/2021-09/27/content_5639612.htm.

建设整体布局规划》①，指出建设数字中国是数字时代推进中国式现代化的重要引擎，是构筑国家竞争新优势的有力支撑。要夯实数字中国建设基础，打通数字基础设施大动脉，畅通数据资源大循环。

为克服重复建设、数据孤岛等现象，进一步强化大数据赋能教育教学，2023年7月，教育部部长怀进鹏表示，将建设国家教育数字化大数据中心，使它成为提供优质资源服务的重要平台，成为国家数字教育资源共享中心、教育公共服务的汇聚中心和数字资源的管理和评估中心。数字化不仅仅是技术、是平台，也不仅仅把资源变成数字，更重要的是它会撬动我们的教育改革，真正地服务于学生的学习和发展，服务于教师的教育与教学，服务于学校的管理和治理能力提升，也服务于在新时代教育现代化当中我们研究能力的提升。

数字技术应用从最初作为信息工具、资源的单一应用转向基于大数据、人工智能的教育生态创新与全面赋能。

二是强平台。

2018年4月，教育部印发的《教育信息化2.0行动计划》指出：到2022年基本实现"三全两高一大"的发展目标。其中"一大"即建成"互联网+教育"大平台。

2022年3月28日，在"应用为王、服务至上、简洁高效、安全运行"的行动纲领指引下，通过对原"国家中小学网络云平台"的改版和智能化升级，国家智慧教育公共服务平台正式上线，平台包括国家中小学智慧教育平台、国家职业教育智慧教育平台、国家高等教育智慧教育平台和国家24365大学生就业平台。同时，平台的app版本也随即投入使用。国家智慧教育公共服务平台是国家教育公共服务的综合集成平台，通过整合各级各类教育平台入口，汇聚政府、学校和社会的优质资源、服务和应用，聚焦学生学习、教师教学、学校治理、社会赋能、教育创新五大核心功能，一体谋划基础教育、职业教育、高等教育三大基础板块，全面覆盖德育、智育、体育、美育、劳动教育，为师生、家长和社会学习者提供"一站式"服务，努力成为学生学习与交流的平台、教师教育教学与备课交流的平台、学校科学治理的平台、社会教育与服务的平台、推动教育改革发展研究的平台。其中国家中小学智慧教育平台围绕德育、课程教学、体育、美育、劳动教育、课后服务、教师研修、家庭教育、教改经验、教材等内容，汇聚专业化、精品化、体系化的优质中小学数字教育资源，有效服务学校课程教学、学生自主学习、教师改进教学、农村地区优质教育资源共享、家校协同育人、"停课不停学"等场景。

经过多轮次迭代更新，目前平台整体做到基础教育、职业教育和高等教育全覆盖，自主学习、教师备课、双师课堂、作业活动、答疑辅导、课后服务、教师研修、家校交流、区域管理九大应用场景全优化，手机、平板电脑和电脑等各类终端全贯

---

① 新华社．中共中央 国务院印发《数字中国建设整体布局规划》［EB/OL］．(2019-02-27)［2023-09-15］．https：//www.gov.cn/xinwen/2023-02/27/content_ 5743484.htm．

通，已经成为全国师生学习交流的第一门户，世界第一大教育教学资源库，中国教育的国际名片。

截至 2023 年 6 月下旬，平台累计浏览量达 260 亿次，访客量超 19.2 亿人次，访问用户覆盖 200 多个国家和地区。① 在有力应对疫情、支撑教育公平和质量提升、落实"双减"政策、服务课改、协助教师研训以及促进教育数字化转型、推进教育高质量发展等方面发挥了显著作用。

三是强课改。

2022 年 4 月，为培养时代新人奠基，教育部印发《义务教育课程方案和课程标准（2022 年版）》，以实现素养导向的基础教育课程改革全学段贯通。新课程方案开宗明义：当今世界科技进步日新月异，网络新媒体迅速普及，人们生活、学习、工作方式不断改变，儿童青少年成长环境深刻变化，人才培养面临新挑战。义务教育课程必须与时俱进，进行修订完善。② 在各学科课程标准中都强调顺应时代发展，合理运用信息技术。以《义务教育物理课程标准（2022 年版）》为例，课标要求：教师要充分发挥信息技术的优势，将信息技术有效融入物理教学，创新教学方式，提升教学效率。同时，应鼓励学生将信息技术运用到物理学习中，帮助学生适应数字时代的要求，提升学生运用信息技术的能力。可见，强化课改引领，扎实推进各学科教育教学的数字化转型，积极引导数字化转型背景下核心素养导向的育人方式变革，已成为教育的时代共识与价值追求。

四是强队伍。

要坚持教师是教育事业发展的第一资源。教育数字化转型背景下日新月异的 ICT 新技术并不是真正的魔法师，真正的魔法师是教师。离开了教师，一切技术与资源都是镜花水月。所以无论是教育信息化还是教育数字化，关键还是在于师资队伍建设，这也是教育信息化十年规划实施以来的一贯逻辑。国家从 2014 年的《中小学教师信息技术应用能力标准（试行）》，到 2018 年的《关于全面深化新时代教师队伍建设改革的意见》和 2019 年的《关于实施全国中小学教师信息技术应用能力提升工程 2.0 的意见》，再到 2022 年的《新时代基础教育强师计划》，持续发力，与时俱进，不断提升教师信息技术教学能力、培训团队信息化指导力和校长信息化领导力。

2022 年 1 月，全教会提出实施国家教育数字化战略行动，并列入教育部 2022 年年度工作重点。3 月国家智慧教育云平台正式上线，并于 7 月上线"暑期教师研修"和"全国科学教育暑期学校"，引领教师培训转型升级，共有 1300 余万教师在专题进行注册学习。基于国家智慧教育平台的教师假期研修机制初步确立，在创新应用国家智慧教育平台促进教师发展、推动教师队伍建设数字化转型、助推国家教育数字化

---

① 人民日报. 国家智慧教育公共服务平台访客量超过 19.2 亿人次［EB/OL］.（2023-06-24）［2023-09-15］. https://www.gov.cn/lianbo/bumen/202306/content_6887997.htm.
② 中华人民共和国教育部. 教育部关于印发义务教育课程方案和课程标准（2022 年版）的通知［EB/OL］.（2022-04-08）［2023-09-15］. http://www.moe.gov.cn/srcsite/A26/s8001/202204/t20220420_619921.html.

战略方面取得了显著成效，同时，在推进教师学习方式变革、提高教师数字素养和数字化教学水平以及促进优质资源共享方面发挥了重要作用。

为深入贯彻落实党的二十大精神，扎实推进国家教育数字化战略行动，完善教育信息化标准体系，提升教师利用数字技术优化、创新和变革教育教学活动的意识、能力和责任，2022年11月，教育部发布《教师数字素养》教育行业标准①，素养框架如图1-1所示，包括5个一级维度、13个二级维度和33个三级维度（图中未画出），积极引领教师队伍建设数字化转型。

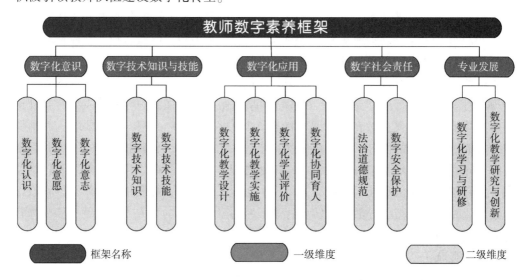

图1-1 教师数字素养框架

2023年5月，习近平在中共中央政治局第五次集体学习时强调：强教必先强师。要把加强教师队伍建设作为建设教育强国最重要的基础工作来抓。这为促进教育数字化转型背景下的教师队伍建设提供了根本遵循。

同月，教育部办公厅印发《基础教育课程教学改革深化行动方案》②，要求开展教师数字化素养专项培训，推进数字化赋能教学质量提升。充分利用数字化赋能基础教育，推动数字化在拓展教学时空、共享优质资源、优化课程内容与教学过程、优化学生学习方式、精准开展教学评价等方面广泛应用，促进教学更好地适应知识创新、素养形成、发展等新要求，构建数字化背景下的新型教与学模式，助力提高教学效率和质量。建好、用好国家中小学智慧教育平台，丰富各类优质教育教学资源，引导教师在日常教学中有效常态化应用。全面总结"基于教学改革、融合信息技术的新型教与学模式"实验区经验，推出一批数字化应用的典型案例。

---

① 中华人民共和国教育部. 教育部关于发布《教师数字素养》教育行业标准的通知 [EB/OL]. (2022-12-02) [2023-09-15]. http://www.moe.gov.cn/srcsite/A16/s3342/202302/t20230214_1044634.html.

② 教育部办公厅. 教育部办公厅关于印发《基础教育课程教学改革深化行动方案》的通知 [EB/OL]. (2023-05-26) [2023-09-15]. http://www.moe.gov.cn/srcsite/A26/jcj_kcjcgh/202306/t20230601_1062380.html.

2023年6月，国家智慧教育平台暑期教师研修又配套上线"数字素养提升"板块，课程包括《教师数字素养》标准解读、教师主动适应数字化转型发展趋势和常用教育教学数字化工具及案例，为一线教师数字素养提升提供了优质的资源供给。

在国家平台的示范引领下，各省、市、区协同发力，高标准推动地方平台与国家平台充分贯通，为教师数字素养提升提供了丰富的课程资源和培训支撑的同时，努力实现全方位育人、全链条贯通、全时空服务，积极构建人人皆学、处处能学、时时可学的学习新样态。

从基层学校层面来看，由于各地区、各学校数字化转型条件和基础存在较大差异，具体落实可采取"需求牵引—领导率先—科研领航—应用驱动—点面结合—兼顾差异—分步推进—抱团发展—激励创新—智慧共享"的实践路径。一方面认真研读教育数字化转型相关文件标准规范，查漏补缺，不断更新理念、技术、平台、资源、环境和生态，做到学以致用；另一方面，立足校本，专家领航，大胆实践，展示、交流分享创新案例，尤其是要用好国家智慧教育云平台，不断丰富教育数字化转型的校本化应用场景，做到用以致学。努力达成学以致用和用以致学的双向互动，双向赋能。

要坚持课堂是教育数字化转型的第一阵地。课堂是课程教学的主渠道，教书育人的主阵地，教育管理的总开关，所以要始终抓住课堂这一"牛鼻子"扎实推进教育数字化转型，不能总是在外围绕圈圈。要立足课堂教学数字化转型，积极创造条件，引导教师常态化应用智慧教育平台、智能分析评价系统、智能教室、AR/VR虚拟仿真系统、直录播系统、课程教学管理平台、学科软件、通用软件等数字技术资源，积极构建以学生为中心的、数据精准驱动的、贯通课前课中课后的云端一体化新型教与学，赋能学生全面、个性、适切和充分的发展，同时积极展示交流、观摩研讨、评比表彰，不断提升教师主动且适当地利用数字技术获取、加工、使用、管理和评价数字信息和资源，发现、分析和解决教育教学问题，优化、创新和变革教育教学活动的意识、能力和责任，全面提升教师数字素养。

要坚持应用驱动是教育数字化转型的第一动力。坚持应用是最好的建设，应用是最好的培训，应用是最好的发展。不能坐而论道，要做而论道，主动应变求变；要因人制宜，因地制宜，不搞一刀切；要系统规划，生态建构，循序渐进；既不能拍脑袋，也不可急躁冒进，转型可以有快有慢，有多有少，不能操之过急，但也不要故步自封，畏首畏尾，为不转型找借口。

许多一线学校数字化转型成功的实践表明：当下数字化转型最紧迫的已不再是装备问题、资源问题、技术问题、平台问题、师资问题等客观条件问题，而是理念和思维的问题。如果真正具备了教育数字化转型的理念和思维，我们就能够把想法变成做法，许多客观问题都可以迎刃而解。作为一线的教育工作者，尤其是校领导，更需要一马当先，勇立潮头，真正把教育数字化转型看作是自己的应有之志、应尽之责、应立之功。

6. 教育数字化转型学校首席信息官、首席数据官/数字官的素养与职责

2014年12月，教育部教师工作司印发《中小学校长信息化领导力标准（试行）》，明确指出：校长是学校信息化工作的带头人、组织者和践行者，信息化领导力是中小学校长必备素质能力之一，并从信息化规划设计、制度建设、信息技术与教学融合、教师专业发展、信息化管理、信息化环境与评价等方面，提出了15条能力要求。《中小学校长信息化领导力标准（试行）》（以下简称《标准》）是信息化时代中小学校长履行职责的基本要求，是《义务教育学校校长专业标准》等在教育信息化领域的落实与体现。

教育部基于这一标准，从2014年至2015年，面向全国开展了"教育部-中国电信中小学校长信息技术应用能力提升项目"，为促进校长担任首席信息官的专业化建设提供了前瞻性引领。

2016年教育部印发《教育信息化"十三五"规划》，提出要在各级各类学校逐步建立由校领导担任首席信息官的制度，从2018年教育部印发的《教育信息化2.0行动计划》开始，则要求各级各类学校应普遍施行由校领导担任首席信息官的制度。设立教育首席信息官制度是教育现代化治理的重要内容，有利于全面统筹教育信息化的规划和发展，提高教育信息化领导力、执行力；有利于强化教育信息化建设力量调配，提升教育信息化整体建设水平，增强教育信息化应用创新能力。2022年1月，全教会提出实施国家教育数字化战略行动以来，有地方又相继提出首席数据官和首席数字官的职能，整体体现了首席信息官制度在学校教育变革过程中内涵的演进，也凸显了校领导对推进教育信息化和数字化转型的重要作用。

那么，作为教育数字化转型工程的一把手，作为首席信息官和数字官/数据官的校长，又应该具备哪些核心素养？又应该扛起哪些职责和使命？如图1-2所示的两张结构化导图，只是抛砖引玉，以期不断深化我们对这些问题的思考，更好地推进学校教育数字化转型和教育的创新发展。

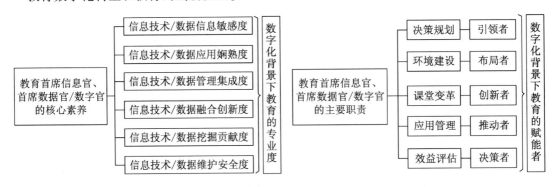

图1-2 教育首席信息官、首席数据官/数字官的核心素养和主要职责

习近平总书记指出："数字技术正以新理念、新业态、新模式全面融入人类经济、政治、文化、社会、生态文明建设各领域和全过程，给人类生产生活带来广泛而深刻的影响。"① 当前，数字化正引领教育变革和创新的新浪潮，催生了数字教育新业态，必将持续深刻影响教育发展，既给教育事业发展带来了新挑战，也为教育变革和创新提供了难得的机遇。

我们要树立数字思维，深刻认识教育数字化转型的背景、内涵和路径，更好地把握教育发展新机遇，全面落实教育发展新要求，更好地驾驭教育发展新场景和新样态，实现全过程、全要素、全时空、全领域的转型。尤其要立足教师数字素养全面提升，立足课堂教学时代变革，扎实推进基于大数据和人工智能与教育教学管理评价的深度融合，不断发挥教育数据的要素价值，构建数智深融的新型教与学，促进大规模因材施教和智能化个性化自主学习，形成基于全过程数据的教育教学管理评价系统与体制机制，积极推动数字教育的技术、模式、业态和制度创新，以教育数字化支撑和引领教育现代化，让数字教育惠及所有学习者、所有教育人，实现教育的整体水平提升。

基于教育数字化转型的云端一体化课堂校本创新实践

苏州工业园区星洋学校（简称星洋学校）是一所诞生于"互联网+"风口的九年一贯制公立学校。2015年成立伊始，就明确了建一所预见未来的智慧校园的办学愿景。学校秉持以教育信息化支撑和引领教育现代化的办学理念，紧紧依托国家、省、市、区智慧教育创新实践，以江苏省前瞻性教改创新实验项目"'互联网+'背景下'云课堂'整体架构的创新实践"为支撑，积极建构"课程—技术—空间"三位一体的线上线下深度融合的智慧学习空间，创新"前学课程引导学·在线问卷诊断学·课堂互动精准学·课后个性化研学"的云端一体化课堂，扎实推进教育数字化转型，有效达成了智慧环境、技术能力、教学流程以及学校发展的数字化转型，实现了学校的快速发展、创新发展、优质发展和智慧发展。

1. 智慧环境支撑数字化转型

2015年9月以来，学校累计投入教育信息化经费1164万元，用于软硬件的增添、更新、运维和保养，专款专用。

目前南、北校区共配置8间未来教室双板教学系统，并配备5G直录播系统和AI诊断反馈系统，可以全方位满足师生基于5G技术的以核心素养为导向的创新教与学的多元化需求。普通教室均配备86英寸（1英寸=2.54厘米）交互触控一体机，依托全覆盖实名认证的智能无线网络环境，可以承接移动互动教学的各种应用场景，有利于教师常态化的应用实践。

立足校本创新实践需求，学校还装备了zSpace AR/VR系统、DIS数字化实验探究系统、人工智能实验系统、3D打印系统，以及基于5G物联网的生态大棚智慧管理

---

① 人民日报. 人民日报整版阐述：打造数字经济新优势［EB/OL］. （2021-10-15）［2023-09-15］. http://opinion.people.com.cn/n1/2021/1015/c1003-32254174.html?ivk_sa=1023197a.

系统;引进了海码课堂、NOBOOK 仿真实验、矩道物理 3D 实验室、PhET、Phyphox 等国内外优秀的云课程与资源平台,不断丰富学科实验教学与综合实践项目化学习的线上线下混合式应用场景与学习体验。

立足区域易加智慧教育平台(简称易加),学校主动对接国家和省、市智慧教育平台,先行先试,应用与开发并举。截至 2023 年 7 月,累计创建课程 6 万余节,建设资源约 10 万余份,师生登录超 145 万人次,应用绩效居所在区域前列,多次获评"易加"平台应用先进单位。

同时,与各学科教师个性化云资源应用相融合,率先建构了简易高效且可满足各类教学场景需求的数字化资源支撑环境。

2. 技术应用赋能数字化转型

应用是最好的建设,应用是最好的培训,应用是最好的发展。学校高度重视应用驱动、技术赋能,扎实推进教育数字化转型。一方面立足区域实践,率先常态化用好国家和省、市、区智慧教育云资源平台,如国家中小学智慧教育平台、江苏省名师空中课堂、苏州线上教育中心、苏州工业园区易加系列平台等;另一方面立足校本实际,认真遴选并引进国内外优秀的教育云技术平台,拓展个性化创新应用。

在江苏省前瞻项目引领下,立足课堂主阵地,学校建构了以"云问卷、云教研、云教学、云评价、云直播、云阅卷、云合作、云课程"八朵主干教育云及其相应的 app 为支撑的技术架构图谱(图 1-3),不断赋能师生教与学的数字化转型。整体呈现出系统性、开放性、融合性和创新性四大显著特质,搭建了"互联网+"背景下的个性化云超市,避免了单一云平台束缚下的云课堂同质化倾向,教与学变得更为多元、灵动、自由。

例如,引入易加学院、点通纸笔互动系统,实现课堂学习主客观题诊断的无感式数据采集与智能分析,即时反馈学习成果,指导教师精准教、学生个性学,促进大规模因材施教;引入 NOBOOK 等虚拟实验仿真平台,实现实验探究跨平台、跨终端、跨系统、跨时空交互分享,智能反馈,虚实融合;引入易加阅读、超星学习通,线上线下、校内校外深度融合,实现阅读的泛在化、交互化和精准化;引入希沃知识胶囊交互视频功能,不仅能构建简易高效、智能反馈的人机互动前学后学课程,而且能实现双师课堂云端互动分享;引入希沃云课堂、立知校长、腾讯会议等云直播,构建深度互动的 OMO 混合教学,生态汇聚校本化优质云课程;引入易加问卷/问卷星平台,及时掌握学情,精准引导教学;引入 AI 课堂教学评价系统,专家经验与人工智能大数据评价相融合,精准助力教师 TPACK 能力提升;引入易加分析/云痕大数据,实现了线下线上兼容的云出卷、云阅卷,全面优化基于人工智能的学业质量监测和大数据分析评估,实现学业质量精准画像,教学改薄智能驱动;引入易加综素、班级优化大师,实现伴随性数据,优化学生评价体系;引入为知云笔记平台,实现了听课、备课、研讨与协同分享"七认真"管理的全流程云端一体化;引入希沃信鸽,不仅实现集体备课、听课、评课线上线下的深度融合与云端互动分享,而且可实现全流程教研数据的无感式采集与智能化分析，不断助力教学评研走向精准高效、深度融合；引入企业微信家校通信录和每日交作业小程序组合，不仅优化练习的在线布置与批阅、管理与评价，同时也进一步密切家校无缝衔接和深度互动；在企业微信中引入简道云系统，个性化设置室场预约、采购、审批、调课、请假、外出、疫情防控等管理流程，智能化汇总数据，显著提升管理效能……

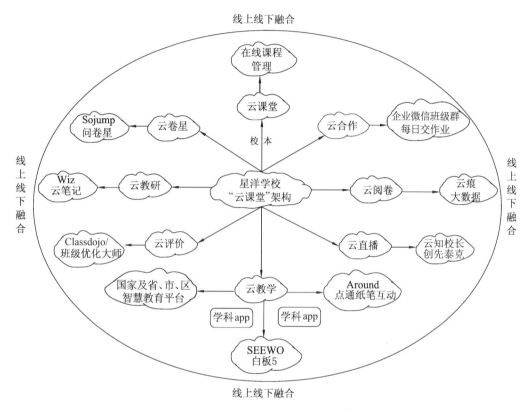

图 1-3　星洋学校云课堂技术架构图谱

以技术应用赋能校园数字化转型，不仅实现了教育教学管理评价流程的再造和优化，而且培育了数字化转型理念、思维与创新生态，实现了数据治教和数智治校。

3. 课堂重构深化数字化转型

教育数字化转型的主阵地在课堂。在江苏省前瞻项目的引领下，学校首先聚焦于云课堂开展了系列化探索。在专家指导和充分实践的基础上，率先提出了基于数字化转型的云端一体化课堂概念，同时建构了云端一体化课堂教学范式[①]并跨区域示范辐射推广。

（1）明晰云端一体化课堂概念内涵，引领数字化转型

云端一体化课堂是指利用移动互联、大数据、人工智能、物联网和云计算等新一

---

① 叶鹏松．云端一体化课堂的构建与实践思考［J］．中小学数字化教学，2020，(07)：55-57.

代信息通信技术，实现课程教学、课程管理与评价流程由端到云，由云到端的一体化课堂，既包括师生之间的纵向一体化，也包括师师、生生乃至家长端的横向一体化，体现了大课堂和大教学观念，以及教学数字化转型。

云端一体化课堂可分为两类。一类是云端一体化的虚拟课堂，在疫情期间开展的在线教学就属于这一类别，比较适合家庭教育和社会教育；另一类是云端一体化实体课堂，虽然师生面对面都在线下，但是借助云端资源和技术，同样可以实现教学呈现、互动、诊断与评价、教与学的方式的转变与流程再造，这是目前学校信息化课改的主要形式。这两类课堂互有优势，互为支撑，可以有效互动，也可以深度融合，不应将云端一体化课堂片面地理解为云端一体化的虚拟课堂。

云端一体化课堂并非单一技术驱动的变革，理清概念有利于探索实践的科学推进。学校立足系统思维，重点从五个维度对云端一体化课堂进行整体架构：一是全维度，需要线上线下一体化推进，融合推进；二是全时空，课前、课中和课后全覆盖，形成教学闭环；三是全流程，学教测评管，各个环节云端一体化，形成管理闭环；四是全要素，不仅包含传统的课程、教师、学生三要素，还应引入有效陪护学生开展云端教学的家长，拓展为四要素；五是全系统，云端一体化课堂并不是单一地从线下到线上的搬迁，而是带动课堂教学过程中各个要素和环节的系统性、整体性、结构化变革，涉及理念、环境、组织、教学方法、评价量表、认知流程、教师培训、大数据管理分析与评价等多方面。

（2）创新云端一体化课堂教学课例，探索数字化转型

可用于构建云端一体化课堂的平台有很多，这里以希沃白板 5 云端一体化平台为例进行分析。希沃白板 5 的软硬件生态环境支持优良，既衔接常态实体课堂教学，也适应云端虚拟课堂教学。其整体界面呈现类似 PPT，也兼容 PPT 导入，不同的是，它是全云端运行的免费教学与管理平台，不仅自带丰富的课堂教学工具、学科课件库，还提供了概念导图、课堂活动、智能化诊断评价和直、录播等教学创新应用场景，此外还对接题库、古诗词、微视频、数学画板、虚拟仿真实验等众多第三方学科工具，具有师生共享、易学易用的特点。下面以在线物理单元复习直播课①为例，对云端一体化课堂的操作流程做分步介绍。

透镜单元
复习前学课程

第一步，制作并发布前学课程导学。教师在课前利用希沃白板 5 云端一体化平台制作前学课程，可以是知识胶囊，也可以是云课件，并以二维码或链接的形式通过微信、QQ 等 app 或"每日交作业"小程序提前分享给学生。前学课程以奥苏伯尔先行组织者策略为指引，主要包含结构化概念图，有利于学生高效率诊断大单元复习的知识盲点和思维漏点，从而形成更为完

---

① NOBOOK 虚拟实验. 直击一线教学｜疫情期间，如何做一堂真正优秀的物理直播课［EB/OL］.（2020-02-14）［2023-09-15］. https://www.toutiao.com/a6793206756618011140/.

善的系统认知结构和更优化的学习路径。教师辅之以问题引导、任务驱动，有利于促进学生自我导向的深度学习，避免无效知识的二次灌输。通过前学课程，学生可以努力学在课前，为课堂聚焦难点、痛点和增长点留有更多的时间。

第二步，设置问卷进行前学课程诊学。借助问卷星平台设计调查问卷，帮助教师对学生前学课程的学习情况进行智能化在线诊断。问卷内容聚焦基本概念、基本实验、基本现象、基本结论、基本公式和基本计算，重视回归书本、立足基础以及问题情境创设，旨在引导学生自主学习。为此问卷中很多题项都配有公式、提示、概念图和实验动图，适时帮助学生。学生递交后会自动批阅，智能化生成错题集、正误解析和整班学情数据画像，问卷还设有学生学习困惑和问题收集模块，并赋予一定的分值，鼓励学生提出问题，生成词频墙，这些智能化应用极大地方便教师更精准地把握学情。

前测卷　　　后测卷

电功·电热·家庭电路
单元在线测试卷

第三步，开展线下互动或线上互动精准教学。教师在课前根据希沃平台智能化生成的前学课程学习报告、问卷星平台智能化生成的学情分析，及时进行课前反思，合理优化教学目标，精准化调整课堂教学内容和教学方式，这也有助于与后测对比进一步检验在线教学的有效性。图1-4和图1-5分别为电功·电热·家庭电路单元复习前测整体反馈和后测整体反馈。在完成基于前测反馈的希沃白板5云课件优化后，即可进行线下互动或线上互动精准教学。若需发起在线互动教学，可在希沃云课堂模块设置好课题、内容和时间后，发布直播教学，老师可将生成的二维码和链接再次推送

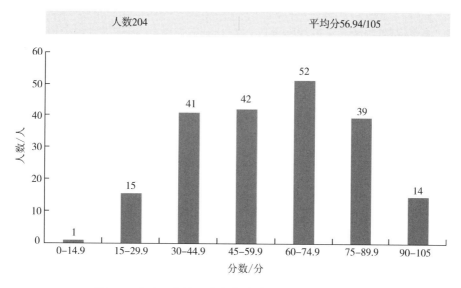

图1-4　电功·电热·家庭电路单元复习前测整体反馈

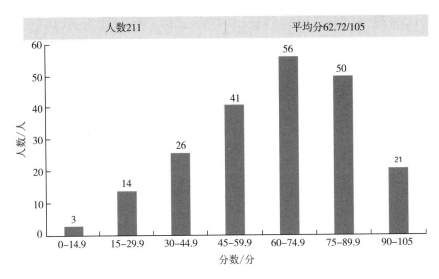

图 1-5　电功·电热·家庭电路单元复习后测整体反馈

给学生,邀请学生进入直播课堂。学生可以按时进入直播间参与学习,也可以在适合的时候收看回放。直播过程中,还可以通过推送智能答题板、展示结构化多媒体导图、调用虚拟仿真实验、邀请同学上麦发言、接管屏幕、回收问卷等方式提升课堂的精准化、结构化、情境化、交互化和智能化。

第四步,引导学生开展课后研学。课后,还应加强个性化作业设计、分层指导和教学反思。具体实施时可以借助问卷星平台设计后测问卷,利用腾讯文档设置在线学习问题收集表,制作希沃作业讲评和拓展研习知识胶囊,利用希沃白板5自带作业本或每日交作业小程序,云端布置与批阅作业,老师可以通过查看智能化生成的课堂报告、作业反馈和后测智能化诊断报告等,全方位把握学情,评估反思教学,进一步提升课堂教学的有效性和达成度。

云端一体化课堂使教学全流程走向云端,且线上线下融合,实现智能反馈,数据驱动,精准化引导教与学,为教育数字化背景下的课堂教学转型展示出了生动的实践案例。

(3) 建构云端一体化课堂教学范式,深化数字化转型

立足省前瞻项目,立足新时代育人价值导向,立足课堂,立足融合创新,学校云端一体化课堂实践不断走向深入。在云端一体化课堂示范课例的带动下,学校率先建构了云端一体化课堂教学范式(图1-6),以下分别从"四学"流程、"四化"特征和"四度"评价等方面做系统说明。

① "四学"流程。

立足智慧教育云平台,课堂时空交互进一步延展,教学全流程包含"前学课程导学、在线问卷诊学、课堂互动精学和课后个性研学"四个环节,整体以"学"为中心,全流程线上线下融合,人工智能与大数据学情诊断贯穿课前、课中和课后,突

出了大课堂、大融合和因材施教的核心理念，引导教与学的结构性变革，促进学生探究式、交互式、混合式自主学习和个性化深度学习，努力让学习发生在学生身上，让学生以自己的方式学习，让学习变成学生自己的事情。

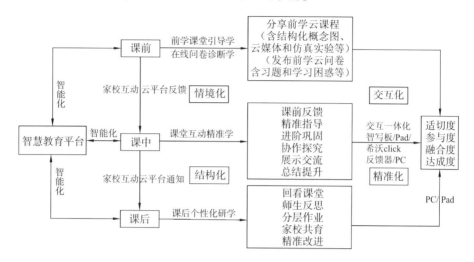

图 1-6 云端一体化课堂教学范式

② "四化" 特征。

好课一定是有其共性特征的，关于这方面许多学者和教育人都有深刻论述。项目组在学习借鉴的基础上，结合校本创新实践，总结了云端一体化课堂四大特征。一是精准化。精准是高质量教学的前提，这里的精准不是传统的简单地依赖经验，而是更多地基于云平台支撑的数据实证与人工智能。二是结构化，不仅要关注知识能力素养的内在逻辑与关联，更重要的是要可视化呈现出来，并可以实时交互，促进有意义学习的发生。基于云平台支撑的概念图、思维导图和在线协作白板都是很好的技术工具和教学策略，既可以避免 PPT 一 "P" 到底的线性化单向灌输，又可以有效避免教学迷航和碎片化信息过载，既可导教，也可导学，教法学法合一。三是情景化。这里的情景不仅限于真实情境，还应包括许多可以带来沉浸式体验的 3D AR/VR 和全息投影等仿真情景，当然借助云平台的支持，这样的情景不仅限于课堂，还可以延伸至课外，为更多有需要的学生提供个性化学习支撑。四是交互化。教育从来都不是单向的灌输，交互是教育的应有之义和基本内涵，但这里的交互不仅限于线下，还应该更积极地走向云端，线上线下、校内校外、虚拟与现实、人机协同多元交互，让学习可以随时随地按需发生。可见云端一体化课堂的 "四化" 特征，与传统对比，内涵更丰富，表征更多元。

③ "四度" 评价。

一是适切度，反映教师的主导性，主要考量教师把握课程、把握课堂和把握学情、始终把握学生最近发展区进行教育教学的关键能力。

二是参与度，反映学生的主体性，主要体现在学习的多感官参与度，线上线下合作交流参与度和课前、课中、课后参与度。需要指出的是云端一体化课堂按需延伸校外离不开家长的积极参与、监督和有效陪护。

三是融合度，反映课堂的生态性，无论是技术、资源、教法和学法，还是呈现方式、交互方式、评价方式与管理方式，都要重视多元化，避免单一化，要努力为师生提供个性化的适切选择；隔屏不隔心，还要关注师生情感和家校共育的融合，要努力营造多元互动、情感深融的灵动课堂。

四是达成度，反映课堂目标的有效性。要紧紧围绕课堂教学素养目标开展教学，线上线下融合，加强过程性诊断评价和反馈，经验和数据融合，精准教学。需要指出的是，达成度的提升不仅在课堂，也在课外，教学中教师还要关注两头，一方面要加强在线前学课程与前学问卷的设计与学情诊断，另一方面还要加强课后作业设计与在线分层指导，引导个性化研习。线上线下全方位把握学情，及时反思改进，不断提升课堂教学有效性和达成度。

为全方位引导好云端一体化课堂的教学创新实践，学校在国家及省、市、区智慧教育的整体框架下，结合《中国学生发展核心素养》报告和《21世纪技能：为我们所生存的时代学习》，修订完善了《星洋学校云端一体化课堂评价量表》（表1-1），不仅关注应用信息技术优化课堂教学，也关注应用信息技术转变学习方式；不仅用于课后评价，更重要的是前置性指导教师做好教学设计，把握好技术和资源与课堂教学的融合点、发力点和增长点，不断优化星洋云课堂的组合形态，打造具有学段、学科和教师特色的个性化云课堂，全面提升教师数字素养。

表1-1　星洋学校云端一体化课堂评价量表（线下）

学　　科		年级	
教学内容		执教者	
评价维度	具体指标	分　值	得　分
适切度 ——主导性 20分	1. 基础性：目标明确，重点突出，科学准确	10	
	2. 层次性：详略得当，难易适度，循序渐进	5	
	3. 针对性：关注差异，设计合理，精准诊断，因势利导	5	
参与度 ——主体性 30分	1. 学习的态度：主动参与，积极思考，敢于展示，乐于分享	10	
	2. 学习的广度：线上线下，多元合作，充分互动，参与度高	10	
	3. 学习的深度：多感官协同，个性化学习，分析综合评价有创新	10	

续表

评价维度	具体指标	分值	得分
融合度 ——生态性 20分	1. 情感上：信任激励，好学乐思，亲切融合，民主和谐	5	
	2. 资源上：线上与线下融合，校内与校外融合，虚拟与现实融合	5	
	3. 方法上：以学习者为中心，应用ICT优化课堂教学与应用ICT转变学习方式相融合	10	
达成度 ——有效性 30分	1. 问题有针对性：关键问题能引发学生积极思考，深度学习	10	
	2. 诊断有精准性：反馈及时，指向性强，对教学调控效果好	10	
	3. 课堂有生成性：活动设计预设充分，有开放度，教师善于启发，鼓励合作	10	
总体评价		合计	

学校还把这一评价量表与教学云平台融合，如图1-7所示，可随时发起评课，随时大数据汇总，达成了"教—学—评—研"的云端一体化。

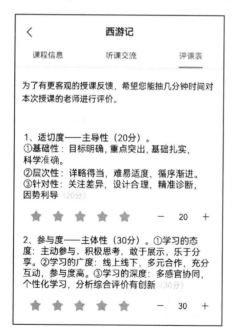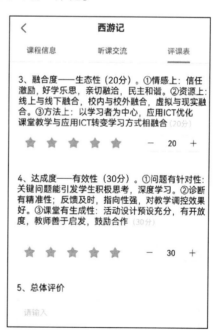

图1-7 云端一体化课堂评课表（线上）

云端一体化课堂教学范式整体以学为中心，凸显翻转融合创新的时代教学特征，不仅符合建构主义理论倡导的认知情境化、知识结构化、学习交互化、最近发展区精准化的具体要求，也很好地体现了引导、适切、自主、合作、建构等新课程改革的核心理念。同时依托教育云平台贯通课前、课中、课后的智能化交互反馈支架，也有利于构建核心素养导向的新型教与学，促进教育数字化转型背景下学生自我导向的个性化学习与深度学习，一经提出，迅速在全校跨学科推广。学校在实践中坚持领导率先、骨干引领、课例放样、范式支撑、全员联动，不仅高质量应对了多轮疫情的挑战，而且为线下复学的有效衔接，以及常态教学的深度融合起到了很好的范式支撑作用。核心成果入选中央电化教育馆第一批在线教育应用创新典型案例，获评2021年恩欧希教育信息化最高奖——发明创新奖。

（4）优化云端一体化课堂实践路径，完善数字化转型

为保证云端一体化课堂教学高效开展，实施路径应做好以下三个方面的优化：

一是专家课堂路径优化。疫情期间在线教学刚启动时，学校要求教师和学生一起在线收看专家课堂，然后结合校本、班本特点，利用云平台进行个性化帮扶，起到了很好的过渡与衔接作用。但这样的课堂呈现出教与学信息不对称的问题：课前，专家教师不了解学生；课中，师生、生生之间缺乏互动交流；课后，学生的学习情况不能及时反馈给主讲老师。整个过程教师好像在唱独角戏，难以形成教学闭环。为解决该问题，星洋学校借助云平台和人工智能应用进行了有针对性的改进，考虑到专家课堂的权威性与高质量，要求教师先进行一次备课，再收看专家课堂，并结合专家教学，进行二次备课；然后有针对性地设计好前学课程和前测，在学生完成后，根据智能化诊断报告，再进行三次备课；在此基础上再进行双师大班直播或分层小班直播教学，以及在线作业布置、批阅和订正。这样既充分吸纳专家智慧，又充分发挥团队协同与人工智能的力量，并包班到人，实现"我的课堂我做主"，不仅实现了教学闭环，还有利于提升教育数字化转型背景下教师的教学胜任力与领导力。

二是实践类教学路径优化。实践类教学包含小学科学和中学理化生等学科实验教学，这些学科都是以观察和实验为基础的自然学科，观察和实验不仅是研究自然科学，也是学习自然学科的基本方法和路径。对于在线实验复习教学，由于学生通常已有线下实验的基础，原则上可以用3D实验视频、仿真互动实验来营造情境，优化教学路径，而对于新授课实验教学来说并不适合，看视频、做仿真实验虽然可以帮助学生解决一些知识和方法层面的问题，但对学生科学核心素养层面的要求难以实现。这些问题同样存在于中小学劳动、体育、综合等实践类教学中。从这个意义上讲，面对面的示范演示和学生动手实践是不可替代的，也是不可或缺的。此外，学生的情感态度、价值观包括习惯养成，都离不开面对面的实体课堂。因此，云端一体化虚拟课堂自身的局限性，决定了它需要与面对面的云端一体化实体课堂对接。尤其是疫情结束后，不是回归传统教学，而是走向课前、课中、课后云端一体化的深度融合，积极探索教育数字化转型背景下的新型教与学，努力为学生提供个性、精准、适切与智能的教育。

三是教学管理路径优化。课堂是教学的主阵地，但并不是教学的全部。要构建云

端一体化课堂,还需要打通教、学、管、评、测各个环节。实践中,星洋学校引入为知云笔记平台,实现了听课、备课、研讨与协同分享的全流程云端一体化;引入云痕大数据平台,实现了线下线上兼容的云出卷、云阅卷,全面优化基于数字化转型的学业质量监测和大数据分析评估;引入每日交作业小程序,实现了泛在化家校沟通和在线作业布置与批阅;引入腾讯会议平台,实现了直播互动教研和在线学生会、家长会的顺利开展;引入希沃信鸽小数据,实现了教学设计、课件、听评课大数据的人工智能动态分析与汇总。引入的这些平台,可以有效覆盖教学管理全流程,实现云端一体化的闭环管理。

(5) 建构云端一体化课堂联动机制,推广数字化转型

以省前瞻项目为引领,以园区教学融合培训基地为依托,学校立足这一流程与范式,建构云端一体化课堂分享机制,开设国家和省、市、区云端一体化课堂展示研讨课300余节,引导"互联网+"时代课堂教学的数字化转型,全程云端直播展示互动分享,影响力突破长三角,辐射全国十多个省市,如图1-8所示。

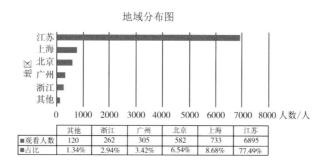

图1-8 云端一体化课堂展示课直播观看统计图

与此同时,学校积极建构云端一体化课堂帮扶机制,积极分享课改创新成果,常态化开展与霍尔果斯、铜仁友好结对学校、苏北六所联盟校,以及周边多所民工子弟学校的远程互动教学与研讨,共享"互联网+"时代优质教育资源,有效带动了跨区域课堂教学的结构性变革与创新。

教育数字化转型对学校教育最直接、最关键、最深刻的影响就是对课堂的影响和对教与学的影响。《基础教育课程教学改革深化行动方案》明确要求推进数字化赋能教学质量提升,充分利用数字化赋能基础教育,推动数字化在拓展教学时空、共享优质资源、优化课程内容与教学过程、优化学生学习方式、精准开展教学评价等方面的广泛应用,促进教学更好地适应知识创新、素养形成发展等新要求,构建数字化背景下的新型教与学模式,助力提高教学效率和质量。可见云端一体化课堂的创新实践与文件要求高度契合,是对教育数字化转型背景下新型教与学方式的积极探索,有利于提升精准化、个性化、泛在化、智能化育人水平。

4. 学校发展彰显数字化转型

云端一体化课堂创新实践成绩斐然:市区质量监测和调研反馈,星洋学校教学质

量节节攀升，跻身区域前列；在 2019 年 2 月苏州市线上学习中心首届评选活动中，18 个班级获评"线上学习先进班级"，数十位同学获评线上学习标兵；教师数字化素养显著提升，在 2021 年中小学信息技术创新与实践活动（NOC）中，取得了丰硕成果，共有 76 名教师入围复赛，36 位教师获奖，全国领先；在苏州市质量监测中，学生对学校教师教学方式的评价认可指数达 6.71 分，排名全区第一，学校于 2021 年和 2022 年连续两年在园区人才指数测评中居于第一位，获评苏州市第二批"四有"好教师团队重点培育团队；学校近百项系列化课例入选国家省市智慧教育平台；研究专著《"互联网+"背景下"云课堂"的校本化建构与创新实践》2020 年由苏州大学出版社公开出版发行①，并于这年 12 月在南京举行的首届中国教育基础论坛暨中国教育学会第 33 次年会上作主题分享（图 1-9），还获评江苏省 2021 年教育研究成果奖二等奖；2022 年笔者被江苏省教育厅聘任为国家智慧教育平台江苏试点工作专家指导委员会委员。

图 1-9　叶鹏松在首届中国教育基础论坛暨中国教育学会第 33 次年会上作主题分享

在云端一体化课堂及其教学范式的带动下，学校逐步建构起了"学—教—测—评—管—研—培—服务—家校共育"全流程数字化转型的应用场景和教智融合的创新生态，有力推动了学校教育发展的质量变革、效率变革和动力变革。

学校获评首批江苏省智慧校园示范校、教育部 2019 年度网络学习空间应用普及活动优秀学校、江苏省教科研先进集体、"国家级教学信息化实验区"实验项目先进集体、"5G+智慧教育"应用项目先进集体、苏州市青少年数字公民培育计划项目学校、苏州市人工智能教育实验学校和"易加"平台应用工作先进单位等荣誉。

习近平总书记指出：教育数字化是我国开辟教育发展新赛道和发挥教育发展新优势的重要突破口。星洋学校将以此为指引，坚持与时代同频，依托国家级信息化教学

---

① 叶鹏松."互联网+"背景下"云课堂"的校本化建构与创新实践［M］. 苏州：苏州大学出版社，2020.12.

实验区区域优势，积极落实国家教育数字化战略行动，深入推进"基于教学改革、融合信息技术的新型教与学模式"的探索与创新实践，加快校本化数据基座建设与应用，打破数据壁垒，最大程度激活不同教育应用与平台间的数据融合互通，引导经验驱动的教学向基于理论和数据智能双驱动的智慧教学转型，实现素养导向的"人智协同"的教学模式重构与变革，不断提升数据智理效能，积极构建面向未来教育的新发展格局，并努力为区域内外教育数字化转型提供可借鉴的创新案例和智慧分享。

"教—学—评—研"云端一体化整体架构与创新实践

课堂只是教学数字化转型的一个中心环节，不是全部，要实现教学高质量的数字化转型，离不开"教—学—评—研"全流程的协同发力。

1. 问题背景

在教育数字化转型的背景下，在核心素养导向的新课改背景下，在新冠疫情的反复挑战下，"教—学—评—研"在理念、技术、平台、资源，尤其是深度融合的教学场景综合胜任力等方面，面临着许多前所未有的结构性变革的压力与挑战，亟待进行云端一体化整体架构与系统优化，这既是深度融合的必然趋势，也是教育数字化转型与教学变革的必然要求。

2. 概念界定

云端一体化"教—学—评—研"：利用移动互联、大数据、云计算、人工智能和物联网等新一代信息通信技术，实现"教—学—评—研"各业务流程与管理流程由端到云、由云到端的一体化。相对于传统"教—学—评"的一体化，它系统性更强，融合度更高，实践力更好，因为高质量的"教—学—评"离不开有效的集体教研。

云端一体化"教—学—评—研"的整体架构：基于云端一体化平台，可实现"教—学—评—研"各业务流程与管理流程系统性集成与功能自洽的简捷高效的应用系统架构，可实现"教—学—评—研"各流程互联互通与数据共享，避免多平台多账户切换，以及各平台数据和流程难以系统集成带来的不利影响。

3. 云端一体化应用场景

随着教育信息化的持续推进，各类新技术、新平台、新系统不断涌现，应用日益丰富，但往往功能较为专一，彼此互不兼容，能够全面系统覆盖"教—学—评—研"的云端一体化的成熟应用并不多。与希沃信鸽深度融合的希沃白板5是较为优秀的代表之一，它免费、稳定、场景丰富、生态良好、云端一体化且迭代更新快、教师用户广、可跨平台跨系统跨终端同步应用。本文介绍的相关软件平台可从其官网下载专区下载，具体应用可聚焦教学场景需求，结合希沃学苑或订阅其微信公众号相应课程资源可进行嵌入式微培训，简单、易学、好用。

下面以初中物理学科为例，结合老师们关注的四个典型场景的创新应用，就"教—学—评—研"云端一体化整体架构与创新应用做案例分析分享。

(1) 云端一体化课程导学

云端一体化教学并非简单地依赖技术，实现传统课堂从线下到云端的搬迁，而是需要从理念、环境、组织、评价、资源，尤其是知识内化方式上进行结构性变革，即让学生从传统的学习在课堂、内化在课后转向学习在课前、内化在课堂、拓展延伸在课后，构建数字化转型背景下的新型教与学，从而更好地体现自主、个性、精准、适切、交互和泛在的课改新理念。这不仅是搬迁，更是系统性重构。

谈到云端一体化课程导学，很多人自然而然会想到单向广播式微视频以及文本化的导学单，其实在信息技术与课程深度融合的背景下，还可以有许多创新应用场景。[1]

① 云端一体化交互型云视频微课程。

传统的微视频往往没有交互性，而且通常是碎片化的，缺乏有效汇聚的课程化云平台支撑。希沃白板 5 自带知识胶囊微课平台，其最新版支持交互型云视频微课制作，可以便捷地插入习题、课堂互动、微视频，支持屏幕录屏、课件录制和视频剪辑，完成后可以以链接或二维码海报形式发布，云端分享推送给指定的学生。对方无需下载，只需要手机或者电脑就可以直接观看，也可以用立知课堂小程序或 app 扫码观看，从而实现学习者对知识胶囊微视频的课程化管理。由于添加了习题与课堂互动，学生的学习有了自主的节奏感，以及更多的参与感与交互体验。更重要的是，老师进入已发布胶囊界面，可以看到相应的学习报告，查看观看人员、观看时长、观看次数、互动答题情况，个人与整体学情数据画像一览无余（图 1-10），实现数据驱动，提升数字化背景下教师精准把握学情的能力。

相关操作简单易用。这样的交互型云视频微课程既可以用于前学引导，也可以用于课后研学，还可以加入虚拟仿真实验，丰富拓展学生个性化学习时空。

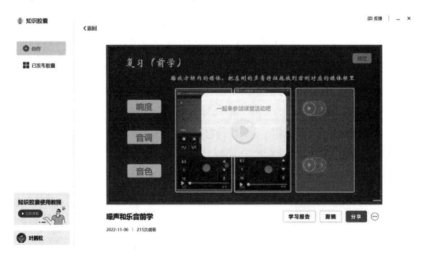

(a) 视频播放中加入课堂互动

---

[1] 单婷. 视频微课在深度物理教学中的创新探索 [J]. 物理教师. 2022, 43（03）: 61-64.

(b) 整体学习报告与个体习题作答互动详情

图 1-10 云视频微课程

噪声与乐音前学　　　　　常见电路故障原因分析

可以看到，这样制作的交互型云视频其实质就是覆盖"教—学—评"的微课程，自成一体，而不再是孤零零的微视频，也无需再额外推送碎片化的练习单与活动。具体实践中，教师们还可以把这一技术用于"双师课堂"的交互型云视频录制，用于年级内各班学生居家线上教学共享，促进组内教师分工协作，减负增效。

② 以概念图为支架的云端一体化导学单。

学生的学习离不开教师的有效引导。为提升学生自主学习的实效性，教师常常会为学习活动配置文本化导学单，但在教育数字化转型背景下，其呈现方式、交互方式都存在一定的局限性，另外大量的文本化导学单的碎片化积聚，也容易增加学生整理的负担。

借助希沃白板5的脑图功能，可以绘制结构化概念导图支架，动态地导教导学，同样以链接或二维码海报分享给学生，如图1-11所示。学生可以云端查看，也可以云端保存，对概念导图进行课程化管理。各级节点可以层层展开，关键节点可按需配置文本说明、插入图片、视频、超链接、仿真实验等资源，帮助学生基于问题、情境和探究深化认知，有效衔接新课改的核心理念。

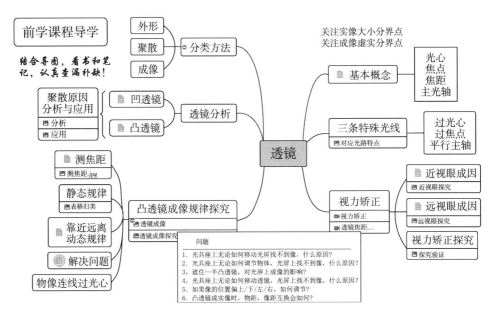

图 1-11 以概念图为支架的《透镜单元复习前学课程》

借助以概念图为支架的云端一体化导学单，教师隐身为结构化概念图支架，把教的资源转化为学的资源，以良性的认知结构导学导思。学生自主交互，哪里不会点哪里，不同的学生可以有不同的学习路径，既有利于避免网络迷航、信息过载，也有利于促进有意义的学习，提升个性化学习效率，充分体现了奥苏伯尔先行组织者教学策略的时代价值；同时也走出了"教即是上课，学即是听课"的误区，有利于培育学生数字化时代自主发展的核心素养。

以概念图为支架的云端一体化导学单不仅关注具体知识点的认知建构，如为关键节点配置多样化云媒体资源，同时更关注把孤立的知识点融入整体认知背景中去理解，以可视化图谱呈现概念间的相互关系，有利于促进学生对大单元大概念的整体性结构化理解与建构，响应了新课标倡导的大单元结构化教学理念。

（2）云端一体化互动精学

美国著名的教育心理学家奥苏伯尔曾说过："如果我不得不把全部教育心理学还原为一条原理的话，我将会说，影响学习的最重要因素是学生已经知道了什么，根据学生原有的知识状况进行教育。"数字化转型时代我们可以做得更好，借助前学课程导学的大数据反馈，教师可以在课前就根据学情对课堂教学进行针对性调整和优化①，从而更好地提升课堂效率。

相较于教师常用的 PPT，希沃白板 5 更胜任云端一体化互动精学，除了自带的批注、遮罩、图层、尺规、截图、拖放、旋转、克隆、计时器、放大镜、板中板、思维导图、手机投屏、移动控制屏幕等教学功能模块，还提供公式编辑、函数作图、物理

---

① 张月兰. 基于"互联网+"思维的初中物理情境教学设计[J]. 物理教师. 2022，43（03）：43-45.

电路图作图、数学画板、精品微视频、课件库、题库和交互型仿真实验等学科工具和在线资源。其独特的课堂活动功能很受师生欢迎，系统内置超级分类、选词填空、知识配对、分组竞争、判断对错、趣味选择等检测模块，便于激发学生参与互动的积极性，动态诊断、反馈学情。借助课件库和模板，教师可以轻松引用或自主搭建具有情境性、交互性和生成性的高效课堂，达成教学评的一体化，而不是像 PPT 那样预设主导一切，单向呈现，学生旁观，一播到底，极易固化传统的灌输教学。

如果再配上希沃 click 反馈器（简称 click），线下学生可以全员参与客观题反馈，从而更有利于教师精准把握课堂教学。此外希沃白板 5 还内置希沃班级优化大师评价模块，老师在教学中可以随机点名、接龙点名、即时点评、随机抽奖，公平公正地落实好过程性、表现性评价，并同步完成伴随性数据采集。这些都很好地契合了中共中央、国务院印发的《深化新时代教育评价改革总体方案》中"坚持科学有效，改进结果评价，强化过程评价，探索增值评价，健全综合评价，充分利用信息技术，提高教育评价的科学性、专业性、客观性"的总体要求。①

希沃白板 5 不仅能很好地满足线下面对面的课堂互动教学，而且能够很好地满足屏对屏的云端互动教学，以及 OMO 混合式互动教学。通过其云课堂模块，可以按需开启语音课堂或视频课堂②，绑定课件、设置时间，发布链接或邀请码，学生报名即可。学生既可以按时收看直播，也可以在家长陪护下回看。直播时，学生可以举手连麦、互动批注、接管屏幕，老师可以推送课堂活动、答题板邀请学生全员参加，这一点相较线下教学时仅有几位学生参加板演更显公平，也更有利于老师动态把握整班学情与个体差异。无论是语音效果，还是深度交互，效果都好于腾讯会议。具体可参看笔者 2020 年 2 月《电功·电热·家庭电路》的直播课例。③

需要指出的是，开启语音课堂或视频课堂直播涉及连麦、开启视频等互动功能，需要按时按人计费。虽然每节课费用很低，但老师付费显然不利于常态化应用，学校可以申请开启立知校长专属直播服务，这样不仅老师直播无须额外付费，同时所有直播资源都在学校统一账户下管理，领导可巡课，学生可回看，有利于学校优质校本化云课程资源的生态汇聚，而不是散落在各种不同的平台或教师账户，甚至湮灭在云端。

课堂到底学得怎么样，教师还可以通过希沃白板 5 自带的作业本模块，从题库中遴选对应章节适合的习题或独立创建习题加入习题篮，设置好时间和班级，云端推送学生。学生答题情况同样有全面的数据画像，从而达成全流程云端一体化教学评，如图 1-12 所示。

---

① 中共中央　国务院印发《深化新时代教育评价改革总体方案》[EB/OL].（2020-10-13）[2023-09-15]. http：//www.moe.gov.cn/jyb_xxgk/moe_1777/moe_1778/202010/t20201013_494381.html.
② 叶鹏松．以概念图为支架的云端一体化物理课堂的建构与思考［J］．物理教师，2020，41（09）：64-68.
③ NOBOOK 虚拟实验．直击一线教学｜疫情期间，如何做一堂真正优秀的物理直播课[EB/OL].（2020-02-14）[2023-09-15].https：//www.toutiao.com/a6793206756618011140/.

图 1-12　希沃白板 5 作业本

无论是云端一体化课程导学，还是云端一体化互动教学，都很好顺应了新课标倡导的"要充分发挥信息技术的优势，将信息技术有效融入学科教学，创新教学方式，提升教学效率。同时，应鼓励学生将信息技术运用到学科学习中，帮助学生适应数字时代的要求"，展示了数字化转型时代课程与技术的深度融合新趋势，值得深入实践。

（3）云端一体化教学设计

凡事预则立。优质的教学设计是开展高质量课堂教学的重要前提和保障。传统的教学设计一般以 Word 文稿为主，内容大多是静态的文字和图表，无论是表达方式还是呈现形式、互动方式，都十分有限，所以教师备课过程中还必须另行设计教学课件，无形中又增加了教师的工作负荷，这显然也有违教育数字化转型赋能教师专业发展、提升教育教学绩效的初衷。那么是否存在这样一种平台，可以同步实现教学设计、课件的一体化表达呢？下面结合希沃白板 5 的教案功能做简要介绍。

更新到最新版希沃白板 5，登录希沃账号，进入云课件模块，有课件和教案两个栏目，点击进入教案栏目，可导入原有 Word 教案文档，或根据模板新建教案，插入公式、图片、表格、音视频、思维导图以及本地文件，编辑完可导出。希沃云教案不仅具备类似腾讯文档的云编辑功能，最重要的是还可以插入云课件，通常将教案关联到课件，完成后可以对照课件同屏预览，并把需要的课件页面直接嵌入到教案中，页面内的音频、视频、思维导图、仿真实验和师生喜爱的课堂活动诊断反馈等，都可以在云教案中自由播放与互动展示，如图 1-13 所示。

课件制作可参考希沃白板 5 课件库提供的各版本对应资源，不仅极大提升了教师教学资源整合利用效率，同时也极大提升了教案的可视化、情景化、结构化和交互化的呈现力与表达力。

希沃教案呈现不分页，有效避免了一页课件无法完整展示教学的问题，老师可移动滚动条前后连续查看，还可以设置不同的标题级别，通过目录管理快捷定位教学内容。更重要的是这样的教案不仅可以导出分享，还可以直接进行授课，五指左滑或右滑可以唤醒两侧板书区，动态批注，实现教学内容和板书同屏对照讲评，此外移动拍照投屏同样可用。

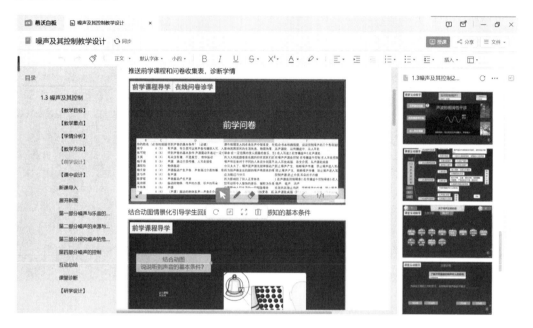

图1-13　希沃云教案与希沃课件及标题定位目录同屏呈现

可见，基于希沃白板5的希沃云教案真正实现了教学设计、教学课件与课堂教学的云端一体化系统集成，既避免了教师重复制作不同类型的应用资源，也避免了教学时在各类应用中来回切换。在此基础上，教师用云教案还可以完成云端一体化的说课稿，以及学生云端一体化课程导学单，促进教与学的资源一体化。这些都是传统技术与媒介难以达成的，很值得在后续教学中不断深化应用推广。这里也建议希沃后续增加学案栏目，并将教案改为教学设计，这样更能体现课改新理念。

（4）云端一体化集体教研

集体教研是教师共学、共研、共建、共享、共同成长的重要研培方式，有利于促进教师群体在专家骨干的引领下，实现团队协同，优势互补，高质量发展。为更好地适应新形势、新场景、新变化的需求，集体教研同样亟待进行OMO深度融合的创新重构与系统性整体优化。

多才多艺的希沃白板5仍然可以助我们一臂之力，它不仅可以实现教学评的云端一体化，还可以很好地延伸覆盖云端一体化的集体教研，为学校教师开展线上线下混合式教研提供支持，让资源有积淀、教研有反馈、决策有依据。限于篇幅，以下就集体备课与听课评课两个方面作简要分享。

要启用希沃集体备课与听课评课功能，首先需要学校开通希沃信鸽服务。教师可以进入"希沃白板5—我的学校"，通过"搜索学校"，确认学校是否开通希沃信鸽；然后通过"搜索学校"或"输入信鸽号"加入学校，或通过管理员"邀请入校"加入学校，两种方式都需要学校信鸽管理员审核；如通过学校信鸽管理员批量导入名单，则无需审核。这里补充一下，希沃信鸽是面向学校管理者的教研管理平台，可以对希沃旗下的各平台应用进行数据分析，对校本资源进行云端一体化管理。星洋学校希沃信鸽指数一直居于全省最前列（图1-14）。

图1-14　希沃信鸽主界面

在使用希沃白板的基础上，开通希沃信鸽加入学校，即可搭建教师个人融入学校教研的平台，并能一站式完成个人备课、集体备课、听课评课等教研活动，用信息化的手段简化教师的工作流程和方法，用互联网协作思维赋能教学创新变革。学校管理者也能及时了解教研进展，有效提升学校信息化管理水平，助力教师专业发展。进入希沃信鸽官网即可免费申请开通，全面带动学校教研管理数字化转型。

加入希沃信鸽校园服务后，教师可以从"希沃白板5—我的学校"进入，也可以从希沃白板app的工作台进入，一键发起集体备课与听课评课，如图1-15所示。

图1-15　希沃白板PC端和移动端一键发起集体备课与听课评课界面

① 云端一体化集体备课。

第一步，主备人点击"发起集体备课"，依次填写主题、内容、学段、学科、年级、教材和章节等集体备课信息后，至少选希沃教案、希沃课件或知识胶囊等备课资源其中一项上传以供研讨;第二步,点击添加参与人,这里可以通过搜索的方式快速添加本校需要共同参与备课的教师,或通过输入电话号码邀请外校教师,为方便教师跨校进行研讨和交流,并适应不同的集体备课场景,主备人还可以进行访问、评论和批注权限的设置,完成后点击确定即可开启集体备课活动;第三步,点击右上方的分享,即可通过二维码或网址邀请教师参与备课教研了,移动端、PC端都可以。如果主备人所邀请的教师已关注希沃信鸽公众号并绑定了学校的话,将在手机上实时接收到被邀请的通知,并且可以通过点击通知直接进入备课,如图1-16所示。

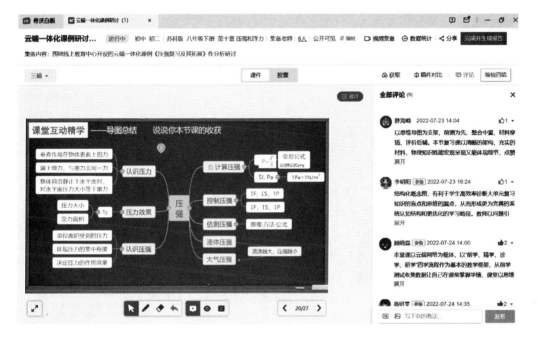

图1-16 希沃白板集体备课界面

参备老师不仅可以在评论区发表评论,还可以点击下方工具栏中的 批注按钮,在对应的页面需要修改的元素旁添加批注,让集备人一目了然,随后主备人根据教师们研讨的内容,对稿件做进一步的完善,然后再重新上传。历史上传的稿件都能回复查看,并与现有的最新稿件进行同屏对比,以便集备教师精心打磨,让资源尽善尽美。完成集体备课后资源在校本资源库汇聚,备课组成员可下载并根据班级学情和教师的教学特点进行二次备课,既保证教学目标统一,又能兼顾不同的个性特点。

整体达成线上线下深度融合,有效避免传统教研中因时空异步、人员不齐、资料收发烦琐等因素带来的干扰,可实现随时随地发起、随时随地参与,从一言堂转向群言堂,所有集体备课互动情况全程伴随数据采集,所有集体备课文件云端存储、共建共享,支持随时翻阅查看,也便于后续的回溯和反思。主备人和管理员可全方位查看相关数据,还可一键导出到本地,随时随地进行多维度的数据分析,优化教研管理决策,实现集体备课全流程数字化转型。目前最新版本还支持视频和语音教研,场景适应力更强,教师可探索用于小班授课和小组项目化协作学习。

② 云端一体化听课评课。

第一步,从手机希沃白板 app 的工作台,进入"听课评课",点击"邀请评课",填写课程信息,上传课程教案和课件,邀请校内或校外教师,打开"直播评课"按钮,设置预约时间(需至少在开课前 15 分钟发起),首次使用直播评课要进行实名制认证;第二步,点击"发起评课",生成海报或者链接,支持直接在微信、QQ、钉钉中和同行分享;第三步,进入课程页面,点击"发起直播",教师可通过希沃白板 app 和微信小程序观看直播,并在观看中截屏、上传图片或发表文字评价,形式灵活,直播参与氛围好,支持评论常用语快捷输入,还可以通过希沃信鸽校本课堂评价量表进行量化打分和综合评价,如图 1-17 所示。

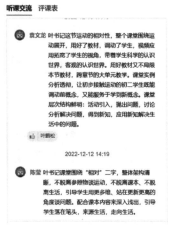

图 1-17　希沃直播教研听课交流与课堂评价表

教师可以进班听课评课,也可以异地线上听课评课,或者直播结束后再听课评课,全程无需分发上课资料,一切云端分享,最大化满足各类教研场景需求,实现深度融合的云端一体混合式教研。

直播时建议使用手机或 Pad 配置三脚架(或云台稳定器)和一拖二智能蓝牙麦克风,增强画面的稳定性和拾音效果,可以实现高品质课堂记录。直播结束后会自动生成回放视频,自动生成课堂问答字幕,以及 AI 课堂数据和高频词语,帮助教师深度研磨课堂。未来还将融入 AI 算法,对课堂行为进行进一步分析,支持数据分析驱动教师教学素养提升。回到听课交流中,教师可以点击评论,定位到对应的回放片段,帮助教师快速回顾精彩课堂。这一直播听课评课功能,可以很好地促进教师个体微格教学反思。

听课评课是集体教研的重要内容,在当前新课程改革的背景下,云端一体化的听课评课有助于客观、公正、科学、智能、精准地评价课堂教学,并动态积淀优质资源,对探讨课堂教学规律、提高课堂教学效率、促进学生全面发展、赋能教师专业成长和深化课程改革有着十分重要的意义;同时也很好顺应了教育部等八部门印发的《新时代基础教育强师计划》①中要求的"深化精准培训改革。……创新线上线下混合式研修模式,提升中小学教师的信息技术应用能力和科学素养"的新要求。

4. 云端一体化整体架构

综上所述,基于与希沃信鸽深度融合的希沃白板 5 教学云平台,立足创新驱动,数据赋能,课题组构建了如图 1-18 所示的云端一体化"教—学—评—研"的基本范式,支持全流程功能自洽与数据闭环。

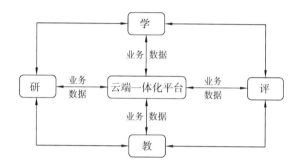

图 1-18 云端一体化"教—学—评—研"的基本范式

借助希沃白板 5 云平台和这一基本范式,可以便捷高效地实现各学科"教—学—评—研"的云端一体化整体架构与全流程的教学数字化转型,形成 OMO 深度融合的大场域大教学大教研新生态,更好地实现数据智教、数据治学,全方位提升教育数字化转型背景下师生的数字胜任力和新课改倡导的面向未来的学习核心竞争力。

---

① 中华人民共和国教育部等. 教育部等八部门关于印发《新时代基础教育强师计划》的通知[EB/OL]. (2022-04-02)[2023-09-15]. http://www.gov.cn/zhengce/zhengceku/2022-04-14/content_5685205.htm.

第 二 章
云端一体化课堂技术平台应用

导读：在教育数字化转型时代，面向教学的技术层出不穷，星洋学校坚持立足本土，放眼世界，科学遴选；坚持引进应用为主，多元整合，融合互补；既不做高风险底层开发，也不过度依赖单一技术平台，将技术应用深度融入星洋学校云端一体化课堂中。本章立足校本化创新实践，重点就星洋学校云端一体化课堂的云问卷、云教研、云课程、云教学、云评价、云合作、云阅卷、云直播八朵主干云和教育教学的云管理中应用的技术进行详细介绍。

云问卷——问卷星

1. 问卷星简介

问卷星是一款简单易用的数据收集平台，覆盖范围包括问卷调查、在线考试、在线测评等。问卷星中涉及的题型广泛，包括单选、多选、填空、矩阵、上传文件、评分、排序、多级下拉题等，能够满足问卷设计者需求；在问卷设置上可以通过设置问卷访问时间、问卷访问密码、IP及设备等限制保证问卷的有效性；问卷收集后可根据需求自动生成数据图表，便于数据分析，数据图表类型包括表格、柱形图、条形图、扇形图、雷达图、折线图等。

2. 问卷星特点

（1）简洁性

问卷星界面简洁、操作步骤清晰明确，新手也能够在10分钟内快速掌握制作、发布、回收问卷的操作，简化了传统问卷回收的复杂流程，让数据的收集更加简单。

（2）高效性

通过问卷星发布的问卷能够快速收集数据，答题者可以从移动端、PC端打开链接（或扫描二维码）进行答题，发布者能够从后台快速导出所需要的数据，快捷高效。

（3）安全性

问卷星中可对问卷设置单一密码、密码列表或是通过短信验证来保障重要问卷的安全性。

3. 问卷星使用方法

问卷星操作简单，目前支持 PC 端和移动端操作。创建及使用问卷星主要有三步：设计问卷、发送问卷、下载分析。

设计问卷：首先设置标题等基本信息，设置完成后可以选用问卷星自带的题型模板，也可以自定义创建，在创建中根据需求选择不同题型。若是提前准备好了题目文档，可以使用问卷星中的批量导入功能，简化问题设置过程，如图 2-1 所示。

图 2-1　创建问卷界面

发送问卷：问卷编辑完成，可以先预览问卷，确认无误即可发布问卷，如需提高问卷的回收质量，可在问卷设置中对问卷开放时间、开放密码、是否限制同一个设备多次访问等进行设置，设置后将设置保存即可。

分析下载：问卷收集完成后，通过分析下载功能，查阅问卷结果，可在线查询也可下载查询，可以根据需求选择后台数据的对应图表，便于更准确地分析，同时问卷星还支持自定义查询。

4. 问卷星下载及安装说明

（1）网页端

官方网址：https://www.wjx.cn/。登录官网—登录/注册，如图 2-2 所示。

图 2-2　问卷星登录、注册界面

(2) 移动端

应用商城搜索"问卷星"—安装—登录/注册。

5. 问卷星应用场景

(1) 教师发展

教师发展关系着学生的发展、学校的发展，是每个学校都非常重视的问题，而教师在职业发展中的真正需求是什么呢？这也是每个学校领导们最想了解的问题，通过问卷调查收集数据，再根据数据分析，就能够很客观真实地了解到教师们的真正需求，星洋学校教师发展问卷结果如图2-3所示。

图 2-3　星洋学校教师发展问卷结果

(2) 教学管理

教学管理主要包括教师管理、学生管理。在教学管理中，问卷星的应用非常广泛。在教师管理上可以用于教师满意度调查、推门听课反馈调查、课堂教学评价反馈等。在学生管理上主要可以用于班级班风调查、学生作业量调查、学生满意度调查等，星洋学校教师培训需求问卷结果如图2-4所示。

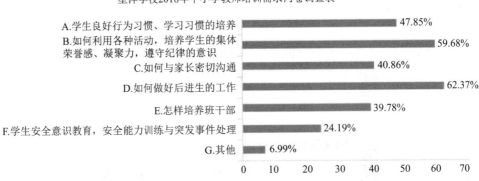

图 2-4　星洋学校 2018 年教师培训需求问卷结果

（3）学校管理

学校管理主要应用于家校沟通方面，一个学校有几千名学生，背后就是几千个家庭，学校要想快速收集到家长们对学校办学、教学等的情况，还是比较困难的，而基于问卷星的问卷调查，借助于信息化手段，能够很快地收集数据。线上家长会问卷调查结果如图2-5所示。

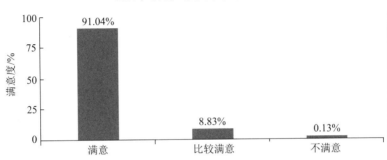

图2-5　2020年线上家长会问卷调查结果

（4）教学应用

问卷星中的测评系统、考试系统、评价等功能能很好地为教学提供支持。例如在教学中可用问卷星做电子学案，既能够为学生提供教学指导，也能够及时收集到学生的课堂反馈数据，从而优化课堂教学。问卷星中的考试问卷能够让教师快速收集到学生的答题数据，从而更精准地实现数据教学，提高课堂效率。物理学科教学反馈如图2-6所示。

第14题：
星洋学校每间教室配备"220V，0.2A"规格的照明灯10支，全校若启用100间教室，一天工作8小时，则每天耗电多少kwh？[单选题]
正确率：64.76%

选项	小计	比例
352kwh（答案）	136	64.76%
440kwh	15	7.14%
3.52kwh	37	17.62%
44kwh	22	10.48%

图2-6　物理学科教学反馈

云教研

（一）为知笔记

1. 为知笔记简介

为知笔记是一款集收集、记录、保存、分享于一体的知识管理软件，为知笔记以用户知识数据为核心，提供实用便捷的笔记管理服务，支持多系统登录，支持 PC 端、移动端同时登录；在互联网状态下，可实现实时同步更新；支持笔记分类、全文检索、标签标记等，极大地优化了笔记检索方式。简洁的操作界面，强大的笔记管理与分享功能，简单的操作方法使得为知笔记得到了广泛应用。

2. 为知笔记特点

（1）强大的资料收集功能

基于互联网的为知笔记，支持碎片化学习，可将笔记随时随地上传云端，便于使用者整理资料。为知笔记支持一键收集微信、网页、微博、剪切板等碎片化信息，可以实现批量导入各种文档，让使用者的资料收集高效而又整洁。

（2）可视化的笔记编辑功能

为知笔记编辑工具类似常用的 office 办公文档，符合使用者的文档编辑习惯。同时支持 Markdown 编辑器，实现文档的美化。为知笔记可以实现文字、清单、图片、拍照、语音等记录形式，一次记录，永久保存。

（3）高效的笔记管理功能

为知笔记可以通过创建群组来实现笔记的分组管理，同时支持多级文件夹创建，使笔记层次分明，笔记管理便捷；可添加任务标签，在创建笔记时选择对应标签，便可以达到更有效地分类管理，同时还可以通过文件夹、关键词搜索、快捷方式、近期笔记和消息等方式快速找到所需资料，极大地优化了笔记管理。

（4）便捷的知识共享功能

为知笔记是基于云计算的云笔记，支持多种共享方式，如直接分享链接，或是使用 QQ、微信等社交工具将资料分享给任何人，对于重要的资料，可在分享设置中添加笔记密码，保证笔记的安全性；在群组中创建的笔记，可直接实现群组内共享，有权限的使用者还可以进行笔记协同编辑，提高协作效率。

3. 为知笔记使用方法

为知笔记操作简单，目前为知笔记支持网页端、PC 端和移动端操作。为知笔记中主要有新建笔记、编辑笔记、删除笔记、恢复笔记、评论笔记、分享笔记、同步笔记、浏览笔记、整理笔记、创建团队等功能。

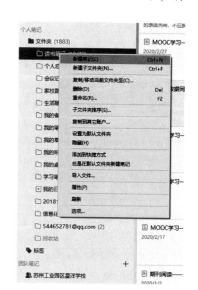

图 2-7　为知笔记新建笔记界面

新建笔记：打开为知笔记后，在个人笔记文件夹中，右击新建笔记，即可创建一个笔记。为知笔记新建笔记界面如图 2-7 所示。

编辑笔记：打开需要编辑的笔记，单击笔记工具栏中"编辑"即可修改笔记。

分享笔记：如需要分享，可以在笔记中，直接选择分享工具，按照需求分享。为知笔记分享笔记界面如图 2-8 所示。

创建团队：单击团队笔记右侧"+"即可创建团队笔记，在团队笔记中邀请成员，即可共同管理笔记，成员的权限可由创建者分配。为知笔记创建团队界面如图 2-9 所示。

图 2-8　为知笔记分享笔记界面　　　图 2-9　为知笔记创建团队界面

为知笔记详细的使用文档请查阅官网帮助手册：https://www.wiz.cn/zh-cn/support.html。

4. 为知笔记下载及安装说明

（1）网页端

官方网址：https://www.wiz.cn/zh-cn。

登录官网—登录/注册。

（2）PC 端

登录官网—下载 Windows 客户端—安装—登录/注册。

（3）移动端

应用商城搜索"为知笔记"—安装—登录/注册。

5. 为知笔记应用场景

（1）云备课

为知笔记有强大的管理功能、编辑功能，因此在教师备课中应用广泛，教师可选择直接在为知笔记中创建备课内容，也可以以添加附件形式创建备课内容，所有资料同步后，在网页端、移动端、PC 端均可查看，图 2-10 为云备课案例图。

图 2-10　云备课案例图

（2）云教研

使用为知笔记可以实现教研的多样化，不再拘泥于传统的集中教研。集体备课时，组内主备教师可以将备课内容上传教研群组，其他教师线上点评留言，主备课教师能够快速收集到组内教师的点评反馈，提高教研效率。云教研案例——教学研讨如图 2-11 所示。

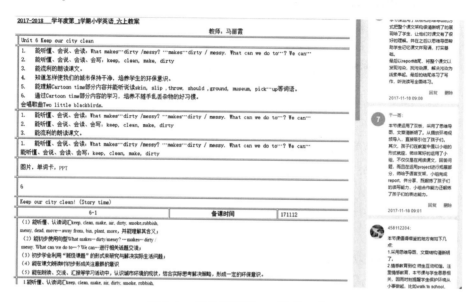

图 2-11　云教研案例——教学研讨

教研听课时，参与听课教师可以以录制声音、拍摄图片或视频的方式记录上课内容，让听课记录更加生动、更有画面感。云教研案例——听课记录如图 2-12 所示。

图 2-12　云教研案例——听课记录

（3）云分享

为知笔记提供的笔记分享功能为教师教学工作提供了很大的便利。参与培训是教师成长的重要手段，组内教师参与培训互动，并用为知笔记记录下培训精彩瞬间，分享给未参加教师，让资源得到最大化的共享。云分享案例如图 2-13 所示。

图 2-13　云分享案例

（二）希沃集体备课

1. 希沃集体备课简介

希沃集体备课依托的是希沃信鸽的校园服务，只要学校开通了希沃信鸽服务，教师在希沃白板 5 中便可以清楚地看到"我的学校"功能界面，可以直接点击进入集体备课页面，发起或参与集体备课。"我的学校"中的集体备课功能可供不同身份的人员使用，主备人可以发起备课，参备人可以共同协作，学校管理者可以实时了解备课进度。教师讨论的过程可以被完整记录下来，而且教师还可以通过更新教案、课件版本的方式呈现学生学习过程中的阶段性成果，无感化采集思辨性讨论过程。

2. 希沃集体备课特点

（1）教研行为可视化记录

平台可记录主备教师上传、修改资料的过程，同时能够记录参备教师评论的过程，对教师教研行为进行可视化记录，提高教研效率。

（2）线上线下协调教研

希沃集体备课打破了传统的线下集中教研方式，让教研不拘泥于时空限制，教师可以在任何空闲时间参与集体备课，并能够随时查阅其他教师点评。主备教师可以针对性修改教案，让教研更加精准化。

3. 希沃集体备课使用方法

希沃集体备课操作简单，只需三步即可完成线上集备。

第一步，我的学校—集体备课—发起集体备课，如图2-14所示。

图2-14　发起集体备课界面

第二步，填写备课相关信息，上传相关备课资源，添加备课人员即可。课件资源可以是本地的PPT、PDF、Word，也可以是教师希沃云空间里的课件或知识胶囊（微课）。直接通过检索的方式将本校老师添加为备课人员，暂时不支持本校之外的教师参与。

第三步，查看备课报告。待参备教师参与后，可以单击结束集体备课，查看备课报告，如图2-15所示。

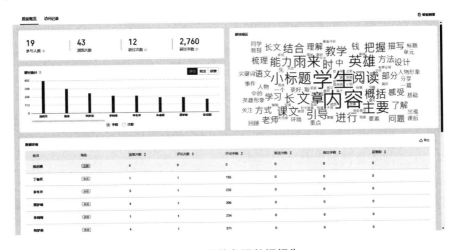

图2-15　集体备课数据报告

4. 希沃集体备课应用场景

希沃集体备课主要应用于各个学科教研，能够有效提升学校教师的教研效率，让教研更加精准，同时能够让教研组长、教务处负责人、校领导宏观查看学校教师参与教研的情况。（图2-16）

图 2-16　集体备课数据统计图

云课程——Moodle

1. Moodle 简介

Moodle 是模块化面向对象的动态学习环境的缩写，它是基于社会建构主义教育理论的课程管理系统，平台能够全面支持教师和学生组织、实施教学活动。Moodle 不仅支持通过电脑网络在线访问，也支持基于 Moodle 移动端的离线学习，在世界教育技术排行榜课程类平台排名中长期居于前列，在国内外中小学乃至众多高校有着广泛的应用。

2. Moodle 的特点

（1）便捷的课程创建与管理

平台支持无限制的课程目录及内容创建，课程管理员可以创建、移动、下载、修改课程，优化课程管理。

（2）可视化的学习行为记录

平台可记录学生登录课程的次数、时长、发言讨论、完成作业等情况。对学生的学习行为进行了可视化记录，有利于教师对学生进行针对性指导。

（3）强大的作业收集及反馈功能

Moodle 平台提供上传作业、测验等功能，学生可以将作业上传到服务器，上传作业的文件格式不限,上传的时间会被记录,教师可以指定作业的截止日期和最高分。学习过程中及时的反馈和评估是非常重要的,这样不仅可以让教师及时了解学生的学习状况,还可以帮助学生知道自己的学习状况,使他们的学习变得更高效。

(4) 支持班级、小组合作学习

Moodle 平台拥有班级、小组合作学习的功能,提供了方便易用的分组工具。小组拥有公开和封闭双重属性。配合教学功能模块,教师可以以小组为单位组织教学活动。班级、小组功能可以增强网络学习者的学习兴趣。

3. Moodle 课程创建方法

Moodle 平台创建课程操作简单,课程管理员打开"课程管理",根据需求创建课程分类—添加新课程,如图 2-17 所示。

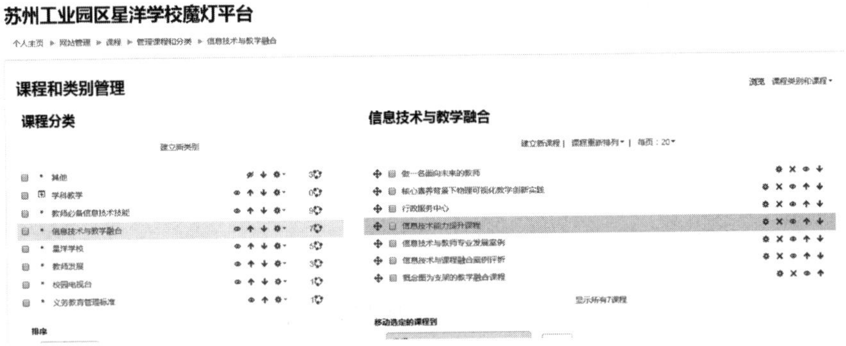

图 2-17　创建课程分类

输入课程基本信息,按照提示填写必填项目,单击"保存"即可,如图 2-18 所示。

图 2-18　添加新课程界面

4. Moodle 应用场景

Moodle 平台是课程管理平台,在教学应用上,以课程建设为主,我校主要将其用于校本课程建设以及学科课程创建。

（1）校本课程建设

校本课程是学校发展的特色，校本课程往往有各式各样的丰富资源，而 Moodle 平台可自由添加各类活动和交互资源，能够很好地展现学校的校本课程资源建设情况。图 2-19 展示了教师培训资料界面。

图 2-19　教师培训资料界面

（2）学科课程建设

学科建设教学中，该平台目前主要应用于信息与物理教学，在平台中支持批量导入试题，学生可登录平台进行练习，并能够即时查看答案解析，Moodle 支持概念导图与 Moodle 结合有效导教导学，图 2-20 展示了物理教学应用案例。

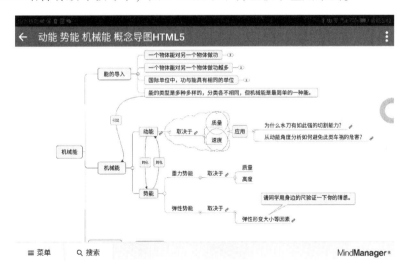

图 2-20　物理教学应用案例

Moodle 中的在线讨论区，实现了教学中的双向互动、共同参与，让教学更加高效，如图 2-21 所示。

图 2-21　Moodle 中的在线讨论区界面

云评价——班级优化大师

1. 班级优化大师简介

班级优化大师是一款针对学生课堂行为优化、评价的游戏化课堂管理工具。它为每一位学生设定了专属卡通角色，通过加减分、随机抽选进行角色升级，配合游戏化的规则、界面及音效，激发学生的好胜心与创造力；通过各项个性化定制评价数据，全面综合分析学生的学习行为；同时还可自动记录、归档和计算，亦可一键发送至家长端。

2. 班级优化大师特点

（1）趣味化评价，优化课堂氛围

教师可为每位学生设计个性化的头像，让每个学生真实地感受到他们就是课堂的主角。根据班级、课程的实际情况各自定义奖励勋章和待改进项目。在课堂教学中，给每个孩子参与学习、展示自己的机会，帮助学生树立自信心，激发学生的学习动力，优化课堂氛围。图 2-22 为班级优化大师评分界面。

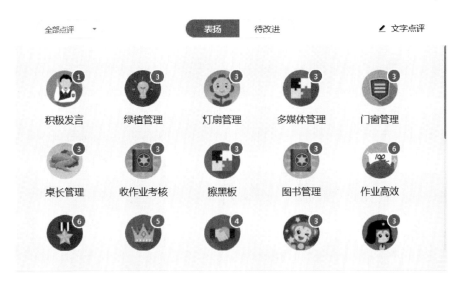

图 2-22 班级优化大师评分界面

（2）多元化评价，优化班级管理

每个班由班主任统一申请账号，可邀请所有任课教师参与评价，尽量在时间和空间上共同、全面管理，做到齐抓共管、全员育人。还可将学生分成小组，设置小组评价项目，组内成员互相监督，互相鼓励。多元化的评价，促进了学生良好行为习惯的养成，巩固了学校的有序化教育成果。

（3）即时性评价，优化家校沟通

班级优化大师有网页端、PC 端、移动端三个终端，教师在课堂中可以使用手机根据学生的表现随时进行评价，及时发现他们的闪光点与不足，实时发送点评，即时刷新排名。教师通过班级优化大师评价学生时，家长可以直接在移动端第一时间得到讯息，方便、快捷、即时了解孩子在学校的表现。

3. 班级优化大师使用方法

班级优化大师使用简单，目前支持移动端、PC 端、网页端。

课前准备：教师注册账号，选择教师身份。选择学科、年级、班级，并填写一个班级的昵称，完成班级创建。接着添加班级学生，打开有全班学生姓名的 Excel 表格，全部复制粘贴过来就可以完成批量添加，进入班级后，对学生进行分组，如图 2-23 所示。

课堂评价：打开班级优化大师软件并登录，在课堂界面下，选择进入某个

图 2-23 班级优化大师创建班级界面

班级，如果要对单个学生进行点评，点击学生的头像，选择点评类型即可，如果要对小组进行点评，点击上方的小组标签，选择某个小组，可以对小组内的某个成员点评，也可对全组点评，如图 2-24 所示。

课后分析：点击进入某个班级，通过班级报表功能即可查看报表，还可邀请家长加入班级，共同参与孩子的成长，如图 2-25 所示。

图 2-24　班级优化大师点评界面　　图 2-25　班级优化大师邀请家长界面

4. 班级优化大师下载及安装说明

（1）网页端

官方网址：https://care.seewo.com/。

登录官网—登录/注册。

（2）PC 端

下载班级优化大师 PC 端，下载地址：http://care.seewo.com/pc/download。

（3）移动端

应用商城搜索"班级优化大师"—安装—登录注册，注册界面如图 2-26 所示。

5. 班级优化大师应用场景

（1）教学中多元化评价

以往传统的量化评价以学业为主，这样的考量尺度无法客观全面地评价一个学

图 2-26　班级优化大师注册界面

生，利用班级优化大师，班主任可根据班级中存在的问题，自主编辑或修改表扬与待改进类型，通过所赋分值的不同，确定班级发展的方向。对学生个体而言，应用班级优化大师有利于明确目标导向。为全方位、多角度评价学生，班主任和任课教师除了

可以对学生个人进行评价外，也可根据小组成员的表现情况来进行整体评价。图 2-27 为班级优化大师过程化评价界面。

图 2-27　班级优化大师过程化评价界面

（2）家校共育

教师通过班级优化大师评价学生，家长可以在移动端第一时间得到讯息，及时地了解孩子在学校的表现，各科教师的加入让家长更清楚孩子的各项发展，能够全面掌握孩子的课堂情况，使家庭教育和学校教育有机结合，形成合力，促使学生健康成长。

（3）班级考评

教师对班级良好班风的考查如果仅仅依靠监督岗的检查是不够全面的，不能反映整体情况，通过班级优化大师可以借助每周的报表清楚地了解每一个班级每一个学生的全面情况。图 2-28 为班级优化大师光荣榜界面。

图 2-28　班级优化大师光荣榜界面

教师可随时查看学生及全班学生的表现情况，不仅能够查看过程性评价，还可以查看周、月、学期的总体性评价，让教师对学生、对班级有更全面、更立体的认识。图 2-29 及图 2-30 为班级优化大师数据报表。

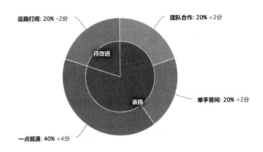

图 2-29　班级优化大师个人数据报表界面

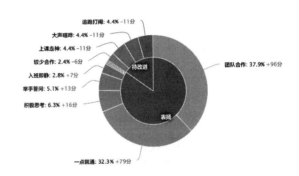

图 2-30　班级优化大师班级数据报表界面

云合作——"每日交作业"小程序

1. "每日交作业"小程序简介

"每日交作业"小程序是一款基于微信小程序平台，为师生提供专业作业管理功能的小程序。它具有可视化的作业统计、批阅功能，优化了传统模式下教师家庭作业收集、批阅的方式，提升了作业反馈效率。程序中还提供了打卡、考试、问卷、点评、线上错题、通知、班级相册等功能，丰富家校沟通。

2. "每日交作业"小程序特点

（1）高效性

教师创建自己的班级后邀请家长加入，随时发布作业，系统自动统计家长是否已经查看了作业。对于未查看的家长，教师可以免费一键提醒，确保信息及时传达给每位家长。教师还可以提前编辑好要发给家长的通知，系统定时发送，确保重要通知、作业不被遗忘。

（2）丰富性

利用信息化手段丰富教学互动，如使用"每日交作业"小程序中的"班级相册""课堂点评""小红花"功能，实现课后在线互动，拓展学生知识技能。其"打卡任务"功能，能帮助学生养成良好的习惯，培养持之以恒的品质。"成绩公布"功能，既保护了学生的隐私，又高效促进了家校合作。"线上错题"功能能够汇总学生的日常错题，提升学习效率。

3."每日交作业"小程序使用方法

"每日交作业"小程序目前支持移动端、网页端。

首先，由学校管理员在微信"每日交作业"小程序中创建学校，创建后会生成学校专属的邀请码，将邀请码发送给班主任，班主任在小程序中创建班级后，可以用二维码或链接邀请其他任课教师和家长加入。

教师可根据需求发布消息，包括发布作业、通知、打卡、问卷等。图 2-31 为"每日交作业"小程序功能界面。

图 2-31　"每日交作业"小程序功能界面

4."每日交作业"小程序下载及安装说明

（1）网页端

官方网址：http://zuoye.lulufind.com/。

登录官网—用微信扫码登录。

（2）移动端

微信端搜索"每日交作业"。选择正确的身份后，输入学校邀请码注册。图 2-32 为"每日交作业"小程序注册界面。

图 2-32　"每日交作业"小程序注册界面

5. "每日交作业"小程序应用场景

（1）普通作业管理

学生线上提交作业，教师无须下载作业，直接在线批改，左右滑动屏幕，可以切换当前学生的作业；上下滑动，则切换到下一位学生的作业。让师生在无接触情况下能够更好地完成作业批改。同时，教师可以清楚地看到作业提交情况。作业形式多样化，根据教师布置作业内容及形式，学生可以在线答题，也可以拍照、拍摄视频、录制音频等方式上传。图2-33为"每日交作业"小程序作业管理界面。

图2-33 "每日交作业"小程序作业管理界面

（2）打卡作业管理

"每日交作业"小程序中有丰富的打卡模板供教师选择（图2-34），灵活的打卡活动丰富了学生的线下学习方式，学生可以提交图片、录制语音、视频等形式提交打卡作业，每天的打卡帮助学生养成良好的学习习惯。

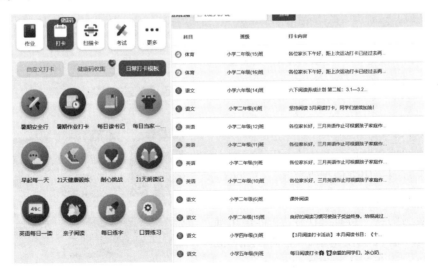

图2-34 "每日交作业"打卡作业界面

(3) 在线考试

在"每日交作业"小程序中，教师可以进入练习/考试布置界面，选择试卷对应的各个题型并添加试题，可通过文字/图片形式添加。试题添加完成后，选择考试开始、结束、成绩公布时间等，再选择所需发布的班级。图 2-35 为创建在线考试界面。

图 2-35　"每日交作业"创建在线考试界面

(4) 记录生活、班级通知

家长和教师可以在班级相册中分享学生的生活，班级事务的通知调查可以通过问卷调查或通知的形式一对多通知。

云阅卷——云痕大数据学情诊断平台

1. 云痕大数据学情诊断平台简介

云痕大数据学情诊断平台是面向学校日常作业、考试及发展性教与学评价需求推出的大数据个性化教学系统。通过云端平台、手机 app、微信公众号等途径，能够实现教与学全场景动态数据的采集和分析，深度挖掘数据价值，帮助学校管理者高效决策；为教研组、备课组提供精准教研、教学数据；实现学生个性化学习；实现家校互联，帮助家长实时了解孩子学习情况。

2. 云痕大数据学情诊断平台特点

(1) 便捷出卷

操作简单方便，基于 Word，直接在主观题后面复制粘贴登分框即可，不改变传统的工作习惯，对于教师的信息化水平没有要求，上手很快。

(2) 高速采集

高速扫描仪快速识别采集，系统自动识别登分框数字，客观题系统自动判卷，自动计算总分，可以节约教师的大量时间和精力。

（3）报告立得

翔实的教学数据涵盖了校级报告、班级报告、试卷质量报告、个人分析报告，帮助教师快速抓住核心问题。图 2-36 为云痕大数据报告界面。

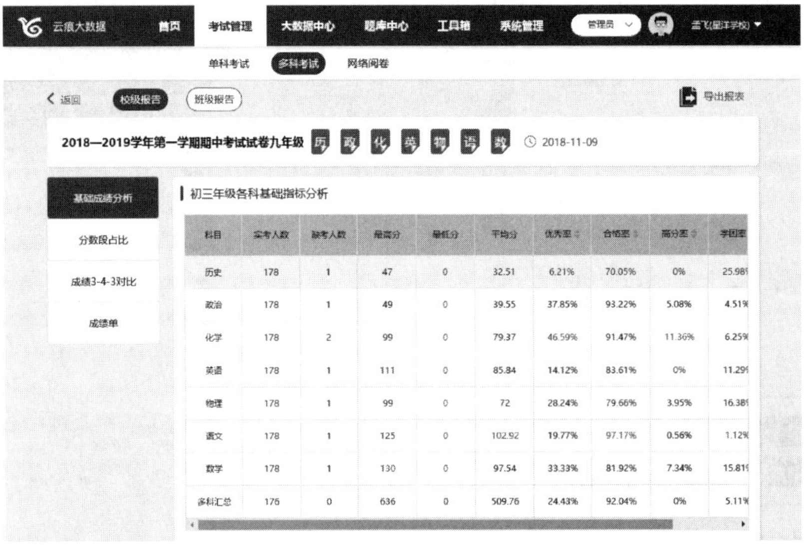

图 2-36　云痕大数据报告界面

（4）数据可比较、可追溯

通过教学数据的横向对比，发现班级间的差别或问题，以便对存在的问题进行精准地应对和改进；通过对作业数据的持续追踪，提前对可能出现的情况进行预警；通过对个体数据或班级数据展开纵向追踪和挖掘，及时定位到问题点，随时发现因果关系，找出解决问题的方法。

3. 云痕大数据学情诊断平台使用方法

云痕大数据学情诊断平台操作简单，目前支持网页端、PC 端、移动端操作。云痕大数据学情诊断平台主要有创建考试、查看考试报告、网络阅卷、作业管理、大数据中心、题库中心、工具箱等功能。

（1）创建考试：包括单科考试、多科考试和网络阅卷三种形式

创建单科考试（有痕阅卷、在线测验），如图 2-37 所示。

图 2-37 创建单科考试界面

针对新冠疫情期间，学生在家参加线上学习，学校不好了解学生的学习情况，云痕平台又增加了疫情在线测验（图 2-38），方便教师在线出题，学生可以通过微信小程序在线答题，让老师可以第一时间了解学情，也让学生可以第一时间找到自己的薄弱点。

图 2-38 疫情在线测验创建界面

（2）考试报告：包括试卷质量报告、单科报告、多科报告三种

图 2-39 及图 2-40 为试卷质量报告界面（试卷难易度、信度、区分度、知识点分布）。

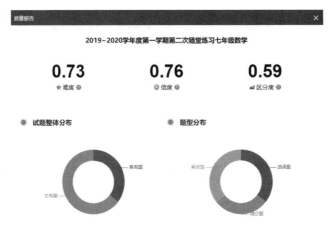

图 2-39　试卷质量报告界面——试卷难易度、信度、区分度

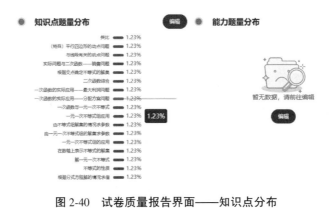

图 2-40　试卷质量报告界面——知识点分布

单科报告（校级报告、班级报告）如图 2-41 及图 2-42 所示。

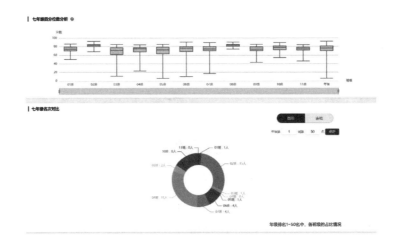

图 2-41　单科报告——校级报告

图 2-42　单科报告——班级报告

多科报告（校级报告、班级报告）如图 2-43 及图 2-44 所示。

图 2-43　多科报告——学校报告

图 2-44　多科报告——班级报告

（3）网络阅卷（PC 端、移动端）

PC 端界面如图 2-45 所示。

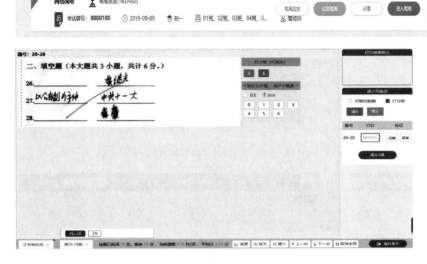

图 2-45 网络阅卷 PC 端界面

移动端界面如图 2-46 所示。

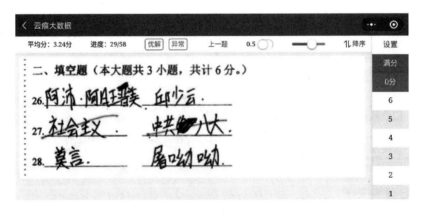

图 2-46 网络阅卷移动端界面

(4)作业管理(教辅作业)

作业管理界面如图 2-47 所示。

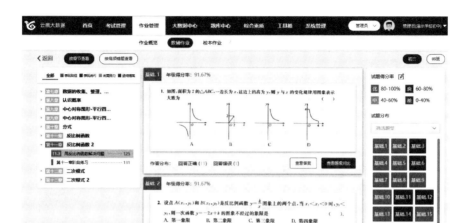

图 2-47　作业管理界面

（5）大数据中心（学生档案、教师档案）

学生档案界面如图 2-48 所示。

图 2-48　学生档案界面

教师档案界面如图 2-49 所示。

图 2-49　教师档案界面

（6）题库中心（公共题库、校本题库）

公共题库（可通过知识点、章节目录等选题）界面如图 2-50 所示。

图 2-50　公共题库界面

校本题库（套卷、单题）界面如图 2-51 所示。

图 2-51　校本题库界面

4. 云痕大数据学情诊断平台下载及安装说明

（1）网页端

官方网址：http://mark.eduyunhen.com。

登录官网—使用微信扫码登录或者使用账号登录。为了保障数据的准确性，用户只能由学校管理员导入，不能自主注册。

（2）PC 端

管理员安装云痕大数据试卷扫描程序。

（3）移动端

教师：微信—小程序—云痕教师。

家长：微信—公众号—云痕大数据。

5. 云痕大数据学情诊断平台应用场景

（1）学情监测

云痕大数据最基础的功能就是学情监测，通常应用于期中或期末考试。

（2）教学管理中的应用

① 数据驱动，精准管理。

云痕大数据平台中的学情数据不仅仅局限于对班级均分、高分率、及格率和低分率这种粗略的数据分析上，也体现了教师在教学、学生在学习过程中隐藏的问题，可对教学管理进行预警。通过深入挖掘这些数据，为校长室、教务处、年级组等管理处室提供了精准管理的决策依据，可以有针对性地对教师进行学科指导、对班级的薄弱学科进行时间或者其他方面的资源的倾斜。

② 数据驱动，精准教研。

对于教研组和备课组来说，更注重的应该是练习、测试中反馈的学生对知识点的掌握情况，如何在难点、易错点上进行突破，这才是集体教研和集体备课要集中突破的问题。

云痕大数据平台的学情数据恰好提供了这方面的内容，让教研组和备课组实现精准教研。

（2）教学中的应用

教学中可以利用云痕大数据学情诊断平台精准分析学生学习中存在的难点和易错点，并有针对性地设计相关的学生活动，实现学生的个性化学习，突出教学和学习的适切度。

（3）学生的个性化学习

家长关注云痕大数据微信公众号，可以追踪孩子的学情，了解孩子的的知识点掌握情况，找到薄弱知识点，根据错题集，形成个性化学习。

（4）作业数据预警

云痕大数据学情诊断平台中的测评系统、考试系统、评价等功能为教学提供支持，例如在教学中可用云痕大数据学情诊断平台做电子学案，既能够为教师提供教学指导，也能够及时收集到学生的课堂反馈数据，对于教师的教与学生的学都能够提供精准化预警，从而优化课堂教学。

云管理

（一）企业微信

1. 企业微信简介

企业微信是腾讯微信团队为企业打造的高效办公平台。企业微信于2016年在iOS、Android、Windows、Mac四个平台同时推出。作为一款办公沟通工具，企业微信除了具有类似微信的聊天功能，还集成了公费电话和邮件功能。同时，公告、考勤、请假、报销等功能都可在软件内实现。企业微信3.0版本，推出了让工作更高效、管理更安全的工具,包括会议、微文档、微盘、会话标记等。

2. 企业微信特点

(1) 操作简单

企业微信延续了个人微信的界面风格和操作体验,简单易用。电脑与手机多平台消息实时同步,并云端保存。发出的消息可以查看对方是否已读,工作沟通更高效。

(2) 高效办公

企业微信有完整的组织架构,还有便捷办公(日程、公告、审批、电子申请系统、企业邮箱、室场申请)、微盘(免费100G容量)、回执消息、待办功能、移动电话视频会议、自动创建部门群、通信录管理等功能。企业微信提供丰富的第三方应用,覆盖移动办公、文化建设、团队协同等多个领域,还支持应用程序接口(Application Programming Interface,API)接入自有应用,能根据不同的学校需求,实现个性化办公功能。

(3) 管理方便与安全

企业微信集成腾讯二十年沉淀的攻防对抗能力,为企业数据安全提供可靠保障,学校可设置员工的通信录查看权限、隐藏特殊部门或成员,确保信息安全。也可个性化配置员工对内、对外的资料展示。

企业可管理添加至企业微信的所有应用,配置应用的可见范围,使用应用发消息、自定义应用菜单、素材库等。企业配置权限管理、聊天管理、外部沟通管理、工作台管理等功能,个性化配置自己的企业微信。

3. 企业微信使用方法

使用微信登录或者手机账号登录,登录后选择企业(没有企业或首次登录的,新建即可)进入"企业微信"。

(1) "消息"模块

和微信一样,是消息提醒和聊天信息,单击模块右上方的"+",点开可以"发起群聊""加微信""扫一扫""休息一下"。图2-52为企业微信移动端主界面。

(2) "通信录"模块

点击部门,选择人员的名字,可以与想联系的人进行语音通话或者文字沟通,人数较多的学校还可以选择右上角的"搜索"按钮,直接搜索员工姓名。图2-53为企业微信移动端通信录界面。

图 2-52　企业微信移动端主界面　　　图 2-53　企业微信移动端通信录界面

（3）"工作台"模块

工作台中集成了学校启用的各种实用功能，除了企业微信提供的多个实用工具外，企业微信超级管理员还可以自行添加第三方应用，丰富学校办公体验。图 2-54 为企业微信工作台界面。

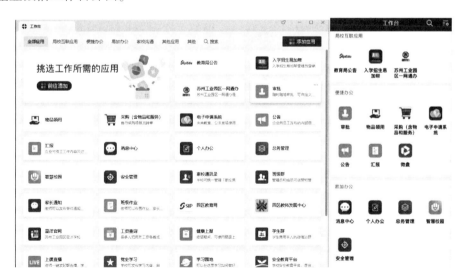

图 2-54　企业微信工作台界面

更详细的操作说明可参考企业微信官网的帮助中心：https://work.weixin.qq.com/help。

4. 企业微信下载及安装说明

（1）移动端

应用商城搜索"企业微信"—安装—微信登录/手机账号登录。

（2）PC 端

官网：https://work.weixin.qq.com/，下载 PC 端安装后用移动端企业微信扫描 PC 端二维码登录。

5. 企业微信应用场景

企业微信主要用于教师日常办公，下面主要列出几种常见办公场景。

（1）校园事务审批

请假、物品领用、物品申请、设备报修是教学工作中的常用功能，企业微信中的审批功能实现了随时随地的云端申请与审批，提高了教师的工作效率。图 2-55 为校园事务审批 PC 端界面。

图 2-55　校园事务审批 PC 端界面

（2）室场使用管理

为了优化室场管理，在企业微信中可以整合第三方应用——简道云，集成简道云中的功能设置室场申请系统，让各类室场使用更加规范。图 2-56 为室场管理 PC 端界面。

图 2-56　室场管理 PC 端界面

(3) 文件管理

微盘是企业微信中文件存储的云盘，为每个企业提供了 100G 的免费使用空间，且在创建时可以选择公共盘或私有盘，让教师的文件资料便于管理，做到了随时随处可存、可查。图 2-57 为文件管理 PC 端界面。

(4) 文档管理

企业微信无缝接入第三方应用软件腾讯文档，便于教师在线管理文档，让信息汇总更加高效。

(5) 远程会议

会议是教学工作中必不可少的一项，企业微信中的会议功能支持教师随时随地发起和参与在线会议，提升工作效率（图 2-58）。

图 2-57　文件管理 PC 端界面

图 2-58　远程会议界面

(6) 直播课堂/家长会

企业微信中的直播课堂及群直播功能（图 2-59），有效地支持教师在特殊情况下开展直播教学、直播家长会等活动。教师发起直播，将直播链接分享给家长，家长直接打开链接观看远程直播，让学习、沟通随处发生。

图 2-59　企业微信直播界面

（二）希沃信鸽

1. 希沃信鸽简介

希沃信鸽是一款由希沃自主研发、基于数据分析的发展性教学评价系统。希沃信鸽通过驱动教学流程，分析教学过程数据，评估学校信息化教学应用情况，帮助管理者了解教师的教学教研进度，调整教学管理策略。为构建"教—学—评—研"云端一体化范式提供了强大的技术支持，深化教学全流程数字化转型。

2. 希沃信鸽特点

（1）动态统计教学过程数据

希沃信鸽可以将学校空间、教师空间数据全打通，教学流程全覆盖，通过分析教学过程数据，帮助管理者了解老师的教学教研特点，及时调整教学管理策略。图 2-60 为星洋学校希沃信鸽界面。

图 2-60　希沃信鸽界面

（2）功能丰富

希沃信鸽能够集成希沃校本课件、备课与授课、听课与评课、目标与计划等功能，让教学管理更加快捷高效。图 2-61 为希沃信鸽功能界面。

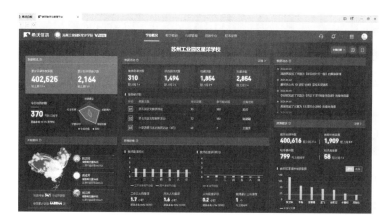

图 2-61　希沃信鸽功能界面

3. 希沃信鸽使用说明及应用场景

对于教师：教师在希沃白板中就能一站式完成个人备课、集体备课、听课评课等教研活动，利用信息化的手段简化自己的工作流程和方法。学校管理者也能及时了解教研进展，有效提升学校信息化管理水平，助力教师专业发展。

对于管理者：希沃信鸽是基于数据分析的教学教研管理平台。以校本资源库为核心，通过驱动教学流程，分析教学过程数据，评估学校信息化教学应用情况，帮助管理者了解教师的教学教研进度，调整教学管理策略；打造特色校本资源库，让资源的管理、统计、查看更高效，实现校本资源数字化；利用信息化集体备课、听课、评课于一体，多端协同，让教学教研简单高效，实现教研流程电子化。打造教育信息化2.0示范校，轻松完成成果汇报、演示，效果更直观，实现教研成果可视化。

云直播

（一）创先泰克直播

1. 创先泰克直播简介

创先泰克直播可以为学校建立专属的云平台，定制化服务，设计出学校专属的栏目，其中的微册馆可以全面地展示学校—师资—课程—环境—学生—活动—获奖等，把学生、学校和家长紧密地联系在一起，微册的呈现融合了文字、图片、声音和视频，更加全面地展示各个活动的形式和内容，家长、学生和教师可以随时随地回看以前的活动视频。

创先泰克公司提供现场拍摄、直播设备，有专业的技术工程师为学校服务，学校在进行展示活动的同时，可以让不在现场的教师、学生家长同步观看直播。

2. 创先泰克直播应用场景

（1）活动直播

学校各项大型活动可以通过直播的方式扩大观看人数，不受场地大小的限制。例如学校元旦晚会、安全知识讲座、家长会等，部分人员可在报告厅现场观看，其余的人员可以在教室、办公室、家里任何场地观看直播。图 2-62 为活动直播回看界面。

（2）教学直播

学校大型观摩展示活动可以使用创先泰克直播进行现场直播支持（图 2-63），未能亲临现场的教师，可以使用手机、电脑等设备远程观摩。

图 2-62　活动直播回看界面

图 2-63　课堂直播界面

未能及时观看的也可以通过精彩回看功能，回看录播，后台能够统计出观看数据（图 2-64）。

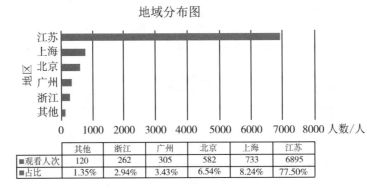

地域分布图

地区	其他	浙江	广州	北京	上海	江苏
观看人次	120	262	305	582	733	6895
占比	1.35%	2.94%	3.43%	6.54%	8.24%	77.50%

图 2-64　活动观看数据统计图

（二）希沃直播听评课

1. 希沃直播听评课简介

希沃直播听评课是希沃于 2022 年 8 月推出的新功能，只要学校开通了免费的"希沃信鸽"功能，教师即可在希沃白板 app 中使用听评课功能。希沃听评课中可以实现教师远程线上听课、在线互动点评课等功能，直播结束后能够自动生成带字幕的课程回放。

2. 希沃直播听评课特点

（1）操作便捷

只要学校开通了免费的"希沃信鸽"功能，教师即可直接在希沃工作台中启用听评课功能，操作简单便捷。

（2）评课高效

在听课中，听课教师可以在听课过程中在交流互动区提出听课建议，在听课结束后可以根据学校评课表为上课教师打分，让听课评课结果更加可视化。图 2-65 为听评课记录汇总。

图 2-65 希沃直播听评课记录汇总

此外，在课程结束后能够及时生成课程回放，并能够智能生成字幕，方便听课教师再次观看课程。

3. 希沃直播听评课使用方法

PC 端：希沃白板 5—我的学校—听课评课—邀请评课。

移动端：希沃白板 5 工作台—听课评课—邀请评课。

4. 希沃直播听评课应用场景

希沃直播听评课主要应用于教研活动中，方便组内教师在无法到场参与教研活动时，能够线上参与或观看回放课程，不错过组内教研活动，提升教研效率。

云教学

（一）易加学院

1. 易加学院简介

苏州工业园区易加学院是基于网络环境，提供"自主、开放、互动"的教育云平台，提供便捷的备课与授课方式，支持自定义教学环节，能够很好地实现线上线下混合教学、翻转教学、互动课堂教学等。平台中提供了可供区域教师共享的各类教学资源，主要有课程、同步学习资源（包含教学设计、课件、素材等）、云微课、题库等。

2. 易加学院特点

（1）三大"金库"

易加学院中资源丰富（图2-66），为学生提供了丰富的资源库、课程库、试题库。

图2-66　易加学院资源库

（2）备课模式便捷

易加学院中提供了便捷的备课与授课方式，支持自定义教学环节，能够很好地实现线上线下混合教学、翻转教学、互动课堂教学等。教师可根据需求自定义授课环节，以便方便地引用资源库、试题库中资源，让备课变得轻松（图2-67）。

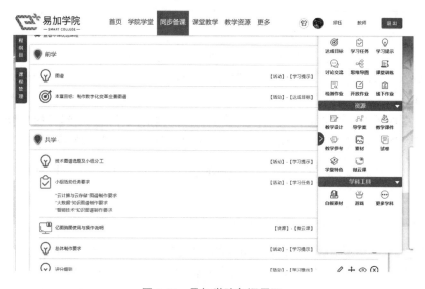

图2-67　易加学院备课界面

(3) 及时反馈，个性化教学

易加学院平台能够记录每一位学生的学习数据，及时提供课程学习报告，以图表形式呈现学生整体学习、教学环节的学习情况、典型错题率，反馈学生的讨论与疑惑等；此外，平台还能够准确地记录每一位学生课堂学习的时长、环节学习次数、答题详情等。图 2-68 为易加学院课程统计界面。

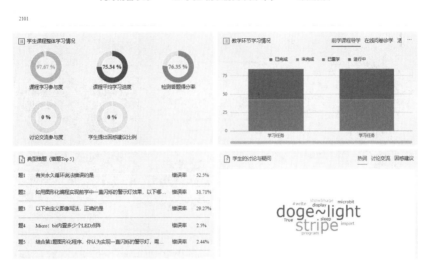

图 2-68　易加学院课程统计界面

(4) 智能组卷，提升自主学习效率

易加学院支持教师、学生智能组卷，教师可以根据学生的学习情况有针对性地选择组卷，在线发布给学生用于测评，同时学生可以通过"消灭错题"模块，自行组卷复习，优化学生自主学习效率。图 2-69 为教师端智能组卷界面。

图 2-69　易加学院教师端智能组卷界面

（5）课堂直播、录播，丰富学习方式

易加学院支持教师创建直播课程，教师根据提示填写直播信息（图 2-70），学生端即可查看到直播信息，直播课程支持回看，便于学生随时随地学习。

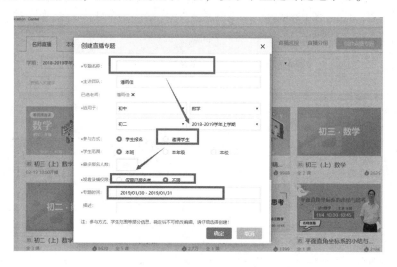

图 2-70　易加学院创建直播界面

3. 易加学院使用方法

教师创建课程：教师使用账号登录后，同步备课—新建课程—填写课程基本信息，完善课程内容，发布课程。

教师上传资源：教学资源—选择具体章节—上传资源—填写资源基本信息—确定，如图 2-71 所示。

图 2-71　易加学院教师端上传资源界面

学生端"我的课程":登录网页端或移动端,输入账号,选择我的课程—开始学习,如图 2-72 所示。

图 2-72　易加学院学生端"我的课程"界面

学生端"消灭错题":进入"消灭错题"—选择相应学科—查看错题—选择消灭错题—加入试练场,再次练习。(图 2-73)

图 2-73　易加学院学生端"消灭错题"界面

4. 易加学院下载及安装说明

易加学院支持网页端、移动端。

（1）网页端

官方网址：https://college.sipedu.org。

登录后输入个人账号、密码，即可开启学习（教师、学生账号均由学校统一申请）。

（2）移动端

方式1：应用商城搜索"易加学院"—选择对应的学生版/教师版—安装—登录。

方式2：打开下载页面 https://college.sipedu.org/static/download/index.html，根据需求选择下载。

5. 易加学院应用场景

（1）教学应用

易加学院适用于各个学科教学，教师可在平台中上传微课、课件内容供学生课前预习，提供测试题供学生课后复习巩固。平台给予教师精准数据反馈，帮助教师提升教学效率，丰富教学方式。图2-74为易加教学应用场景图。

图2-74 易加学院教学应用场景图

（2）学生课后自主学习

易加学院中的"我的课程""教学资源""消灭错题""直播中心"等模块为学生自主学习提供了丰富的选择，如图2-75所示，学生利用易加学院平台课后自主学习。

（3）教师直播课堂

易加学院中的直播功能，提供了市、区、校级直播资源，学生均

图2-75 学生利用易加学院课后自主学习

可查看。教师可利用此直播功能开设校级直播课，在师生无法面对面教学的情况下，提供远程在线教学。图 2-76 为易加课堂直播界面。

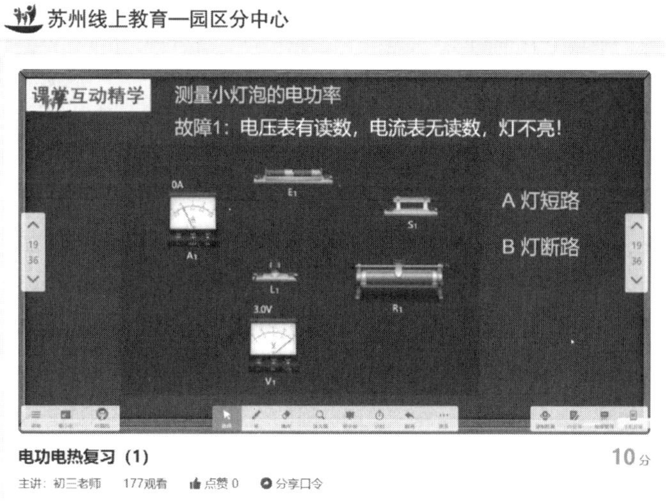

图 2-76　易加课堂直播界面

（二）超星云阅读

1. 超星云阅读简介

超星是面向智能手机、平板电脑等移动终端的移动学习专业平台。用户可以在超星上自助完成图书馆藏书借阅查询、电子资源搜索下载、图书馆资讯浏览、学习学校课程、进行小组讨论、查看本校通信录，同时拥有电子图书、报纸文章以及中外文献元数据，为用户提供方便快捷的移动学习服务。

2. 超星云阅读特点

（1）功能丰富

超星以移动终端和互联网的便捷性有效解决了资源无法被充分利用和获取途径单一的问题。除了支持用户进行移动阅读外，还提供了社交服务、即时通信功能、构建社交集群功能等，让读者在阅读过程中通过社交集成阅读网络，达成社交式阅读。

（2）线上线下融合

教师与学生可在其中完成学校课程，分享课堂拓展阅读，打破时间和空间的限制，线上线下融合阅读。此外，超星学习通服务系统支持图书馆线上进行阅读活动和阅读指导，能大力地推广全员阅读。

3. 超星云阅读使用方法

教师和学生可个人注册或由学校统一注册后获得用户名。登录后即可查找资源进行阅读，也可加入感兴趣的课程进行阅读。

4. 超星云阅读下载及安装说明

目前，超星云阅读支持网页端和移动端，移动端支持 Android 和 iOS 两大移动操作系统。

网页端：https://www.chaoxing.com/。

登录后输入个人账号、密码，即可开启学习。（师生账号可由学校管理员统一设置）

移动端可以通过以下途径下载安装：

① 应用市场搜索"超星学习通"。

② 移动设备浏览器访问链接 https://app.chaoxing.com/，下载并安装 app。

打开安装好的 app，点击应用首页，点击左上角的灰色头像，进入登录界面。超星支持个人和单位账户登录。

5. 超星云阅读应用场景

（1）班级阅读分享

教师创设班级学习空间，学生可在其中分享阅读感悟与心得（图 2-77）。

图 2-77　班级圈分享读书心得

（2）阅读课程展示

利用超星云阅读可以进行绘本阅读、美文赏析等课程的展示，如图 2-78 所示。

超星平台中配套的"墨水瓶"设备，能够实现阅读数据实时展示及阅读互动，如图 2-79 所示。

图 2-78　课堂教学中阅读展示

图 2-79　"墨水瓶"课堂教学应用展示

(3) 教师假期学习

学校管理员创设学习空间，教师可在其中分享阅读心得与体会，便于管理与收集数据，如图2-80所示。

(三) 点通互动课堂

1. 点通互动课堂简介

点通互动课堂系统是基于学生成长和学习的特点、老师课堂教学的难点，以教学信息化发展趋势为指导，紧扣课堂教学需求，非常简单、实用和易用的课堂教学辅助工具。

它致力于帮助教师即时、全面、精准地了解课堂上每个学生的知识掌握情况，及时发现每个学生的知识盲点，进而实施差异化增强补弱的教学和辅导，帮助学生消除知识短板，从而立竿见影地提高学生的整体学习水平和成绩。

图2-80 教师假期阅读心得体会

2. 点通互动课堂特点

(1) 简单易用

点通互动平台操作简单，不改变师生课堂习惯，教师在平台中创建课件发布即可使用。

(2) 纸笔依旧

学生仍然使用普通纸、普通笔芯书写答题，不改变学生书写习惯。

(3) 成长守护

没有高亮的电子屏，不伤害学生视力，保护学生眼睛。

(4) 提高学生专注力

没有多媒体的刺激和诱惑，学生上课不会分心，更加专注于课堂学习。

(5) 精准检测

课堂中及时发布的课堂检测，随时收集学生答案数据，快速形成图表，让教师告别经验和推断，用真实全面的检测数据说话。

(6) 精准教学

教师根据检测数据，在教学设计、教学难点和重点、学生个性辅导方面做到有的放矢。

(7) 高效互动

每个学生都有互动和反馈智能终端，人人参与教学互动，教师可以关注到每个学生。

3. 点通互动课堂使用方法

点通互动课堂分为教师端和平台端两个部分。

（1）平台端使用方法
- 创建备课：教师登录平台端上传课件录入题目，快速完成备课简单方便。
- 课堂记录：课后查看所有学生答题情况和统计分析图表，对课堂教学效果进行总结。
- 报告分析：提供应用报告、课堂报告、学情监测和学情分析四大类数十种报表。

（2）教师端使用方法
- 截图出题：教师既可以通过平台端网络备课，也可以直接截取电子文件或实物展台投射的纸质文件的题目选择对应的题型生成临时题目，随时进行课堂检测。
- 主观题：教师打开主观题，学生通过智写板手写解答，教师可以实时查看全班学生的答题结果。
- 客观题：教师打开客观题，学生通过智写板上方的按键进行答题和反馈，老师收题后可以看到全班同学的统计数据。
- 试卷：教师提前发放纸质试卷，检测时打开试卷，学生通过智写板手写作答，系统将学生的手写答案内容与电脑上的空白试卷进行匹配。图 2-81 为点通课堂试卷界面。

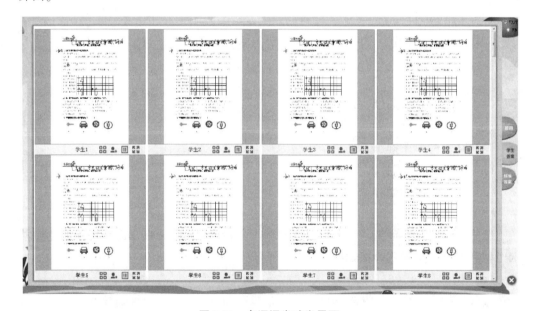

图 2-81　点通课堂试卷界面

- 白板演示：打开白板功能，教师可以通过右侧的工具栏进行书写、擦除、添加工具等操作，当一块白板写满后，可以在新增多块白板的同时依旧保留之前的白板板书。
- 随机点名：随机抽取一名在线学生回答问题。
- 抢答：教师点击开始抢答后，学生按确认键进行抢答操作。

4. 点通纸笔互动课堂平台端登录及教师端安装说明

Windows 系统教师端安装：选择需要的版本—右击以管理员权限运行—默认安装，图 2-82 为点通课堂版本界面。

图 2-82　点通课堂版本界面

打开软件，设置服务器配置为 http://61.155.146.209:9080，如图 2-83 所示。

图 2-83　点通服务器配置界面

5. 点通互动课堂应用场景

（1）教学应用

点通互动课堂提供了原笔迹记录和实时的反馈系统，帮助教师在课堂上实时跟踪学生的学习过程，及时发现问题，及时反馈和进行课堂内容与节奏的调控，提高了教学和学习的有效度。提供的书写、学习评价等工具丰富了课堂的教学手段和评价机制，充分调动学生课堂的参与度。图 2-84 为点通教学应用界面。

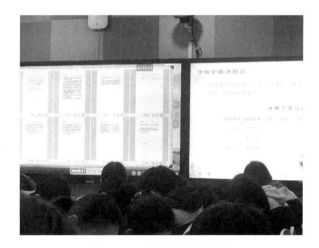

图 2-84　点通教学应用界面

点通可实时展示书写内容，多个学生同时进行预览，并可选取部分答案进行同屏对比展示。

(2) 教学互动

软件内置抢答器、随机点名、白板、课堂答疑、投票等多种教学互动工具（图2-85、图2-86），避免了传统课堂教学模式的单一性，更加注重教师与学生的互动，激发学生的展示欲、认同心理和学习的积极性。

图2-85　点通教学互动界面——抢答

图2-86　点通教学互动界面——随机答题功能

(3) 竞赛答题

通过抢答器、客观题统计、主观题书写等功能的结合，可实现学校知识竞赛活动的举行（图2-87）。

图2-87　点通应用于竞赛答题

(四) 希沃白板5

1. 希沃白板5简介

希沃白板5是一款专为教师打造的互动教学平台。针对信息化教学场景，提供课件制作、互动授课、在线课堂、微课录制、课件资源库等多项功能，满足线上、线下教学的多个场景，让教师能一站式完成教学环节的主要流程。

2. 希沃白板 5 特点

（1）简易功能设计，让备课授课更高效

希沃白板 5 支持 PPT 导入，方便快捷，备课工具含有丰富的文本、图形、多媒体及动画效果设置。此外还提供了多种学科工具，可一键调用拼音、英文、化学方程式、星球、乐器等多种工具，教师备课高效便捷（图 2-88）。

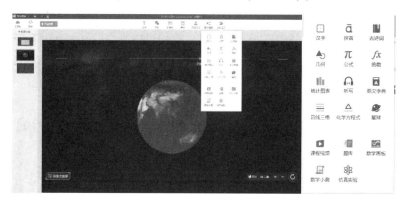

图 2-88　希沃白板 5 备课工具

（2）海量学科资源库，丰富课程设计

希沃白板 5 提供了 5000 多个课程视频、800 多个仿真实验等海量学科资源，覆盖小学、初中、高中主要学科，同时支持 PC 端及 app 端一键预览及获取课件，为教师提供了强大的资源库。

（3）趣味化游戏，让课堂互动更高效

丰富多彩的课堂互动有助于吸引学生注意力，提高课堂的有效性，使课堂走向深入。希沃白板 5 提供的课堂互动形式丰富、简单易操作，如趣味分类、选词填空、知识配对等（图 2-89）。

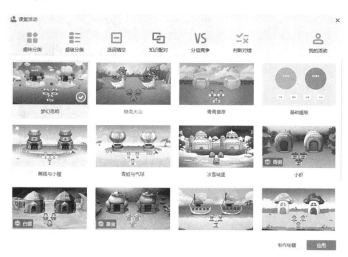

图 2-89　希沃白板 5 课堂互动功能界面

（4）云端存储，随时保存与分享、引用

希沃白板5可以通过注册账号或者微信认证等方式登录，用户的课件等资源随时上传云端，并可以分享至其他群组和个人。只要有网络，就可以在客户端随时打开并修改、保存课件。

（5）实时双屏互动，便捷移动授课

手机和电脑登录相同账号，就可以实现双屏同步，使用手机控制课件翻页、手机批注大屏同步显示，更多样的移动授课方式让教师自由掌控。

（6）连接click，课堂数据一目了然

希沃白板5可连接希沃click反馈器，学生人手一个click，能够快速实现课堂的点名、签到、互动抢答及随机抽选学生等功能，活跃课堂氛围；反馈器支持对选择题、判断题的反馈，希沃白板5实时接收数据并以图表形式呈现学生作答情况，教师能够清晰掌控全班进度，同时可以形成数据记录，方便教学分析（图2-90）。

图2-90　希沃click反馈器

（7）希沃信鸽，汇总数据，助力精准教学管理

希沃信鸽可形成学校管理端、教师端、学生端的数据闭环，能够及时高效地对个体教学过程数据进行呈现和分析，辅助管理者进行教学评价、科学决策，让管理更轻松、决策更有依据。图2-91、图2-92为希沃信鸽生成的周报数据图。

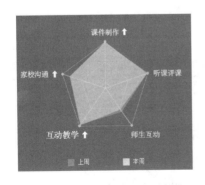

图2-91　希沃信鸽周报数据图1

图2-92　希沃信鸽周报数据图2

3. 希沃白板5使用方法

（1）注册账号，完善信息

注册账号启动软件：启动希沃白板5后按照要求注册，完成后，登录成功，进入

云课件的操作界面。

（2）创建课件

登录进入软件后，单击右上角创建课件即可制作课件，课件制作的操作基本上和 PPT 一致，便于教师快速入门。

（3）同步课件

希沃白板 5 支持课件云同步，制作课件时，将自动同步到云端，避免丢失课件。无网络环境下支持本地备课授课，可采用导出方式保存课件。

（4）录制微课

移动端：点击希沃白板 5—我—知识胶囊—录制胶囊。

PC 端：单击知识胶囊—录制胶囊，启动录制，在录制界面左下角单击书写笔记和备注的按钮，随时对课件进行批注。录制完成后，点击下一步按钮就可以对录制的微课进行编辑。结束后会生成微课二维码，用户直接微信扫码就可以查看微课。图 2-93、图 2-94 分别表示了录制界面和编辑界面。

（5）直播课堂

希沃白板 5 提供了直播课程功能，单击—云课堂—新建课堂—填写相关信息—创建完成分享直播二维码，微信扫码即可收看直播。

图 2-93　知识胶囊录制界面

图 2-94　知识胶囊编辑界面

4. 希沃白板 5 下载及安装说明

希沃白板 5 目前支持电脑端和移动端。

（1）PC 端

PC 端下载地址：https://easinote.seewo.com/。

（2）移动端

移动端：在应用商城搜索下载。

5. 希沃白板 5 应用场景

（1）教学互动

希沃白板 5 中提供了丰富的学科资源，能够很好地支持教师进行个性化课件制作，课件中提供的互动游戏也极大地激发了学生学习兴趣，让课堂生动有趣；同时基于云端课件，免除了教师上课忘记带优盘的烦恼，随时随地登录软件打开课件。

图 2-95 为使用希沃白板 5 进行课堂教学互动。

图 2-95　希沃白板 5 课堂教学互动

（1）听课评课

听课评课是提高课堂教学质量、教师业务素质的重要途径。教师在用希沃白板 5 进行教学授课时，可在授课模式下点击左下角菜单内的授课评价，即时生成评课二维码，评课教师扫描后可立即填写。

（2）直播课堂或家长会

希沃白板 5 中提供的直播课堂功能，在师生无法面对面教学的情况下，可以远程为学生提供在线教学，保证停课不停学。此外，利用直播功能可开展线上家长会（图 2-96），提高家校沟通效率。

图 2-96　希沃白板 5 直播家长会

（五）希沃传屏

1. 希沃传屏简介

希沃传屏是一款由希沃自主研发的，基于无线网络实现多平台移动终端与接收端无线传屏的应用软件。通过运行在移动终端的应用,可以实现与接收端传屏幕、传音视频、传照片、传文档、触摸板控制、桌面同步等功能。

2. 希沃传屏特点

(1) 多平台兼容

希沃交互智能平板、普通 Windows 电脑均可安装 PC 端软件。移动终端支持 Android 系统、iOS 系统的手机或平板电脑,支持 macOS、Windows 系统电脑。

(2) 无线分享

移动终端可向 PC 端分享屏幕、音视频、图片、文档。

(3) 支持手机/平板的远程操控

可以通过手机、平板触控板或体感鼠标功能,对 PC 端进行操控。可以通过手机、平板桌面同步功能,将 PC 端画面同步至移动端并进行操控。

(3) 反向操控

支持在 PC 端上对 macOS/Windows 系统的移动终端进行反向操控。

(4) 主控模式

支持主控模式功能,发送端的请求需通过接收端允许后才能进行。

(5) 高效课堂

在上课时使用希沃传屏可捕捉课堂学生细节如书写、答题情况、动手操作等,同时教师可利用移动端远程控制电脑,让教师能够脱离讲台,便于课堂巡视和指导。

3. 希沃传屏使用方法

移动端输入连接码,打开移动端(发送端)希沃传屏软件(图 2-97 左侧),输入 PC 端(接收端)显示的连接码(图 2-97 右侧),电脑接收端安装软件后,通过设置,连接码会一直显示在电脑屏幕位置,随时可以打开移动端连接。

图 2-97 希沃传屏连接界面

4. 希沃传屏下载及安装说明

(1) 安装 PC 端(接收端)

要求系统 Windows7 及以上。软件下载地址:https://e.seewo.com/。

(2) 安装移动端（发送端）

应用商城搜索"希沃传屏"下载。

5. 希沃传屏应用场景

（1）动态实时展示情境——电脑投射手机的应用

将发送端与接收端连接在同一局域网内，即可实现投屏。除了常规拍摄图片投屏展示外，还可使用摄像头功能，动态展示实时情景，演示课堂细节，展示学生作品，让学生直观体会。图 2-98 为手机同步到电脑的界面及应用。

图 2-98　手机同步到电脑的界面及应用

此外，希沃传屏中通过"本地音视频""投照片""投文档"功能，能够快速调用手机里存储的文件，展示于 PC 端。

（2）把手机当成鼠标控制 PC 端

希沃传屏可以通过"遥控器"功能，控制电脑桌面。

（3）桌面同步——手机投射电脑应用

"桌面同步"功能与"开始投屏"功能正好相反，前者通过手机展示电脑的画面，在移动端可以灵活控制 PC 端的应用。该功能的应用类似于"遥控器"的功能，但是比"遥控器"应用更灵活。后者 PC 端投射手机的操作画面。总体来说"桌面同步"与"遥控器"功能使教师在课堂的位置变得灵活，不再被禁锢在 PC 端。

（六）NOBOOK 虚拟仿真实验平台

1. NOBOOK 虚拟仿真实验平台简介

NOBOOK 虚拟仿真实验平台是一种运用虚拟现实技术模拟实物实验的计算机辅助教学软件，它采用多媒体信息技术在计算机上建立虚拟实验教学环境，使师生利用各种设备通过接近真实的人机交互界面完成实验。在日常课堂教学中，教师可以通过实验演示的方式直观地传授重难点内容，提高了学生的学习兴趣。

2. NOBOOK 虚拟仿真实验平台特点

（1）基于教师——制作简单，高效逼真

NOBOOK 仿真实验课件制作简单，高效逼真，通过多媒体手段，依托学科特色，打造富有科技感的物理、化学、生物学科虚拟仿真实验资源和应用，做到教学模式多样化、教学资源共享化、教育信息数字化，帮助学生快速掌握实验要点。其中，NOBOOK 生物采用超文本标记语言（HTML 5）、3D 技术，NOBOOK 物理和 NOBOOK 化学内置独特的"引擎"，不仅支持教师任意组装实验、不用受实验步骤的限制，而且所有实验操作均可呈现准确的实验数据以及逼真的实验现象，是一款完全具备探索性的虚拟实验软件。仿真实验降低了备课的技术门槛，保证了课堂能够开足开齐演示实验，提高了课堂的有效性。

（2）基于硬件——支持多终端跨平台访问

NOBOOK 实验采用 HTML 5 技术，支持多终端跨平台访问——电子白板、台式机、一体机、平板电脑等终端均可使用，Windows、iOS、Android 全平台适应。

（3）基于学生——交互性强，促进知识理解

从学习者角度来说，仿真实验直观并且具有较强的交互性，提供了学生实验前学的手段，提高了学习兴趣，促进了知识的理解。

3. NOBOOK 虚拟仿真实验平台使用方法

（1）新建实验

以物理课为例介绍平台使用方法，登录后，在左侧的菜单栏中单击新建—找到对应知识点实验—插入实验（图 2-99）。

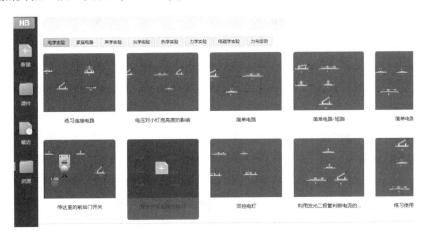

图 2-99　新建实验界面

在新建课件中，从右侧菜单栏可以看到各样器材，根据需求选择，如图 2-100 所示，直接将相应工具拖入试验区域即可使用。

图 2-100　虚拟实验器材界面

实验器材搭建好后，直接在实验区域单击操作，即可实现实验效果（图 2-101）。

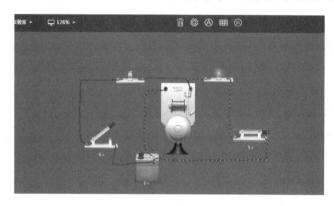

图 2-101　虚拟实验效果界面

（2）编辑及导出课件

搭建好的实验课件，可以从"课件"中找到，并可进行编辑修改、导出等操作（图 2-102）。

图 2-102　编辑及导出课件

4. NOBOOK 虚拟仿真实验平台下载及安装说明

（1）网页端

官方网址：https://www.nobook.com/。打开官网，无需安装，登录账号后即可直接使用。

（2）PC 端

打开官网—找到对应学科—选择下载"Windows 版"或"MAC 版"。

5. 虚拟仿真实验应用场景

（1）翻转课堂——辅助学习者实验前学

NOBOOK 虚拟仿真实验平台提供了开放式的实验环境。学生可以打破时间和地域的限制完成相关教学实验。教师可以提前将实验任务共享给学生，方便学生提前了解知识重难点。

（2）分层教学——辅助学生反复回看、操作

大班制授课，针对学生不同的理解与接受水平，NOBOOK 虚拟仿真实验平台支持任何时间、地点，反复回看与操作。不仅能锻炼学生的独立构思和设计能力，也更有利于培养出具有创新精神和实践能力的人才，确保所有的学习者在原有的水平上有所提高。

（3）课中实验——将实验带进理论课

在以往的教学环境中，由于课时、器材以及操作问题，通常不能保证开足所有的实验，教学效果通常因此受到影响。NOBOOK 虚拟仿真实验平台，不仅加强了学生对知识的理解，也间接提高了教师的实验教学水平（图 2-103）。

图 2-103　课堂教学中应用虚拟实验

第 三 章

云端一体化课堂创新案例

教学案例

导读：教育数字化转型对课堂教学提出新要求，如何构建常态化线上线下高效深融的课堂正成为广大学者探讨的热点问题。本章的"教学案例"结合苏州工业园区星洋学校疫情期间的教学实践，全面阐述云端一体化课堂的范式构建与创新实施路径。重点展示基于企业微信、易加学院等教学云平台，借助晓黑板、点通智写板互动课堂软件（简称点通板）、希沃白板5、希沃click反馈器等信息技术教学辅助手段，架构的"前学课程导学、在线检测诊学、课堂反馈精学、课后个性研学"的云端一体化"四学"范式推进实施的优秀案例。

翻转前置性学习，辅以云课件，发挥云资源优势，实现线上导学；课前诊断反馈，让数据说话，精准把握学情，调整课堂教学的针对性；课中精学探索，实时教学反馈，让评价可视，及时调整教学细节，提升学习效度；课后利用易加学院平台进行拓展性研学，凭借"全时空"网络，搭建探究平台，打破时空壁垒，实现线上线下"全维度"智慧融合，带动课堂教学过程中各个要素和环节的"全要素"系统性、整体性、结构化的变革，实现了教学管评测各个环节的"全流程"云端一体化、智能化闭环管理。

基于"四学"流程的云端一体化物理课堂教学实践
——以初中物理二轮复习"力与运动、能量综合"专题为例

《义务教育物理课程标准（2022年版）》中，明确倡导教学方式多样化，鼓励教学中根据教学目标、教学内容、教学对象及教学资源等的实际情况，灵活选用教学方式，合理运用信息技术。这势必能够促进教学的整体优化，影响学生的终身学习与发展。在三年的疫情危机下，为了保证学生居家"停课不停学"，各学校纷纷采取措施将学校教育由线下转为云端。如何最大化地利用信息化手段构建深入高效的在线课堂成为广大学者探讨的热点问题。为了提升线上课堂的吸引力，给学生提供更好的教

学服务，教师们不断加强对线上教学内容与形式的研究。笔者以"力与运动、能量综合"专题复习为例，设计了"前学课程导学，在线问卷诊学，课堂互动精学，课后个性研学"的在线"四学"流程，创建云端一体化课堂。

一、"四学"流程下的云端一体化课堂模式

云端一体化课堂的构建需要用到互动教学平台，目前主流的交互式电子白板系统是希沃白板5，该平台生态环境非常友好，既适合常态化教学，又可以适应云端虚拟课堂教学，支持PPT导入和应用，为用户提供了海量的云空间，可以做到随时随地登录账号进行调用。希沃白板5自带丰富的课堂活动，为教学注入强互动性，还提供思维导图以及覆盖大部分学科的授课工具，具体有汉字、拼音、古诗词、几何、函数、公式、化学方程式、数学画板、物理线图、NOBOOK虚拟仿真实验、星球等，基本可以满足各学段教学需求。此外，平台中包含教学时间胶囊，这是对当下"微课"的一次技术革新，不要任何环境部署，一键即可帮助教师记录教学过程，同时时间胶囊的传播、存储成本不到传统微课的10%，使用起来非常便捷，这为云端一体化教学工作提供了很好的互动平台。"四学"流程下的云端一体化教学包括"前学课程导学、在线问卷诊学、课堂互动精学、课后个性研学"，这种教学模式的优势主要体现在四个方面：其一，将课前、课中、课后串联起来，教学全时空覆盖，形成教学闭环；其二，教学、管理、评价、测量各个环节一个不缺，形成管理闭环；其三，在教学要素上，覆盖课堂、教师、学生和家长，有效地将学生的教育与家长的陪护联系在一起；其四，由于信息技术与教学的深度融合，促使教学的各个环节发生整体结构性的变革。主要有以下表现：教学环境是线下与线上的融合，教与学的方式多元化，组织方式走向开放；在育人目标上，由传统的双基走向提升学生的核心素养，为每个学生的学习和发展提供机会；在育人方式上，从传统的以教为中心，真正地转为以学为中心；最关键的是从传统的学在课堂，内化在课后，转变为学习在课前，内化在课堂，巩固提升在课后。"四学"流程下的云端一体化课堂带来的颠覆性变化促使教学进入了一个崭新的发展阶段。

二、"四学"流程下的云端一体化课堂教学实践

"力与运动、能量"是初中阶段物理知识板块中的重点内容，学生不易掌握，在历年的中考试题中反复出现。一轮复习主要是章节内的知识梳理，这部分知识涉及的问题很多，遇到的题型大多是单独考查力的变化、运动状态的变化或能量的变化，所以在学生的脑海中知识点仍然是七零八碎的。在二轮复习时，为了解决章节与章节的知识整理、辨析和知识的综合应用问题，"力与运动、能量综合"的专题复习至关重要。下面笔者将分步介绍基于"四学"流程的云端一体化课堂的教学实践，以期让学生对力与运动、能量的知识能有深度的理解并掌握。

（一）前学课程导学

教师利用希沃白板5制作前学课程，课程主要包括实验操作视频、微课以及思维导图等，课程制作完成后，以二维码或者链接的方式通过企业微信、微信、QQ、晓

黑板等家校沟通软件分享，学生通过手机、平板扫描二维码或者通过电脑点击链接均可查看。考虑到本节课是建立在二轮复习的基础上的，因此笔者设计了两个结构化概念图，概念图中包含知识盲点和思维漏点，对于重要的概念，均链接对应的文本、动图、实验、微视频等，学生可以根据自己的学情进行选择性的查漏补缺，以最适合的方式接受知识，这充分体现了个性化的教和个性化的学。

（设计意图：让学生在课前对本节课不懂的知识点做到心中有数，自然会增强听课效果。前学是培养学生自学能力的好机会，能够锻炼学生的阅读、理解、分析、综合应用等多种能力。）

（二）在线问卷诊学

根据前学的课程，笔者通过问卷星设计了在线检测，相比传统的纸质检测，在线检测拥有很多优势：快捷方便、省时省力，打破时间和地域的限制，随时随地可以进行；借用当今互联网优势，所需成本低廉，通过测试系统发布检测，效率高，只需要将二维码或考试链接发送给考生，考生通过扫码或点击链接进入，就可以参与检测；不需要像传统考试那样，花费大量人力物力进行人工阅卷，效率低，且容易出错，在线测试系统都是自动判卷出成绩；精准的测试报表分析，包括成绩分析、考生整体和个人分析、错题分析等，不再像传统测试那样，需要经过大量的人工统计工作才能得到一份报表，大大节省时间和成本。本节课问卷诊学中设计了 10 个选择题，主要诊断了以下知识点的掌握情况：运动状态改变的判断、惯性的理解、平衡力和相互作用力的区分、牛顿第一定律的理解、机械能的影响因素以及转化过程中的大小变化等。

（设计意图：通过前测可以了解学生的真实认知状况，便于在实际备课过程中，做到教学设计有依据、心中有学生，加强教学活动设计的实效性，避免无效知识的二次灌输。）

（三）课堂互动精学

通过在线问卷诊学，笔者发现错误率较高的主要是物体运动过程中的受力分析、运动状态的变化、能量转化情况等问题。课堂互动精学中，笔者将这类问题通过建模的方式融合在一起。常见的模型分为两类。一类归在直线运动，例如：竖直方向受重力、弹力的弹簧，实例有蹦极、蹦床等，这些模型中力学过程及能量转化过程是近似的，可以归为一类题型来讲解，以期讲清一题弄懂一类题。课堂上笔者围绕蹦极这一真实情景，分析在蹦极过程中力与运动的关系，其中有几个特殊位置：A 点，物体自由下落；B 点，弹性绳自然伸直；C 点，运动员下落过程中运动员的重力和弹性绳对运动员的拉力大小相等时的位置；D 点，运动员蹦极过程下落的最低位置。在教师的引导下，通过合作探究、展示交流，采用表格的形式对比分析运动员在各个运动阶段的受力情况、运动情况以及机械能转化情况（不计空气阻力）（表3-1）。这样做的好处是易于参考比较和发现不同点物理量的区别，便于将零散的知识形成系统，加深理解。

表 3-1 蹦极问题中特殊点的力与运动，能量分析

	受力分析	运动情况	能量转化	人的机械能是否守恒	人和弹性绳系统机械能是否守恒
A→B	只受重力	加速	重→动	守恒	守恒
B→C	F<G	加速	重→动+弹	不守恒	守恒
C	F=G	速度最大	—	—	—
C→D	F>G	减速	动+重→弹	不守恒	守恒

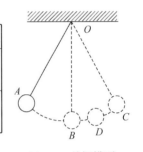

图 3-1 运动员蹦极过程

另一类是曲线运动，笔者建立单摆模型，作为研究对象。摆球从 A 点静止释放，经过最低点 B 点，摆向另一侧的最高点 C，在此过程中，分析摆球的受力情况；若出现细线被剪断或不受力情况，再尝试分析小球之后的运动情况（不计空气阻力）（表 3-2），这是对牛顿第一定律和惯性知识的应用。

表 3-2 单摆模型中特殊点的运动分析

	B 点	C 点	D 点
剪断细线	平抛	竖直向下加速运动	斜抛
若受到的力全部消失	水平向右匀速直线运动	静止	斜向上做匀速直线运动

图 3-2 单摆模型

（设计意图：课堂互动精学通过建模的方式将物理问题进行"简化"，舍弃次要因素，把握主要因素，化复杂为简单，由现象到本质，有利于学生把握重点，突破难点。）

（四）课后个性研学

为了进一步检验在线教学的有效性，笔者还设计了课后个性研学，课后个性研学包括两部分内容，其一，观看《神舟十三号宇航员返回地球》视频，要求同学们根据视频深入了解神舟十三号返回地球需要经历的 5 个程序，提出一些可探究的物理问题并在同学之间相互讨论；其二，基于本节课学习内容，完成后测问卷。

（设计意图：通过设计灵活多样的研学作业，引导学生进行个性化学习，促进不同层次的学生在基本知识和基本技能上得到巩固，在能力拓展上有所提升。这既调动了学生学习的积极性，又能培养学生的竞争意识。学生在观看视频的基础上提出问题，将学生的被动学习向主动探索和研究转移，让学生们感到"我能做，我会做，我想做"，从而体会成功的喜悦，这也正体现了"因材施教"的原则。后测卷的反馈还可以与前测卷进行对比，既检验了学生的学习效果，又帮助教师诊断了课堂教学，为下一步的教学计划奠定了基础。）

三、"四学"流程下的云端一体化课堂教学前景

当今教育发展正面临国际化、信息化、知识经济和持续发展等一系列挑战，它们

不断汇聚、相互交织，正在引发教育体系的深刻变革。随着大数据、人工智能、5G时代的到来，未来的云端一体化课堂必将呈现出更加精彩的云端互动、虚拟仿真、AI教学以及混合现实等创新融合的新场景，同时也会打破地理限制、师资限制，使得更多的人得到优质的教育资源，实现教育公平。

孙艳丽　刘园

基于云端一体化的小学语文教学
——以点通板、墨水屏、希沃易课堂等云技术应用支架为例

在当前我国"互联网+教育"迅速发展的大背景下，教育信息化日益受到广大小学语文教师的重视，信息技术在语文课堂中的运用也越来越频繁。但是信息技术在融入课堂教学时，缺乏精准性和精细化，浮于表面、流于形式的现象依然存在。笔者认为，广大小学语文教师需要在实践中不断思考如何将信息技术与语文课堂有效融合起来，从而达到提高教学效率与质量的效果。

一、现代信息技术与小学语文融合的优势：增强形象性和体验感，实现线上线下有机融合

现代信息技术与教学的融合极大地改变了教师的授课模式，使得授课方式在时空上发生了巨大的变化。可以说信息技术拓宽了语文课堂的广度和深度，使得小学语文教学的载体更具多元化，给课堂注入了鲜活的动力。首先，信息技术有助于增强情境创设的形象性和体验感，有效激发学生的学习兴趣，让学生在课堂上发挥学习的主动性，成为课堂学习的主体。其次，多元的教学手段可以将课堂延伸到课外，实现线上线下的有机融合。最后，信息技术可以提升课堂教学的有效性，培养学生的创新精神，增强自主探究意识，提升语文综合能力。借助云端技术，融入课堂教学，可以实现教学呈现、互动、诊断与评价、教与学的方式的转变与流程再造，是云端一体化课堂教学模式的保障。

二、多元的现代信息技术教学辅助手段：实现教学的可视化、精准性、诊断性反馈

在日常的教学实践中，笔者综合运用晓黑板、易加互动平台、希沃白板5、点通板、班级优化大师、超星阅读、墨水屏等操作性强的云端平台，努力尝试将语文课堂与信息技术融合起来，打造高效课堂。下面就简单谈谈笔者在实践中的一些探索。

（一）前学的可视化反馈：晓黑板打卡、易加平台推送学情前测

晓黑板是一款致力于家校联系沟通的专业app，自上线以来赢得了不少教师和家长的青睐。除了日常的沟通交流、发布作业之外，晓黑板还有讨论组功能，教师可以让学生将课文的前学情况拍照上传到讨论组，发送课文的朗读录音，家庭默写打卡等，这样教师能够第一时间掌握学生的前学情况，实现可视化反馈。

同样，通过易加互动平台资源中心推送相关课文的微课视频供学生前学时学习，

在作业中心布置前学练习，及时监测学生的前学效果。通过查看系统自动生成的统计报表，可以看到提交人数、用时情况、学生平均正确率等。通过大数据分析在课前掌握课程的第一手学情，可以关注学生的薄弱环节，使课上的讲练更有针对性。通过晓黑板打卡、易加互动平台可以实现前学的可视化反馈，为教师打造高效课堂提供了思路。

（二）课堂的精准性反馈：兼顾课堂不同环节"因课施教"

（1）巧借希沃白板5的课堂活动功能，调动课堂气氛。

希沃白板5为教师提供了一个高效实用的互动教学平台，这一款软件具备课件制作、互动授课、在线课堂、微课录制等多项功能，老师能一站式完成教学环节的主要流程。它自带系列课堂活动模板，例如趣味分类、超级分类、选词填空、知识配对、分组竞赛、判断对错等，教师可以将相关知识点融合到课堂活动中，激发学生的学习兴趣，调动学习积极性，使得语文课堂兼具互动性与趣味性。

（2）借助点通板、希沃click反馈器进行课堂诊断，班级优化大师实时点评。

点通板可谓功能强大，第一，通过智写笔可以实时采集和呈现学生的课堂书写内容，教师可以随时查看学生的答题情况，把具有代表性的课堂作业加入展示区域进行分析讲解，起到范例作用。第二，点通板配备按键答题和教学评价功能，希沃click反馈器也具有同样的功能。这一功能为教师提供了实时的教学效果统计分析图表，借助大数据的即时反馈，错误率结果实时呈现，学生的薄弱知识点一目了然，教师可以及时调整教学重点，从而提高教学质量，做到精准教学。第三，点通板真正实现了课前、课中、课后的有效衔接，使以学生为主体的教学模式得以创新发展，完美实现了教师与学生的即时互动，达到了个性化的教学效果。同时，借助班级优化大师实时点评，还可以激发学生的学习热情。

（3）超星阅读、墨水屏、文章二维码创新了阅读教学的新范式。

为了激发学生的阅读兴趣，笔者平时借助超星app线上发布整本书的阅读任务，并设置截止日期，学生读完后可以发布读后感，参加超星阅读的系列活动还能评选出"阅读之星"。课堂上借助墨水屏发布阅读篇目，阅读完学生可以当场在墨水屏上发表自己的观点，比如在阅读指导课《伊索寓言》一课上讲到《驮盐的驴》时，利用墨水屏搜集学生对主人公的看法，大屏幕上很快呈现出"自作聪明、贪婪、懒惰"等词语。除了整本书阅读，对于单篇课文的群文阅读，教师可以将系列文章制作成二维码发到晓黑板的讨论组，学生可以扫码阅读，这样节约了纸张和时间，同时，阅读完学生可以在讨论组发表留言，教师可以及时获取学生的读后感。

（三）课后的诊断性反馈：希沃易课堂线上监测，大数据图表呈现单元学情概览

课后笔者利用希沃易课堂在线布置单元练习，这一平台能够对学生的答题正确率、累计答题时间、累计资源用时、课堂活跃情况、学习进度等进行监测。教师可以了解哪一模块失分率高，哪一道题目学生停留的时间长，以便掌握学生的学习情况，针对错误率高的题目进行有效讲解，实现高效习题评讲。大数据统计单元知识点的掌

握情况，使接下来的教学更具针对性。

三、疫情期间教学的适切性：在技术的支撑下，实现教学模式的质的改变

江苏教育学会陆志平副会长在题为"疫情后学校'互联网+'如何进入新常态？"的讲座中提到，疫情时期线上教育之所以能够如火如荼地开展，得益于教育行政部门的统筹安排，社会各界的积极参与，学校的勇于创新。在"互联网+教育"的新理念下，疫情期间社会、学校、教师均需要探索推进课堂教学新范式。疫情期间，教学在时空上发生了改变，教育部门都在探索适切的教学方式与线上线下优势互补的范式。疫情期间，笔者借助希沃云课堂开展教学直播，通过晓黑板发布作业，并进行批改，让学生的线上作业得到反馈；针对学生的作业情况，录制知识胶囊对相关习题进行讲解。突如其来的疫情打乱了学校正常的教学节奏，但换个角度来看，在技术的支撑下，教师也能通过不断思考、实践，将技术与教学相融合，从普通的教学方式向现代化教学方式转变，这是一种教学模式的质的改变。

汪雯婷

云端一体化背景下小学数学探究小组学习策略
——以企业微信班级群应用为例

2021年12月，中央网络安全和信息化委员会印发《"十四五"国家信息化规划》，提出开展"互联网+教育"云网一体化建设，构建泛在的网络学习空间，支撑各类创新型教学的常态化应用。在云端一体化时代背景下，小学数学探究学习是一种满足个性发展、聚焦核心素养的教学形式，同时也是实现立德树人的重要途径。本文研究的云端一体化背景下基于企业微信班级群的小学数学探究式学习小组，并不是对传统学习小组的全盘否定，而是继承发扬，是在云端一体化新形势下对探究式学习小组的升级更新，更鼓励合作创新，更具有生命力，从而让学生真正学会学习，成为新时代的未来新公民。

企业微信班级群有2种创建班级群的方式，支持自动创建、手动创建方式。如果班级在微信上原来就有微信群，那么可以直接迁移到企业微信上。因为微信目前的普及率非常高，所以即使原来班级没有微信群，家长一般也无需额外安装新的手机app，就可以高效地进行家校沟通和教学应用。家长可使用微信身份加入班级群查看老师消息通知，老师可以在班级群发送班级通知、班级作业、健康上报、上课直播等。通过企业微信班级群，可以助力云端一体化背景下小学数学线上探究小组，实现线上线下的融合。

一、企业微信班级群扁平化管理，用规则引领小组探究

在后疫情时代，利用云端一体化平台进行学习是一种教育新常态。可是，笔者发现存在这样一个问题：很多学生最初几天学习积极性很高，但随着时间的推移，部分学生对线上学习的热情开始降温，出现所谓网课模式下的"后进生"。这些学生也因

学习习惯不佳、家长缺乏有效监督等，出现了作业质量不高、晚交甚至不交的情况。在企业微信班级群中，小学数学探究式在线学习小组的管理可以采取"制度管理"，通过"教师—课代表—组长—组员"的扁平化管理模式进行小组管理。扁平化小组管理，是对现代企业管理模式的班本化尝试，目的在于减少小组管理层级、提升小组管理效率。

对于线上探究式学习小组的具体规则和运行流程，下面以作业上交这一突出问题为例进行阐述。线上学习小组的活动开展主要是在企业微信班级群平台上，组长主要从前一阶段数学线上学习中表现优秀的同学中择优推荐产生，这些同学本身对自己的线上学习很用心，相信他们有能力、有责任心，能够胜任。班级设置若干个在线学习小组，每组由正、副两位组长共同管理。每个小组就是一个学习团队，各自组建自己独立的线上学习小组，构成线上学习生态圈。线上探究式学习小组操作指南：（1）关注上交，小组全员按时上交作业；（2）组内评价，组长评价组员，每组两个组长互评；（3）督促订正，评价结束后，对于有错误的同学及时提醒订正，以评论的形式上交订正；（4）晚间汇报，请组长向当天的数学值日课代表汇报本组组员当天作业情况；（5）老师复查，每天对每组进行随机抽查，小组间比一比，是否全员按时提交，组长是否全员评价，评价是否细致认真，组员是否订正及时等。每周评比优秀小组，获评优秀小组的组长和组员都有相应的加分奖励，每周更新光荣榜。后续线上小组活动也可能以小组为单位进行，施行组长负责制。

第斯多惠说过："教学艺术的本质不在于传授本领，而在于唤醒、激励和鼓舞。"企业微信班级群的扁平化小组管理，唤醒了组长对整个小组组员学习成效的责任感，唤醒了组员对整个小组的集体荣誉感，激励每一位小组成员不断突破自我、克服时空障碍、战胜自我潜在的惰性。规则这一面旗帜，引领着小组探究走得更远。

二、企业微信班级群全时空讨论，用网络搭建小组探究

在传统教学环模式下的小组课堂讨论中，时常会出现这样一幕：学生们围绕研究问题正在积极热烈地进行小组讨论，可是因为课堂时间有限，即使有的小组还没有讨论结束，小组讨论也被要求集体暂停，导致有的小组讨论成果是"半生不熟"的。云端一体化背景下，教师可以借助企业微信班级群搭建"全时空"线上小组探究讨论组，让学生在相对自由轻松的网络学习社区中主动思考、自主讨论，实现小组讨论时时能进行、处处能参与，打破了传统教学中时空的局限。

比如，在学习《因数和倍数》单元知识时，小组学生对于以下问题存在争议："判断：最小的质数是所有偶数的最大公因数。"于是，小组组长当机立断，及时组织组员在企业微信班级群中进行在线小组讨论，组员可以灵活选择文字、语音、图片、视频或快速会议等方式，各抒己见，相互学习。

生1：这道判断题，应该是对的，这种类型的题目一般不计0。

生2：$0 \div 2 = 0$，所以0也是偶数，并且2是0的一个因数。

生1：这道判断题，我觉得是对的。因为2是偶数，而2的因数中最大的是2，所以所有偶数的最大公因数是2。

生3：的确，2是2的最大公因数，但不是别的偶数的最大公因数，从这一点来说不对。

生1：因为问题中研究的是"所有偶数"，所以最大公因数就是2，2的最大因数就是2，是这样想的。

生2：当时犹豫了一下，觉得是偶数的公因数，但是不应该加最大，现在再理解，把所有偶数放一起考虑好像是对的。

生3：大家可以发现今天同步中出现了求多个数的最大公因数，以后还可能出现求多个数的最小公倍数。判断题第3题，其实求的是所有偶数的最大公因数，即（2，4，6，…，）=2，因此是正确的。

生4：比如4和12的最大公因数不只是2。为什么呢？

生3：所有偶数，因数和倍数单元一般从2开始，即2，4，6，8，…，这些偶数的最大公因数是2。

生4：现在懂了，我把偶数认为只有两个了，现在终于弄清楚了。

苏霍姆林斯基说过，"在人的心灵深处，都有一种根深蒂固的需要，就是希望感到自己是一个发现者、研究者、探索者。"在传统教学中，笔者发现有一些学生（比如上面讨论中的生4）原本比较内向或者不愿意当面讨论，现在有了企业微信班级群学习讨论小组，也给这些学生多了一个参与讨论的渠道，让学生更加愿意加入讨论，让每一个学生真正成为小组讨论的"参与者"，而不仅仅是"观看者"，让他们真正发挥在线合作与团队互助的学习优势。

三、企业微信班级群游戏化设计，用竞争激励小组探究

由于课堂时间有限，教师无法请每一位组员逐个汇报小组讨论的成果，于是往往由组内推选出的"学生代表"进行汇报展示，久而久之，有的学生成为汇报的"垄断者"，相反，有的学生则退居二线成为小组讨论的"观看者"，也就逐渐失去学习的乐趣。游戏化教学指的是将游戏或游戏化元素、游戏化设计和游戏化理念运用到教学情境中。

比如：在《简易方程》单元中，通过企业微信班级群中的收集表和实时沟通的功能，进行云端一体化的大数据分析，精准定位共性错题，并将整理汇总的错题的讲解过程尝试进行游戏化设计。

（1）小组形式。请学生将错题对应的分析思路和解答方法录制讲题视频并通过企业微信班级群发给教师，开展两个班级间的班级比赛。这里运用的是团队作战的游戏思维，激发团队成员的集体荣誉感。

（2）具体要求。每次只能自选其中一题进行录制，视频需画质清晰、声音流畅、画面和声音同步，可以是手写内容并录制，也可以是结合PPT录屏等方式录制视频，然后提交在企业微信班级群中的班级作业模块上。每个学生有其个性化的学习路径和学习习惯，鼓励学生尽其所能进行探究式学习研究。

（3）游戏规则。企业微信班级群的作业模块中，教师可以进行等级评价（A+、A、B、C、D）和文字评价等，只要两个班级中有同学提交某一题讲题视频并且被评定为A+，那么对应的这一道题目就不能被再次录制提交，其他同学可以选录其他题目。这里给学生设定了清晰的目标，便于学生理解任务要求和规则，激发学习行为。同时融入了游戏的运气元素，让学困生也有机会而且愿意去挑战那些自己能够完成的题目，从而树立学习数学的自信。

（4）实时反馈。每位学生自选题目后再进行录制，这时候不清楚这一题是否有其他同学也在录制，也不清楚这一题是否已经有同学率先录制并通过审核，因此在"游戏化"竞争中，教师要及时呈现比赛的进度，让每一位学生掌握目前哪几题已经录制过关，哪些题目还没有录制过关。任何设计精良的结构游戏化设计都无一例外地能提供及时的、反映现状的、有益的反馈信息。例如：在《简易方程》小比赛中，利用企业微信班级群，对已经录制过关的视频进行语音或文字反馈，指出视频中值得学习的优点，比如：运用变式进行辨析，加深理解；借助动手小实验操作，形成初步的直观感受，再进行细致的分析；分析非常细腻、具体，思考和计算过程非常清晰；借助PPT录屏的形式，表述非常清晰，语速恰当……这种反馈激发行动，强化目标导向，并循循善诱。

四、企业微信班级群项目式学习，用问题深化小组探究

项目式学习是基于建构主义理论，引导学生在问题情境中合作探究，进而提升学生综合能力的教学模式。企业微信班级群对项目式学习的支持体现在资源的广度、技术的效度与管理的深度等多个方面。云端一体化背景下的项目式学习，可以充分利用企业微信班级群的优势，提升探究活动的多样性和丰富性，加强对过程和结果的科学性的管理和评价。

比如：项目式学习《苏州的一碗糖粥》，利用企业微信班级群，把项目式学习过程划分为准备、实施、分享三个阶段来实施教学。

（1）准备阶段。这个项目式学习的研究背景：舌尖上的中国让人们感受到了美食带给中国人的特殊仪式感。因有学生去苏州观前街尝到了苏州的糖粥，感觉十分美味，于是提议来研究苏州的糖粥。老师与学生商议后将项目式学习主题《苏州的一碗糖粥》分为"糖粥的销售情况"、"糖粥的营养"和"糖粥的制作方法"三个子项目。

（2）实施阶段。"糖粥的销售情况"子项目可以结合"统计与概率"板块知识，通过抽样的方法来收集数据，通过绘制各类统计图来描述和整理数据，并根据糖粥目前的销售数据来预测糖粥销售的未来发展。"糖粥的营养"子项目可以联系比例、百分数等数学知识，探究糖粥的营养成分和营养价值。"糖粥的制作方法"子项目可以创新探究不同原料和配比对于糖粥口感的影响，不断优化糖粥的配方，让糖粥更加美味。

（3）分享阶段。企业微信班级群可以对接微信小程序，比如可以利用美篇、美拍、易企秀等小程序来分享探究成果，让更多的人认识到苏州的糖粥，将苏式文化继续传承下去（图3-3）。

图 3-3 苏州糖粥

总而言之，在云端一体化的推动下，借助企业微信班级群建立探究式学习小组，能更有效地让学生认识数学思维的重要过程和实质，助力数学思维的提升。路漫漫兮，基于企业微信班级群的探究式在线学习小组的开展效率和进阶激励，笔者会在后续的研究中进一步深入探究。

何杰

小学数学云端一体化课堂创新教学范式
——《认识一个整体的几分之一》教学案例

一、教学内容

苏教版义务教育教科书《数学》三年级下册第76—78页例1、例2，"试一试"和"想想做做"1—4题。

二、设计理念

本课时设计基于云端一体化课堂教学范式。充分体现"前学课程导学、在线问卷诊学、课堂互动精学、课后个性研学"的"四学"流程，激发学生的学习兴趣，发挥和培养学生自主学习、合作学习、探究学习的能力，落实"适切度、参与度、融合度、达成度"的"四度"要求，努力彰显"情境化、结构化、交互化、精准化"的"四化"特征，为学生的智慧学习提供适合的路径。

三、教学目标

（1）学生在具体情境中进一步认识分数，知道把一些物体看成一个整体平均分成若干份，其中的一份表示这个整体的几分之一，并能通过实际操作表示几分之一。

（2）学生在学习用分数描述简单生活现象以及相关数量关系的过程中，进一步培养初步的抽象、概括能力，增强用数表达和交流信息的能力。

(3) 学生进一步体会分数与现实生活的联系，了解分数在实际生活中的应用，感受分数的意义和价值。

四、教学重点
能正确认识将一个物体或很多物体看成一个整体，平均分成几份，每份就是几分之一。

五、教学难点
理解几分之一所表示的部分和整体的关系。

六、教具准备
多媒体课件、前学研究单、微课。

七、教学过程
（一）自主前学

利用易加学院创建课程，复习三年级上学期学过的有关分数的知识，并进行回顾梳理，再完成自主设计的分数的作业（图3-4）。

（设计意图：本环节主要是借助易加学院帮助学生回顾复习以前学习的有关分数的知识并引导学生开展自主学习，初步认识一个整体的几分之一。）

图3-4 前学研究单

（二）问卷诊学

利用易加学院设计作业，了解学生学习的基础、经验以及分数学习中存在的问题，课上与学生共同探讨。

（设计意图：利用易加学院进行云端一体化前学，学生提出自己的发现和疑惑。学生在自主探究的过程中，不仅仅对之前学习的分数和即将学习的分数有初步的感知，也对分数有了自己的思考和困惑，这些就是学生学习上的难点，在课堂教学中有效地利用这些疑惑，能够帮助学生更好地掌握知识的本质。）

（三）课堂精学

1. 前学反馈，导入新课

谈话：今天猴妈妈给小猴子们带来了最喜欢的桃子，1个桃子怎么分才公平呢？谁能把分的过程和结果完整地说一说？

追问：从图上看，一个桃的1/2就是多少个？

小结：把一个桃平均分成2份，每份是这个桃的1/2，也就是1/2个。

（设计意图：教学伊始，教师创设分物情境，以"每只小猴分得多少"这个问题，引导学生在交流中提炼出"把一个桃子平均分成2份，每份是这个桃的1/2，也就是1/2个"。这样引入，一方面充分激活了学生已有的认知经验，在新知学习之前呈现一种引导性材料（先行组织者），有利于学生迁移；另一方面，也能为后面拓展分数的内涵，理解一个整体的1/2提供对比性材料。）

2. 探究交流，建构新知

（1）认识1/2

① 问题引领，引发思考。

课件出示一盘桃。

谈话：不一会儿，妈妈又拿来了一盘桃，同学们，同样是分桃，猴妈妈现在分的桃和刚才有什么不同？

引导：一个桃和一盘桃都是"一"，有什么不一样？

小结：同学们很会思考！平均分的物体数量有变化了，当我们把一些数量的桃放进一个盘子里进行研究时，这一盘桃就成了一个整体。

追问：把一盘桃平均分给2只小猴，每只小猴分得多少呢？

思考：明明我们都不知道的数量的多少，为什么分得的是一盘桃的1/2呢？难道与桃的数量没有关系吗？

谈话：这个问题很有意思，让我们带着这个问题继续研究。

② 举一反三，理解整体。

提问：我们来猜一猜，这盘桃子有几个？

出示：6个桃。

提问：现在你知道怎么分吗？

说明：把6个桃看作一个整体，平均分成2份，每份是这盘桃的1/2。

提问：你还能表示出几个桃子的1/2？用一个圆代替一个桃子，再画一画、分一分、说一说。

老师收集了几个同学的作品，请他们给其他同学分享一下。

思考：大家画出的个数虽然不一样，但为什么都能表示出二分之一呢？

小结：虽然总数不同，但我们都把它们看成一个整体，里面无论有多少个桃子，只要把它们平均分成2份，得到的每一份就是它的1/2。

引导：那么请同学们大胆想象一下，一箱桃平均分给2只小猴呢？一卡车桃平均分成2只小猴？

总结：不管是分一个箱桃还是一卡车桃，都是将它们看成一个整体，只要平均分成2份，每份都是1/2（图3-5）。

（设计意图：利用希沃白板里的移动、克隆、放大镜等一系列的功能，让学生将不同桃子进行均分，展示多个例子，帮助学生理解不管多少个桃，都是将它们看成一个整体，只要平均分成2份，每份都是1/2。）

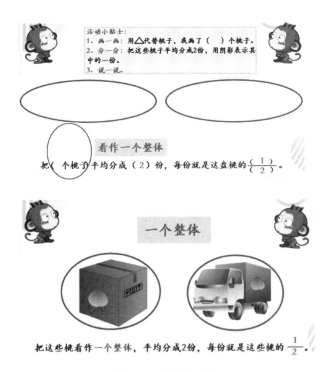

图 3-5 桃子的均分

③ 对比讨论，丰富整体。

谈话：学习不能只顾埋头走路，学一会儿也要停下脚步回头看一看、想一想。今天我们又认识了 1/2，和以前认识的 1/2 比较，你有什么新的认识？

小结 1：是的，以前是把一个物体平均分成 2 份，得到 1/2；今天是把很多物体平均分成 2 份，也能得到 1/2。这里的"很多物体"可以看成是一个整体。

小结 2：也就是说，上学期我们认识一个物体的 1/2，1/2 也可以表示数量的大小。今天认识一个整体的 1/2，只表示其中 1 份与整体的关系，并不代表数量的大小。

小结 3：不管是 1 个物体还是很多个物体，都可以把它们看成一个整体，只要把它平均分成 2 份，其中的 1 份就是它的 1/2（图 3-6）。

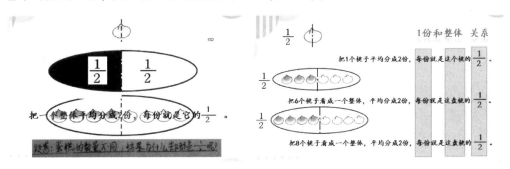

图 3-6 1 份与整体的关系

（设计意图：在这个环节，围绕1/2的认识充分展开知识形成的关键性步骤，教学分为三个层次，一是从分一块桃子过渡到分一盘桃子，引导学生迁移已有的经验；二是让学生自主表示不同个数的1/2，在多元表征的比较中揭示整体的概念，加深对1/2含义的理解；三是组织对比，在新旧知识之间进行勾连，通过比不同，突出对"整体"的理解，拓展1/2的外延；通过找相同，在新旧知识之间建立联系，突出1/2的部分和整体的关系，揭示本质属性。

在教学过程中充分利用学生在易加前学中的疑惑，让学生带着疑问走进课堂，在适当的时候拿出这些疑惑，学生的困惑迎刃而解，教师抓住这些易加前学中的素材，突破教学中的重难点。）

（2）认识1/3

谈话：小猴们刚准备分享桃子，又来了一只小猴子，现在每个小猴子分得多少呢？大家分一分，说一说。

追问：如果是9个桃子？27个桃子呢？

引导：谁能用一句话总结。

小结：只要把这些桃看作一个整体，平均分成3份，每份就是这个整体的1/3。

（3）认识几分之一

谈话：大家又进一步认识了1/3，我们可以借助生活中的物体理解更多的几分之一。

出示：一盒牙刷，一盒巧克力，一箱桃子。

思考：都是把12个桃平均分，为什么每次表示出来的分数不一样呢？

小结：虽然总数相同，但均分的份数不同，所得到的分数也不同。

追问：你还能表示出12个桃子的几分之一？先分一分、填一填，再和同学交流。

引导：在这个过程中，我们都是将12个桃子看成一个整体。细心的同学也发现了，刘老师是按照答案的顺序进行排列的，从中你有什么发现？

小结：把一个整体平均分成几份，每份就是它的几分之一。总数不变，均分的份数越多，每份的个数越少。

（设计意图：在学生初步理解1/2的概念后，进一步概括1/3的含义，就显得水到渠成了。在这一教学中，教师继续以分桃子作为学习素材，让学生动手分、动脑想、动口说，进一步认识1/3。接下来借助生活中的物体进一步认识几分之一，通过类比自主建构几分之一的含义。学生先通过将12个桃子平均分的不同分法，寻找把整体平均分的份数，再思考每份数与总数之间的关系。）

3. 练习应用，深化理解

（1）"想想做做"第2题

谈话：学到这里，老师想检验一下大家的学习成果。

出示：用分数表示涂色部分（图3-7）。

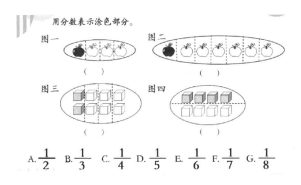

图 3-7 "想想做做"第 2 题

追问 1：上面的两幅图，涂色部分都是 1 个东西，为什么分别用 1/4、1/7 表示？下面的两幅图，都是平均分 8 个立方体，为什么不用同一个分数来表示呢？

追问 2：左边的两幅图，上面的涂色部分是 1 个，下面是 2 个，为什么都可以用 1/4 来表示呢？

小结：不管是 4 个苹果，还是 8 个立方体，只要平均分成 4 份，每份都可以用同一个分数 1/4 来表示。

（2）"想想做做"第 3 题

出示：分一分，并涂色表示它右边的分数（图 3-8）。

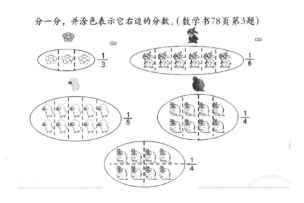

图 3-8 "想想做做"第 3 题

引导：这一份也是 1/3 吗？还有不同的分法吗？

追问：确定一个整体需要平均分成几份，主要看分数的什么？

（设计意图：利用希沃白板 5 中的投票功能，教师迅速了解学生对分数的理解，做到会的不教，抓住学生们的错误点，重点评析，提高教学效率。）

（3）小游戏

出示：树上有 16 个苹果，每次摘下苹果总数的 1/2（图 3-9）。

思考：为什么都是摘下苹果总数的 1/2，每次摘下的苹果数不同？

出示：树上有 18 个苹果，每次按要求摘下合适的苹果。

思考：为什么不同的分数，却取下了相同数量的苹果？

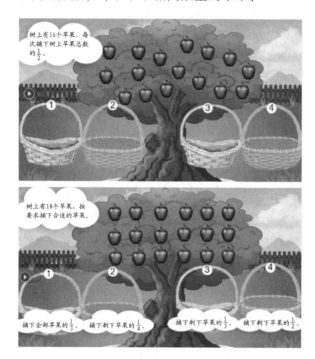

图 3-9 摘苹果

（设计意图：它是一组综合性练习，也体现了 3 次对比。取 1/2 和再取剩下的 1/2 对比，突出整体变了，同一个分数表示的数量也变了；取 1/2 和取 1/3 对比，突出整体变了，同样的数量用不同的分数表示；再取剩下 1/2，再取剩下 1/3……引发学生思考整体可以是多个物体，也可以是 1 个物体，甚至可以不足 1 个物体，整体的数量不重要，只要看成一个整体，平均分成几份，每份都是这个整体的几分之一。不仅直击分数本质，还渗透无限思想，意蕴深长。

这个环节利用希沃白板 5 中的小游戏让学生感受均分的数量的变化以及具体分的个数，在均分的过程中学生不仅调动了学习的积极性，而且直观地感受了分数与数量之间的关系。）

4. 回顾反思，反馈总结

引导学生说说本节课的收获。

总结：今天这节课我们从分不同个数的桃子，到分身边的物体，明确了只要把它们看作一个整体，将它们平均分成几份，每份就是几分之一。

（四）课后研学

（1）了解分数的由来

（2）你还能从生活中哪些地方找到分数？

（设计意图：将生活中的一些实际问题通过云端一体化研学展现在学生面前，能够极大地引起学生探讨知识的兴趣。同时，结合易加平台丰富的教学资源，也轻松地让学生了解更多的人文数学，让数学不单单是做题，而是更好地为生活服务。）

八、板书设计

认识一个整体的几分之一

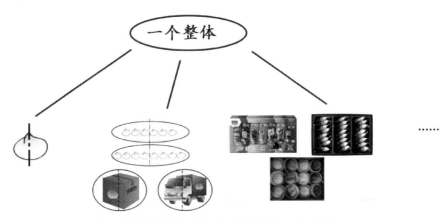

把一个整体平均分成几份，每份就是它的几分之一。

图 3-10　板书设计

刘珊珊

"四学"流程，云端一体
——以《和与积的奇偶性》教学为例

一、教学内容

苏教版义务教育教科书《数学》五年级下册第三单元综合实践活动课。

二、教学理念

采用云端一体化，"四学"流程整体设计，全课按照"前学课程导学，在线问卷诊学，课堂互动精学，课后个性研学"的"四学"流程进行教学。课前采用基于易加学院翻转的前置性学习，实现线上导学，结合大数据诊断反馈，调整课堂教学的针对性，课中精学探索，进行在线课堂教学反馈，课后利用易加平台进行拓展性学习，有效实现线上线下智慧融合、云端一体的教与学。

三、教学目标

（1）使学生通过自主探索与合作交流，了解两个或几个数的和、积的奇偶性，初步发现其中蕴含的数学规律。

（2）使学生经历举例、观察、猜想、验证、归纳、总结等数学活动过程，感受由具体到抽象、由特殊到一般的探索发现方法，进一步发展数学思考。

（3）使学生进一步积累数学活动经验，增强与他人合作交流的意识，增进对数学学习的积极性。

四、教学重难点

使学生掌握两个或几个数的和、积的奇偶性的规律。

五、教学准备

前学研究单、课件、易加学院在线学习课程、课中研究单。

六、教学过程

（一）前学课程导学

谈话：昨天同学们学习了易加学院在线课程，你们在自主学习中研究了什么问题？

预设：和的奇偶性。

追问：通过学习你有哪些收获？

预设：知道两个数相加的和是奇数还是偶数。

追问：两个自然数相加的和的奇偶性有什么规律？

预设：偶数+偶数=偶数，奇数+奇数=偶数，偶数+奇数=奇数。

追问：谁能结合方块图来说明一下，为什么偶数+偶数=偶数，奇数+奇数=偶数，偶数+奇数=奇数？

抽取学生上台，边操作边说明。提醒其他学生要注意观察。

提问：判断和的奇偶性，只要看两个加数的哪一位上的数？

预设：只要看两个加数个位上的数。

（二）在线问卷诊学

展示易加学院学习检测结果（图3-11）。

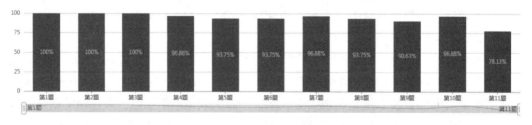

图3-11　学习检测结果

教师出示算式，学生迅速判断两个数和的奇偶性。

（设计意图：通过云端一体前置资源录制上传和调用区域资源，实现基于易加学院的前学微课程自主学习，同时推送在线检测练习，学生进行微课学习后，平台采集完成的在线检测数据，形成全班同学的练习报告，为进一步调整课堂教学提供精准依据。）

(三) 课堂互动精学

1. 多个数字相加的和的奇偶性

(1) 提出问题

提问：你们掌握了两个数字相加的和的奇偶性规律后，还有什么猜想吗？

谈话：这些都是我们的猜想。（板书：观察猜想）想要知道我们的猜想是否正确，我们要怎么办？

预设：要举例验证。（板书：举例验证）

提问：如何研究两个自然数相加的和的奇偶性？

预设：观察猜想，举例验证；先从简单的入手。

谈话：数学学科和其他学科的研究中遇到复杂的问题，通常先从简单的问题入手，寻找规律。下面我们就从简单的连加算式入手，请大家拿出课中研究单，自己任意写几个数字相加，数一数，算式中奇数的个数，再算一算和是奇数还是偶数，把结果写在研究单中，看看是否能够验证自己的想法。然后把自己的想法与小组内的同学进行交流。

学生填写课中研究单，并小组交流结论。

(2) 归纳总结

预设：在连加算式中根据奇数的个数来判断和是奇数还是偶数，如果加数中奇数的个数为奇数个，则和也是奇数；如果加数中奇数的个数为偶数个，则和是偶数。

追问：为什么是这样？谁能解释一下？

预设：奇数+奇数+奇数+……+奇数，每两个奇数相加可以得到一个偶数，当奇数的个数为奇数时，两两相加，总是剩一个，和一定是奇数；当奇数的个数为偶数时，两两相加，没有剩余，和一定是偶数。

肯定与激励：同学们通过验证证明了自己的猜想，得出了结论，下面我们就可以应用大家总结的规律解决一些实际问题。

(3) 易加学院在线检测

大家每两人一台 Pad，完成易加学院课堂在线检测。（判断 $1+2+3+\cdots+29$ 的和的奇偶性）

教师根据检测结果，组织同学交流所想，纠正错误。

（设计意图：课堂互动精学基于学生的前学学情精准进行新知探索，学生积极参加观察、思考、发现，参与度较高，从整体来看教学设计能够关注到每个同学，利用技术有效地促进了教与学的融合，具有较高的达成度。）

2. 探究积的奇偶性

(1) 观察，提出猜想

教师提供多数相乘的积的奇偶性的问题，学生观察并提出猜想。教师根据学生猜想板书。

（2）举例，验证猜想

学生分组进行验证后，同桌交流。指名汇报。

（3）总结，得出结论

指生总结。

提问：你写了几个数字相乘？乘数中有几个偶数？你得出的结论是？

追问：一个连乘算式的积是奇数还是偶数，只要看什么？

预设：只要看算式中有没有偶数，若有一个或多个偶数，则积一定是偶数；若一个偶数也没有，则积是奇数。

（设计意图：通过先扶后放的结构化设计，创设情境化的教学氛围，通过云端一体化，借由 Pad 终端实现及时交互，对教学进行精准反馈。）

3. 练习应用

（1）老师这儿也有几个算式，你能判断结果的奇偶性吗？

36×28×8×6

13×29×63×34×2×11

389×653×371

（2）挑战：

挑战1：元旦前夕，五（1）班同学相互赠送贺年卡。规定每人只要接到对方贺年卡就一定要回赠对方一张贺年卡。那么贺年卡总张数是奇数，还是偶数？为什么？

挑战2：99个苹果4个小朋友分，若每个小朋友都分得奇数个苹果，能分吗？为什么？

学生先自己独立思考，再交流解决。

选择学生介绍想法。

（设计意图：通过挑战闯关游戏，学生应用所学知识解决问题，通过希沃白板5进行展示交流，学生较好地掌握了积的奇偶性，并能结合具体情境加以应用。）

4. 回顾总结

（1）总结思考方法

回想一下：判断和是奇数还是偶数，主要关注什么？判断积是奇数还是偶数，主要看什么？

（2）总结探究方法

这节课探索和发现了和与积的奇偶性的规律，回忆这节课，我们是怎么研究的？

预设：解决复杂问题要从简单情境入手，寻找规律解决复杂问题。找规律时，可以先举出一类例子，再观察、比较，找找有什么特点，先猜想，再举例验证，从中发现规律，从而应用规律解决复杂问题。这是数学学习的一种宝贵的经验。

（四）课后个性研学

学生在易加学院中的"发现数学"栏目中阅读拓展内容（差的奇偶性和商的奇偶性），在讨论区发表观点。

（设计意图：通过学习学生较好地掌握了积的奇偶性，并能较好地加以应用，同时学生也对差和商的奇偶性产生了浓厚兴趣，补充研学内容，进一步拓宽学生的学习视野，培养学生对数学知识的探索精神。）

七、板书设计

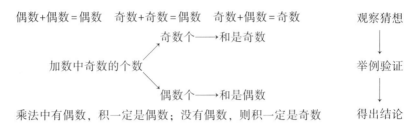

八、教学总结

《和与积的奇偶性》是苏教版小学数学五年级下册第三单元学习后的综合实践活动课。本课是在学生已经学习了因数与倍数，并掌握奇数、偶数、质数、合数等相关知识之后进行的实践活动，通过教学《和与积的奇偶性》，力求达到以下目标：

（1）使学生通过自主探索与合作交流，了解两个或几个数的和、积的奇偶性，初步发现其中蕴含的数学规律。

（2）使学生经历举例、观察、猜想、验证、归纳、总结等数学活动过程，感受由具体到抽象、由特殊到一般的探索方法，进一步发展数学思考。

（3）使学生进一步积累数学活动经验，增强与他人合作交流的意识，增进对数学学习的积极情感。

结合学校教智融合的教学研究背景，设计实施时突出了以下几点：

（1）云端一体，打通线上线下。基于易加学院的前学课程，借助"互联网+"的力量，课前学生完成基础性学习，提出猜想，线下在课堂上对猜想进行验证深化，突破难点，并对所学加以检验。

（2）"四学"流程，创新智慧融合。前学课程导学，在线问卷诊学，课堂互动精学，课后个性研学，教与学打破传统的时空限制，让学生学习时间更自由，让学生学习空间更广阔，思考更深入。

（3）数据驱动，实现适合教育。课前诊学产生的大数据用于指导与调整教学，教学变得有的放矢；课中进行基于易加学院的现场检测，学生的掌握情况一目了然；课后学生进行拓展学习，并进行后测，学习数据伴随学习的全过程，让学习效果变得可视可查。

面对教学数字化转型，"四学"流程是可借鉴的教学模式。根据在教学中学生的表现，以及展示课上学生的表现，总体上看教学效果均较好，培养了学生的数学素养，提升了学生的数学能力，拓展了学生的数学视野，使学生对数学内涵的理解更有深度。

张艳明

教育数字化转型背景下易加学院在云端一体化课堂中的运用
——以《百分数的意义》教学为例

随着教育数字化转型成为教育变革的主要发展趋势，基于数据、移动互联、云平台应用、线上线下融合的信息化手段应用成为促进学生数学思维水平提升、提高学生数学核心素养的倍增器。教师通过信息技术手段实现"前学课程导学，在线问卷诊学，课堂互动精学，课后个性研学"的"四学"课堂全流程参与，能够精准把握学情，以学定教，选择有效的教学方式与资源支持学生的数学素养培养，对学生的学习效果进行有效评价，从而促进学生的数学思维向更高阶发展。如何在教育数字化转型背景下加强教学云平台在"四学"课堂中的教学应用？下面就以《百分数的意义》的教学为例，谈一谈教育数字化转型背景下易加学院在云端一体化课堂中的教学应用。

一、课前导学——让学习自主个性

课前学生登录易加学院，观看了有关百分数的微课，自主学习了有关百分数的读写知识，并且在线完成了前学的检测和研究单（图3-12）。

图3-12　课前：易加学院自主学习

六年级的学生有一定的自主学习能力，通过云端一体化平台（易加学院）微课程的学习，完全能够自学百分数的读写知识，发挥学生独立学习的能动性。现代教学论认为，大脑学习的本质是一个创设联结与追寻意义的过程，因此预先参与相关内容的学习，容易为大脑提供可能的联结，方便课堂上围绕核心难点进行意义对接。

二、在线诊学——让学习有据可查

反馈在线问卷检测的情况（图3-13），第1、2题是有关百分数的读写，第3题是有关百分数的含义理解。

第1题： 关于百分数，你想了解什么？（可多选） [多选题]

选项	小计	比例
百分数的读法（怎么读百分数？）	10	47.62%
百分数的写法（怎么写百分数？）	14	66.67%
百分数的意义（什么是百分数？）	17	80.95%
百分数的好处（为什么人们喜欢用百分数？）	19	90.48%
本题有效填写人次	21	

图 3-13　在线问卷检测

借助云端一体化平台（易加学院），通过“设计诊学单—学生登录易加学院完成诊学单—教师搜集诊断数据—教师总结分析—进行课堂教学设计”的流程，研究学情，充分了解学生已有基础，也就是每节课学生“起步在哪里”，进而明确课堂要引导学生“走向哪里”“如何到达那里”。

三、课中精学——让学习更有深度

1. 创设情景，探究百分数的意义

教练员严杰老师要从三名队员中选出一名投篮比较准的同学参赛，请看这是三位队员的投篮情况（图 3-14）。

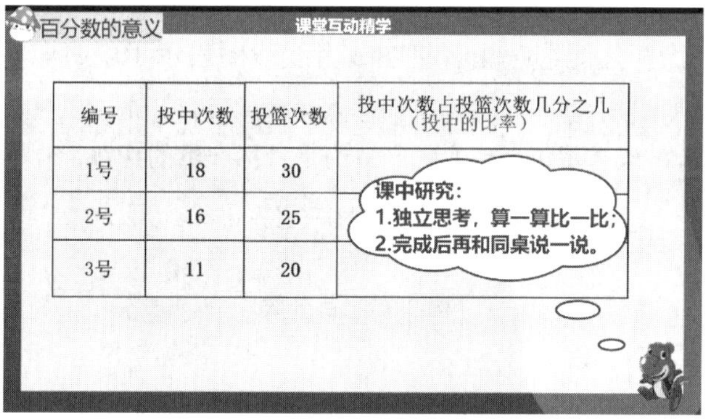

编号	投中次数	投篮次数	投中次数占投篮次数几分之几（投中的比率）
1号	18	30	
2号	16	25	
3号	11	20	

图 3-14　三位队员的投篮情况

提问：应该选几号同学呢？还需要知道什么？

引导：现在把投篮次数提供给大家。现在你能知道选几号同学吗？

活动：完成课中研究单第 1 题，算一算三位选手的投中次数占投篮次数的几分之几，再比一比。指名学生汇报。

提问：为什么要把这几个分数都变成分母是 100 的分数？

引导：为了在统计信息时便于表达与比较，数学家把像这样分母是 100 的分数写成这样的形式（出示 3 个百分数）。

通过易加学院课中云平台授课呈现的表格会发现，仅凭投中的次数是不能比较谁投篮比较准的，从而产生知道投篮次数的需求。出示投篮次数后，继续让学生通过自主活动解决"谁投篮比较准"的问题。

2. 重温百分数的读写

提问：它们是什么数？会读吗？会写吗？你能在点通板上写一写吗？

学生在点通板上试写，点通板展示学生写百分数的过程。

引导：谁能说一说，是怎样写出这个百分数的？这个百分号怎样写呢？

师生小结百分号的写法，学生接着写出下面两个百分数。

通过点通板实时展现学生书写百分数的过程，挑选书写规范的同学，回放书写过程，引导学生观察总结正确的书写方法。

3. 数形结合理解百分数

出示：手机充电进度条，现在你能联想到哪个百分数？你能估一估现在大约是多少？能超过100%吗？为什么？

教师依次出示不同的条形图，学生通过易加学院Pad学生端进行判断答题。

这个环节利用易加学院云平台实时展现学生想法，结合形象化展示，让较为抽象的百分数得到具体化呈现，有利于学生感知"已用量""剩余量"和"总量"三者之间的关系。通过"为什么手机充电量不能超过100%"的追问，明确这里的百分数是描述部分量和总量之间的关系，所以不能超过100%，从而揭示百分数表示的是部分与整体之间的一种关系。

4. 感受百分数是表示倍比关系

说一说，涂一涂：你能继续用百格图或者线段图表示107%吗（图3-15）？

2021年，"杂交水稻之父"袁隆平院士指导的
双季稻年平均实际产量约是目标产量的107%。

实际产量 是 目标产量 的 $\frac{(107)}{(100)}$。

图3-15　百分数

这里的107%表示什么？

提问：如果用图形来表示它又该怎样表示呢？请大家拿出课中研究单完成第3小题。通过Pad拍照反馈表示方法和含义。

拓展线段图的表示方法（图3-16）。对比：手机充电进度条所表示的百分数和水稻年平均实际产量占目标产量的百分数，它们有什么不同？（手机充电进度条所表示的分数可能小于或等于100%，而实际产量占目标产量的百分数可能小于、等于或者大于100%。）

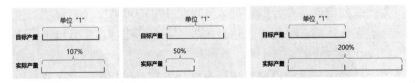

图3-16　用线段表示分数

小结：当两个独立的量进行比较，都有可能小于、等于或者大于100%。如果是部分和整体比较，最多只能达到100%，不可能超过100%。

通过易加学院拍照上传云课堂，展示学生的不同表示方法，让学生体会百分数前面的数也可以大于100，进一步巩固百分数意义的理解和感悟。创设"杂交水稻之父"袁隆平的问题情境，对学生渗透德育，用数据说话，对学生进行品德教育。

四、课后研学——拓宽学习广度

这节课我们一起研究了百分数，对于百分数你还能想到什么？

大家课后可以登录易加学院，借助易加学院完成有关十分数、千分数、万分数的学习（图3-17），我们下节课一起来分享。

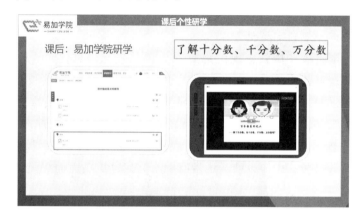

图3-17　课后研学

课后研学作业的设计，再次回到线上，利用易加学院云端一体化平台，促进学生综合能力的发展，让学生经历数据收集、整理、分析的过程，体会数据蕴含的信息，感受在党的领导下国家日渐强大，民族走向复兴的新局面，提高民族自信心。让学生在合作交流过程中发展自主解决问题的能力，从而提高学生的数学核心素养。

本节课依托云端一体化平台（易加学院）应用，依据学生现实背景和已有经验，借助云端一体化"四学"流程教学范式，促进学生多元联系，自主建构百分数的概念。其简单而丰满的学习材料，简洁而流畅的教学环节，简明而切要的教学语言，凸显了数学概念的内涵，实现了数学学习本质的"回归"。教育数字化转型背景下，"四学"流程发挥云端一体化课堂的教学优势，打通课前、课中、课后，实现线上、线下融合，从而发挥云端一体化课堂打破时空边界的限制，实现泛在化学习，促进学生数学素养的全面提升。

吴方敏

教育数字化精准反馈，云端一体化高效课堂
——希沃 click 反馈器在小学英语教学中的应用

众所周知，"互联网"之名，起源于这是一种将各个信息终端连接起来，实现共享、互利效果的信息传递手段，就像是一张无形的网络。2012 年，"互联网+"在第五届移动互联网博览会被提出；2015 年，李克强总理提出"互联网+"行动计划，并被写进政府工作报告。"互联网+"已经上升到国家战略层面。同年 10 月第十五届中国教育信息化创新与发展论坛更是以"互联网+教育"为主题，探索互联网时代信息技术与教育的深度融合。教育作为未来互联网行业最关注的领域，"互联网+教育"将成为教育变革的一个新的契机。

与此同时，随着《中国教育现代化 2035》的印发，信息化时代教育变革的脚步逐渐加快。广州视睿公司针对学校对教育教学工具的需求，以智能技术为手段、以融合创新为目标、以智慧教育为先导理念，不断推陈出新，为一线教师提供简单、易用、实用的教学工具，如智能平板、希沃云屏、答题反馈器等硬件产品，希沃白板、班级优化大师等教学软件。其中，答题反馈器，即希沃 click 反馈器在实际操作中，因网络稳定、反馈及时、操作方便、还带有一定数据分析功能而深受广大一线教师的喜爱。

作为一线教师，笔者认为"互联网+教育"可以理解为：教师利用信息技术，创设更生动有效的情境，为每节课的三维目标服务，助力学生突破学习的重难点，全面实现高效课堂。希沃 click 反馈器解决了传统课堂中回答次数有限、回答覆盖面不足、课堂测试反馈不够迅速真实、课后作业又有极大滞后性的问题，帮助教师在课堂上迅速了解学生的课堂学习状态和对知识点的掌握程度，从而及时调整课堂进度。另外，它还有多种功能，丰富了学生的课堂参与方式，也提高了学生的课堂兴趣，使得学生回答问题更有积极性。本文将结合实际授课场景，举例说明希沃 click 反馈器带来的高效互动式课堂。

一、反馈客观题

及时收集学生客观题答案是希沃 click 反馈器最为普遍的使用场景。在小学英语课堂中，经常需要借助单项选择或判断正误的题目，查看学生对视频、语篇、听力语段等的内容理解。设想在没有 click 的情况下，教师可能需要通过举手统计或随机询问的方式获得班级整体的答题反馈，既耗时还可能不准确。而 click 简单易操作的界面，让每个学生能在课堂上用几秒的时间上传自己的客观题答案，教师在终端保存查看，方便"对症下药"，十分便捷有效。

图 3-18 中，教师查看答错学生的人数和名单，给予针对性的指导，帮助学生在课上提升注意力、突破重难点，凸显了 click 辅助课堂教学的及时性和高效性。

(五年级的学生在完成听力题后,用 click 给予老师答题反馈。)

图 3-18　click 在课堂上的应用

二、反馈主观题

整体呈现主观看法的反馈是 click 比较"炫酷"的运用场景。因为在常规课堂中,教师更倾向于每次只倾听一位学生的想法,而有些羞于表达或者不善于表达的同学很容易在这些时候只扮演"倾听者"的角色,很难说出自己的真实想法。利用 click 的一些功能,教师可以同时看到班级所有同学对于某一问题的看法,这是让学生具有极高的课堂参与度且让每个学生都感觉自己的想法非常重要的有效方式。

英语课堂上的问卷调查是很真实的课堂互动:一方面能让教师了解到学生的真实想法,另一方面也考查了学生是否能够读懂选项,理解选项间的差异性(图 3-19)。在学习文化板块时,这种反馈形式会非常有趣,因为可以看到班级整体所代表的中国式家庭习惯和西方国家的区别,方便学生更深层次地理解文化差异。如果有学生的反馈较为特别,也可以请他/她分享一下想法,使课堂更加有趣,具有生成性。

（图中，教师利用频率副词的不同选项，邀请学生回答"How often do you eat turkey at Christmas?"，选项有 often，sometimes，seldom 和 never。）

图 3-19　click 在主观题的应用

只要制订好评价标准，click 同样可以对较为复杂的主观题进行全班反馈（图 3-20），甚至可以看到每个同学评价的具体分值。这有效解决了传统作文评价的时差问题，让所有学生更深层次地融入课堂，发表自己的看法。这种让每一位学生都能借助简单易用的反馈工具，表达自己的想法，实现师生间信息沟通的课堂，真实地贯彻了"信息技术服务于课堂"的理念。

（该图为五年级同学对于班级内随机展示的英语作文给予评分的场景。）

图 3-20　click 用于评分

三、反馈分层型任务

在真实的课堂环境中,教师也会制订分层任务,让学生进行挑选,以便检测是否达成不同水平的学习目标。在这种情境下,"趣味抢答"就是非常有效的一种操作方式,因为抢答既具有非常强的主观能动性,又有一定的随机性,学生会非常喜欢这种紧张刺激的感觉,希望自己是那个"幸运儿"。

在图 3-21 所示图例中,有一空较难,所以教师在核对这一空答案时采用了抢答的设计。当时听出这一空答案的同学非常积极,展现了极高的课堂参与度,而没有听出来答案的同学也非常紧张到底"花落谁家",还有自己的答案是否正确,等等。因而班级整体气氛非常热烈。

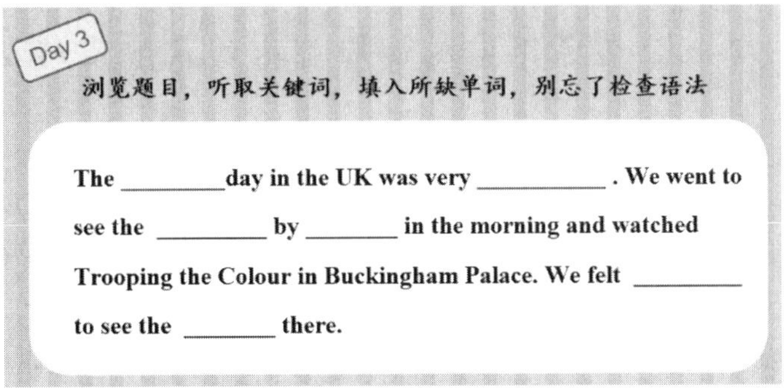

Day 3
浏览题目,听取关键词,填入所缺单词,别忘了检查语法

The _____ day in the UK was very _____ . We went to see the _____ by _____ in the morning and watched Trooping the Colour in Buckingham Palace. We felt _____ to see the _____ there.

图 3-21 抢答题目

虽然希沃 click 反馈器不是尽善尽美,还有一定的完善空间,比如提供精准到人的课堂奖励机制,但总体可以满足一线教师的课堂反馈需求,非常值得教师尝试使用。

从理论上来讲,只要小学英语教师革新英语教学思想,积极应用"互联网+"背景下的网络资源,让这些教学资源更好地为小学英语课堂教学服务,让网络信息技术更好地为提升学生英语学习兴趣奠基,那么就不用再担心英语课堂教学效率得不到提升。但是理想很丰满,现实很骨感。在"互联网+"背景下,笔者发现一些小学英语教师在使用小学英语课堂教学方法或者结合某些网络英语教学资源上不能做到尽善尽美,容易出现各种各样的问题,比如学生英语学习兴趣低、学习效率差、学习质量下降,等等。

针对这些现象,希沃 click 反馈器也展示了一种解决问题的可能性,那就是提高学生的课堂专注度和参与度。它有利于教师灵活调整课堂进度,帮助学生突破课堂重难点;它能更全面地收集到学生所要表达的想法,让表达面更广;它能及时反馈答题数据,让认知冲突直观化,增加师生间的互动度,扩大学生讨论的参与度,让学生更有表达欲望。它为课堂教学中的师生互动、生生互动和人机互动提供了种种技术可能和方便,从根本上改变了教师与学生在课堂上的互动方式;为教与学提供了一种全新的平台和工具,可以成为推动学生学习效能提高的一股重要力量。

宗嘉慧

德育案例

导读：在教育数字化转型的时代背景下，云技术与教学的融合已经成为当下教育改革发展的重要方向。班级管理作为教育工作的重要组成部分，将云技术应用于班级管理中可以打破时空界限，发挥出强大的作用。教师在班级管理中如何借助多元化、信息化的家校合作方式，在校内校外融合、线上线下融合中探索出一条行之有效的协同育人新道路？本章的"德育案例"重点从家校社三位一体协同育人的角度及班级管理的角度，对德育数字化转型的校本化实践路径做出探索。

"双减"背景下家校协同育人的数字化转型

2021年7月，中共中央办公厅、国务院办公厅印发了《关于进一步减轻义务教育阶段学生作业负担和校外培训负担的意见》（简称"双减"）。"双减"是一项重大决策部署，事关国家发展和民族未来，对促进学生全面发展和健康成长、有效缓解家长焦虑情绪、构建教育良好生态具有重大战略意义。

随着"双减"的推进，家校协同育人得到广泛关注，协同目标逐渐回归育人，传统样态迫切需要更新。《教育部2022年工作要点》指出，要"深入推进'双减'"，而其阶段任务也将更多从"减负"向"提质"转变，家校社需要聚焦这些主要样态，更好地发挥合力，助力教育质量提升。数字化这一时代背景及不断涌现的各类信息技术，为新时代家校社协同育人提供了新思路和技术支持。在"双减"背景下，以家庭教育基本理论为支撑，从本地、本校家庭教育实际情况出发，充分发挥数字化的技术优势，通过"互联网+"与学生家庭深度融合，变革家校沟通、家庭教育指导、学生综合评价的方式，推进家校协同育人工作，提升家校协同育人质量，是一种顺应时代发展且行之有效的策略。数字化背景下，既可以构建具有学校特色的多元立体的家校互动平台，畅通家校沟通与信息分享，提高教育实效，又可以改变学习方式，扩大家庭教育课程的受益面，不断提升家教质量和水平，更好地发挥家长在协同育人中的积极作用。

一、云问卷了解教育现状

问卷调查是一种省时省力、方便有效地了解教育教学情况的方式。使用云问卷，时效性强，准确度高，搜集、整理信息快捷。通过二维码或网页链接发布问卷，可以直接导出数据，还可以生成分析图表，便于统计处理与分析问卷结果。学校通过问卷星开展家庭教育现状、家庭教育需求、家庭教育疑难、家委会工作方法、教师师德师风、学生心理品质等不同主题的问卷调查。设计问卷时，根据问卷目的，精心设计表达明确的问题，反复推敲问题指向，力争通过调查搜集到准确而全面的资料，发现实际问题。基于问卷大数据的分析，学校可清晰地了解到家庭教育现状及存在的问题，了解到学生在家庭和社会中的表现，了解到家长对学校的意见和建议。

疫情期间，云问卷的使用更为普遍。为响应"停课不停教，停课不停学"的号召，让线上教育更有适切性，满足更多家长、学生的需求，学校布置线上教学前，开展问卷调查，了解各个家庭线上学习设备、学习方式、学习时间、学习困难等信息，基于大数据，制订符合本校校情的线上教育教学方案。线上教学进行一段时间后，又开展了第二次问卷，问卷涉及教师作业布置与批改、学生使用电子设备、辅导答疑互动、家长监管等方面，全面掌握学生线上学习情况，深入分析线上教学的优势和不足，为下一步调整线上教学部署提供数据支撑和决策依据。教师以苏州线上教育中心直播平台为基础，充分利用腾讯会议、希沃课堂等教学平台和教学资源，保证"停课不停教"，班主任和任课教师、学生支持线上教学，做到"停课不停学"。

二、云直播传播教育知识

直播互动丰富和突破了传统的课堂教学观念，改变了传统的课堂教学模式，讲授者与受众同步，拥有了真实的交互，可根据受众的反馈及时调整内容，促进学习效率的提升。

"双减"背景下，家长接受家庭教育指导的需求高涨，传统的家长学校办学模式已经满足不了家长的需求。学校在以往家长学校办学经验的基础上，进一步丰富了线上教学模式，创办了"知行父母学院"，构建了家校合作共育新思路，聚焦四类课程：专家引领课、父母沙龙课、家长互助课、家庭教育系列微课，构建了家校合作共育的新思路。线上家长学校的开展，为家长提供了信息化的学习、交流和研讨平台。家长是各行各业的劳动者，自身家庭教育基础不同，需求不同，接受学习的时间和所需要的学习内容也无法统一。家长学校课程建设方面，根据家长教育需求问卷及学生的年龄特征，建立家长学习课程体系，分低、中、高年级设置不同学习主题。如小学低年级设置了幼小衔接、习惯养成、注意力训练、父母陪伴指导等内容；中年级设置了情绪管理、自主学习、阅读指导等内容；高年级则以青春期教育、心理健康教育等内容为主；中学部以树立目标、减轻压力、慎重交友等内容为主。家长通过互联网自主选择课程内容及上课时间，足不出户即可在家中学习，参与线上互动交流，遇到问题时还有授课专家及时答疑解惑。为方便家长反复回看学习，让家长的学习时间更为自由，还可以将录制好的家长学校课程视频资料上传至学校外网公众平台。数字化应用于家长学校，扩大了家庭教育指导的效益，将先进的教育理念、教育内容、教育方法引入家庭，提高了家长的育人能力。此外，还有一些家庭教育信息共享公共服务平台，为全国家长、学校提供了包含心理专家公益直播、家长视频课程、家长音频FM、家庭教育咨询等优质内容的数字化解决方案，帮助每一位家长成就优秀孩子。

三、云交流解决教育疑难

云交流突破时间和空间限制，可以单独交流，也可以多人交流，收发信息方便，有文字、语音、视频功能，信息可在一定时间内保留，可以反复回看或回听。

随着家长不断地参与到培训学习中来，很多家长在教育孩子的过程中会积累一些好的经验和做法。有成功经验的教师及家长，便可以成为家庭教育的主力军，由学校牵头成立家教指导志愿者团队，开展线上线下活动。一方面调动家长利用班级 QQ 群、微信群、朋友圈分享"育儿经"和家庭教育指导内容的积极性，发挥同伴引领作用；另一方面，充分利用校园网，建立"家教园地"，家长可以将自己在家教中遇到的疑难问题投放到网上，由学校家教志愿者团队及时进行解答。同时，与社区积极合作共建，成立"家长俱乐部"，家校指导志愿者团队把线上家长沙龙覆盖到社区，更好地服务家长。还向家长推荐一些有关培养教育孩子的好文章和好书籍进行线上线下阅读，如《好妈妈胜过好老师》《从出生到独立：写给父母的养育心理学》等，让家长在阅读中进行更深的思索，在家长中传阅撰写的阅读心得体会。新冠疫情期间，为了做好"停课不停学"工作，在特殊时期保持家校沟通，对学生的学习、居家生活进行有效指导，充分发挥线上交流的优势，通过线上家访、线上班会和线上家长会等形式，与家长、学生进行心与心的交流。线上家访务实有效，形式新颖，既可以加强老师与学生之间的交流沟通，又方便个别沟通，具体问题具体解决。线上家长会搭建了家校沟通的线上桥梁，拉近了学校与家长的距离，构建了家校合作的良好生态，同时也解答了家长的困惑，明确了下一阶段的努力方向。

四、云平台密切家校联系

班级 QQ 群、微信群、朋友圈、班级博客等现代信息平台，进一步畅通了交流渠道，使家校之间的互动性变得更强。企业微信群作为老师、家长和学生之间互动交流的平台，最大限度地实现了信息互通，高效快捷、图文并茂、操作简单，能够随时随地沟通，提高了沟通效率，特别是绑定每日交作业、投票、接龙等小程序，更是方便快捷，有力地促进了学校教育和家庭教育的融合。班级博客的应用也非常广泛，通过班级博客，教师可以将本班班级动态、学生表现情况、家教观点以及教育教学方面的要求、需要家长配合的事项及时传递给家长，可以让教育的问题或困惑碰撞出智慧的火花。班级博客还为学生提供交流学习心得、展现自我风采的空间。通过班级博客，家长与学生可以自由地浏览、查看他人的学习成果，随时评论，互相研讨，也可以向家长发送学生的获奖情况、有关通知等。上述沟通方式基于"互联网+"，突破了时空限制，保证家校互通、互补、互促，为学校与家庭之间搭建了一座心灵沟通的网上桥梁，实现了家校"零距离"。

五、云评价及时反馈信息

基于"互联网+"背景，创新教学方法和评价手段，推广班级优化大师 app 进行学生评价，不但体现了课堂评价的及时性、激励性、全面性、公正性，家长还可以随时关注学生的表现，实现有效沟通。教师可针对学生特点、设置多样化的评价项目及分值，可以关注学生的学习态度：积极思考、认真听讲、坐姿端正等；可以关注学生的学习过程：前学认真、书写规范、回答积极等；可以关注学习结果：正确率高、作业满分、成绩优异等；也可以评价日常行为：阅读之星、默写小能手、文明就餐光盘之星等。每周可进行一次总结颁奖，评出这一周加分最多的同学、进步最大的同学、表现最优异的同学。使用班级优化大师，学生的学习表现都可以利用互联网提供的平台及时记录下来。家长只要在电脑或者手机上安装该软件，就随时可以知道学生在学校里的表现。

由此可见，"双减"背景下家校协同育人的数字化转型，加速了学校教育的信息化步伐，让多元参与主体的深度互联、资源共享、协同治理成为可能。协同育人借助数字化，对提升家长和教师的协同育人能力，营造和谐的育人环境，以及提高学生学习效率和综合素质的发展都起到了推动作用，有力地促进了学生全面健康成长。

曲韬君

云端一体化：初中家校共育的创新策略

一、传统家校共育方式存在的问题

（一）家校共育意识不强

从家庭的角度看，大部分家长没有认识到参与学校教育是作为学生家长的权利和义务，反而认为教育孩子主要是学校的事；从教师的角度看，部分教师认为家长不懂教育规律，让他们参与学校教育工作，反而会给教师的教学和班级管理工作带来麻烦和干扰，甚至会使自己的职业权威和形象受到威胁和挑战，由此对家校共育活动产生抵触情绪；从学校的角度看，很多学校片面追求升学率，使得家校共育的内容及渠道单一。以上各方认识的偏差，一定程度上使学校家校共育的开展流于形式、浮于表面。

（二）学生主观愿望不强

初中学生正处于身心发展的重要时期，自我意识和独立性逐步增强。他们似乎觉得自己已经长大了，不需要事事依赖父母，不愿意父母过多干涉自己的学习和生活。如果让家长参与其中，他们便会感到在家校平台中没有自己的空间，也限制了他们的自由，所以很多学生表示不太愿意让家长参与学校教育。如果学生在主观意愿上不愿意家长参与学校教育，那么，班主任老师和家长反馈的内容或者家长和班主任老师的沟通交流就会让学生产生反感甚至抵触情绪。而一旦学生产生抵触情绪，老师和家长无论做什么都会徒劳无功。

二、云端一体化家校共育的创新策略

（一）搭建家校共育网络平台

学校可以与相关网站合作，创建校园网站，建立学校微信公众号平台。创建校园网站后，要不断完善其功能，其中应包括学生成绩查询和分析、学生生涯指导、学生心理健康教育、家长学堂、家校互联、学涯指导、校园风采等栏目。功能齐全、内容丰富，才能吸引学生和家长热情参与。有条件的学校还可以与企业合作，创建"智慧校园"系统并配套相应的硬件设施，将学生的活动轨迹、消费情况等通过系统实时发送给学生家长，以便家长能及时掌握到孩子的各种动向，及早发现和解决问题。

班主任教师可以建立班级家长微信群或者QQ交流群，也可以利用晓黑板app为家长和班主任老师之间实现信息互通提供网络平台。

（二）凝聚家校共育意识

学生、学生家长乃至很多教师在家校共育意识上不太强烈的原因有很多，学生有自己的顾虑，家长可能是有时间、精力以及方法、能力上的限制，而教师也有时间和精力上的原因。针对这些共同的原因，学校或教师应该运用互联网技术，与家长达成认识上的契合。第一，学校或班主任教师可以就家校共育相关互联网技术的使用对家长进行线下培训，解决家长的技术难题，让每位家长掌握家校共育网络平台的操作；第二，学校或班主任教师可以通过家校互动平台不定期推送家校共育成功案例，或者家校教育的反面案例，让学生和家长乃至教师充分认识到家校共育的重要性，从而引起大家对家校共育的高度重视；第三，学生、家长和教师之间要建立约定，三方要认识到各方的行为都是为了让学生接受更好的教育。所以，各方要彼此全力配合，不能漠视和无视对方的信息。另外，约定在网络共育平台上不发与教育无关的话题，不发不利于家校和谐的信息。

（三）提供线上家庭教育支持

很多学生的家长不是不愿意与学校共同教育孩子，而是由于自身素养和能力的限制，使得他们在教育孩子方面方法欠缺，态度简单、粗暴，他们也因此将教育孩子的希望寄托在学校老师的身上，有的家长甚至将教育孩子的责任完全推向学校和老师。对于这样的家长，学校或者教师应当给家长提供家庭教育方面的线上支持，比如在家长微信群或者通过学校的微信公众号平台、校园网站等，推送一些家庭教育方面的知识，以帮助家长更好地教育孩子。另外，学校或教师可以通过问卷或网站留言栏，调查、收集学生家长在教育孩子方面的困惑，针对家长的困惑线上推送可借鉴的解决措施或者开展相应的家庭教育讲堂，为家长提供专业辅导。还可以就大部分家长的困惑专门召开"主题家长会"。在互联网技术的支持下，对家长在教育子女方面给予充分支持，让家长在学校和教师的帮助下，不断提升教育孩子的能力。

（四）数字化管理学生信息

很多教师以及家长对学生的教育存在滞后情况，往往是在学生出现大问题后才想办法进行补救。为了让教师和家长及时关注到学生的思想和行为动态，需要班主任教师充分利用互联网信息技术如班级优化大师，把每一个学生的情况做一个详细的记录，将每一个学生的日常表现通过一个比较方便的应用软件记录下来。可以是一周一记录，也可以是一月一记录。将记录的详细信息随时单独发给学生家长。同样，家长也可以通过这个应用软件记录孩子的情况。这样，班主任教师和家长便能够通过互联网技术实现学生信息的实时跟踪与互动。当然，班主任不可能随时跟踪每一个学生的情况，这就需要发挥任课教师及班干部的集体力量。班主任要经常与任课教师及班干部就班级同学的日常表现进行沟通和了解。还要在班级安插"眼线"，以协助班主任老师观察班级每位同学的情况。"眼线"如发现问题，及时报告班主任，班主任将问题记录在应用软件上，以便实时跟进与反馈。这样就能够避免教师关注"两头"、忽略"中间"的现象，也能够实现信息的实时互通，转变家长信息滞后、在家校共育中信息不对等的情况。

总之，运用发达的互联网技术，通过云端一体化的方式将家校深度融合起来，是家校共育的一种创新。在家校共育的过程中，要充分发挥"互联网+"方便快捷的优势，转变以往家校共育信息滞后的情况。家校之间信息互通，才能使家校共育取得良好的效果，才能共同促进学生的健康成长和全面发展。

缪树模

云端一体化背景下云技术在班级管理中的应用

随着云端一体化时代的到来，云技术在教育教学领域中的应用越来越广泛。尤其是在教育教学中，云技术能够为学生提供更加广阔的学习空间，使学生的学习效率得到提高，同时也为学生的发展提供了更多的可能。尤其是在班级管理过程中，云技术能够使班级管理工作变得更加科学、高效。班主任作为班级管理工作的主要负责人，需要运用科学有效的云技术对学生进行全面的管理。文章主要对云端一体化背景下云技术在班级管理中的应用进行分析，探讨班主任如何充分利用云技术来对班级进行高效、科学的管理，从而为学生提供一个更好、更安全的学习环境。

一、利用微信平台建立班级群，搭建高效沟通桥梁

云端一体化背景下，班主任可以利用微信平台建立班级群，通过手机和学生进行沟通。同时，在群里学生能够与班主任直接进行沟通交流，并且能够向班主任反馈自己的学习生活情况。例如，学生可以将在学习过程中遇到的困难或者需要班主任解决的问题通过微信群将其发送给班主任，由班主任进行解答。在微信群里学生还可以发表自己对班级管理工作的看法，或者与其他同学进行交流。通过这种方式，学生可以更好地了解班级管理工作中存在的问题，从而有效地促进班级管理工作顺利开展。

二、利用云端一体化的优势，收集学生意见

学生作为班级管理工作中的重要参与主体，他们对于班级管理工作的开展有着非常重要的作用。班主任可以利用云技术来对学生进行更有效的引导，帮助学生表达自己的意见。比如，班主任可以利用云端一体化的优势，让学生通过QQ或者微信等聊天软件来表达自己对班级管理工作的意见和建议。在表达意见的过程中，班主任需要及时地进行反馈和沟通，与学生进行充分的交流。① 同时，在表达意见的过程中，班主任还需要对学生进行引导和教育。教师还可以引导学生去分析不同意见背后所代表的不同意义。对不同意见背后所代表的意义进行分析，可以帮助班主任更好地了解学

---

① 陈亚卓."互联网+"时代中职班级管理创新 [J]. 中国多媒体与网络教学学报（中旬刊），2020，(01)：90-91.

生内心的真实想法。

三、利用云端一体化的特点，构建学生档案

云端一体化时代的到来，不仅改变了人们的生活方式，同时也对教育教学产生了巨大的影响。班主任可以利用云端一体化的特点，构建学生档案，使学生档案更加完善。例如，班主任在构建学生档案时，可以运用云计算技术来建立一个学生电子档案，这个电子档案不仅包括学生的姓名、班级、性别等信息，还包括了学生的兴趣爱好、性格特点等内容。在建立完电子档案后，班主任可以将这个电子档案发送到班级群中，这样不仅可以让家长了解孩子在班级中的表现情况，还可以让家长更好地与孩子沟通。① 同时班主任还可以将这些电子档案通过网络发送给相关负责人，以便相关负责人能够及时了解班级中学生的动态情况；还可以将这些电子档案分享给其他老师以及家长们共同使用。班主任通过构建学生电子档案可以使班级管理更加科学、高效、便捷，从而为学生提供一个更好、更安全的学习环境。

四、利用云端一体化的优势，搭建学习平台

云端一体化背景下，云技术能够为学生搭建一个更好的学习平台，这就需要班主任在班级管理过程中要善于利用云端一体化的优势来为学生搭建一个学习平台。云端一体化能够使学生利用网络进行自主学习，而学校也提供了网络平台让学生在学校就能完成自主学习。这种方式节省了时间，提高了班级管理工作的效率。例如：班主任可以在班级管理中建立一个学习交流群，群成员包括学生、家长以及任课老师等。在学习交流群中，学生可以将自己在学校遇到的问题以及解决方法等分享给其他同学。教师也可以利用云端一体化的优势，为学生提供一个知识分享平台，让学生通过网络实现资源共享，提高学生的学习效率。

五、利用云端一体化的优势，开展各类活动

在云端一体化背景下，班主任要充分利用网络平台，开展各类主题班会，引导学生积极参与班级管理。比如可以通过互联网平台发布各种通知、开展各类主题班会，让学生了解班级近期的各项工作，同时也让学生参与到班级管理工作中来，使班级管理工作变得更加高效。② 疫情期间，班主任可以通过互联网平台对学生进行线上安全教育，让学生了解相关的防护知识；还可以通过微信公众号来推送一些防疫知识、安全知识等，让学生能够掌握一定的安全防护技能。

六、利用云端一体化的优势，实施科学管理

在云端一体化的背景下，班主任可以充分利用云技术的优势，对班级学生实施科学的管理，使班级管理更加高效。例如，在班级日常管理中，班主任可以通过微信对学生进行全方位的监督与指导，让学生能够在一个和谐、愉快的氛围中进行学习。③

---

① 林广康. 信息化技术手段在中职班级管理工作中的应用 [J]. 广西教育，2020，（34）：103-104.
② SHI G. Application of Computer Information Management Technology in Network Security [J]. Journal of Physics：Conference Series，2020，1578（1）：012046.
③ 李胜. 信息化手段提升班级管理有效性探讨 [J]. 中国教育技术装备，2016，（13）：31-32.

班主任还可以通过微信和家长联系，并在家长群中发布一些相关的教育信息，例如天气预报、课程安排、重要通知等内容。在利用微信来对学生进行管理时，教师可以先发布一些消息和图片，让学生能够快速地了解到当前的情况；教师还可以利用微信对学生进行针对性的教育和引导，例如，当发现学生出现不良习惯时，教师就可以利用微信来发布相关信息，让学生及时改正自己的不良习惯。

七、结语

在这种时代背景下，班主任需要运用云技术来对班级进行科学管理。但是，在利用云技术进行班级管理时，还需要注意以下几个方面：

第一，班主任在进行云技术应用时，需要具备一定的信息素养。随着教育教学理念的不断更新，在教育教学中越来越注重对学生综合素质的培养，因此班主任需要不断地更新自身的教育教学理念和教育教学方法。

第二，班主任在使用云技术进行班级管理时，需要明确学生是班级管理工作的主体。教师作为班级管理工作的主要负责人，要明确自身的职责，使学生能够更加积极地参与到班级管理工作中来。运用云技术能够使学生能够在一个更加安全和谐、健康的环境中成长和学习。与家长之间的沟通能够使学校和家庭之间形成合力，使班级管理工作变得更加科学和高效，同时也能使学生更好地适应当前的教育教学环境。

唐思佳

教育数字化转型下家校社协同育人探索

苏霍姆林斯基指出："教育的效果取决于学校和家庭的教育影响的一致性。"家长、学校和社会通过有效合作，形成共同的教育合力，对孩子的健康成长至关重要。随着教育数字化的发展，家校社合作的形式也逐渐丰富起来，信息化为家校社合作提供了新的契机。[①] 在信息化家校社合作模式下，以通信无线数据传输及云技术为支撑，以客户端软件为媒介，不受时间和空间的限制，实现家校社合作的无线移动、资源共享和及时沟通。

一、微信订阅号：相知学校最新动态，了解学校大事件

家校社共育的第一步是把学校展现给家长，让家长了解学校的各项活动，"相知"是家庭教育与学校教育相互沟通的桥梁。中小学微信订阅号是微信中的一项主要面向学校推出的合作推广业务服务，是一对多的媒体行为，也是学校官方对外的教育新媒体窗口。下面以江苏省苏州工业园区星洋学校中小学微信订阅号为例，探讨微信订阅号在家校社合作中的作用与功能。

（1）走近星洋板块：包含招生招师、公告公示、学校风采、学校简介等。这是

[①] 钱立青，余凤霞. 教育新媒体策进家校协同教育的创新变革［C］//安徽基础教育研究（2015年第4期总12期）. 基础教育改革与发展协同中心；皖新传媒新媒体部；2015，4.

对外展示的一个重要平台，可以大致了解学校的规模、特色、荣誉等。这种开放化、公开化的教育新媒体平台，让家校社协同教育不再是一句空谈，进而能够开启家校社协同教育的创新模式。

（2）缤纷星洋板块：包含校园动态、最美校园、师生风采、智慧书法等。每天推送的校园动态文章，可以让家长足不出户，及时了解学校的情况以及学生丰富多彩的在校生活，不用担心工作太忙而无暇顾及孩子的健康成长。在平台上可以及时推送学生志愿服务活动，如：在难得的大雪天气，星洋学校的小小志愿者在家长的帮助下，联系小区物业和委员会，借到一些专门的扫雪工具，开展一次义务扫雪活动。

（3）直播星洋板块：包含校园电视、直播课堂、社区互动、精彩回看等。如果孩子参加学校组织的节目表演，作为家长非常期待可以观看到孩子的表演，可是场地限制无法让全体家长来现场观看，借助微信直播可以跨越地域限制，让家长直接看到现场直播，信息化促进家长对学校的了解。这就是信息化时代的家校社沟通：教师家长足不出户，学生情况即可尽在掌握。

二、博客：相守每日成长点滴，欣赏孩子微进步

家校社共育应立足于家校社三方对孩子成长过程中所求与所需的相互分享，应聚焦每一个独特个体的成长点滴，让信任和激励成为家校社共同而持久的行动。博客辅助家校社合作，已经成为一种新的信息化家校社融合育人模式。近年来，博客深入教育领域，给教育发展注入了新的动力。[①] 依据学校班级制的组织形式，将博客分为个人博客、班级博客和学校博客等形式。博客的使用，增加了家长间的交流互动，并且在开放的交流氛围中，让家长、老师、学生体验到分享与合作的快乐。下面主要以班级博客为例进行介绍。

（1）家校社互动交流平台

日常教学中，家长和教师没有充足的面对面交流机会，在信息化条件下借助博客能够突破现有的交流范式，呈现便捷的交流状态。

班务公开和活动通知：学校层面或者班级层面每学期都会举行丰富多彩的活动，特别是小学阶段的许多活动，都需要家长进行协助。在开展活动之前让家长预先了解活动内容，家长如果对于活动有一些好的建议，也可以通过博客的回复功能提出，有利于活动顺利举行。

优秀家庭教育文章推荐：教师根据需要推荐一些优秀的家庭教育文章、案例供家长学习，并提供一些优秀网站的链接。例如，针对三年级部分家长对于孩子的一些在线作业，不知道如何掌控和监督的困惑，在班级博客中推送一篇实用文章《如何在手机上设置"家长监控"》，得到了许多家长的积极回应和认可。

学生作品展示和投票活动：博客可以为学生提供展示他们作品的机会，教师可以在博客上呈现绘画、手工作品、表演视频等，供家长和学生查看和投票评选。另外，

---

① 岳盼盼. 用博客构建小学家校合作模式初探［J］. 中国教育信息化，2009，（04）：40-43.

可以在博客上采取问卷调查的方式，方便及时了解家长对于某件事情的态度，有利于科学决策，让家校社合作更高效。

（2）成长点滴记录平台

利用博客记录学生成长的点滴，建立学生的电子成长记录袋。所谓电子成长记录袋就是在博客中记录学生所完成的学习任务的全过程情况，其中包括学生的创作内容、资源的链接、文档、图片、声音和视频文件等，还有其他人对此作出的评价信息。高年级的学生可以利用博客记录下近期产生的思想、学习情况等，家长和老师可以及时了解每一位学生的个性化情况。老师和家长可以观察到一个全面的、多元的、档案式的过程评价，让学生在信任和激励下不断进步、不断成长，家校社合作更加立体化。

三、虚拟学习社区：相伴美妙学习场域，共享终身融育人

立足学生终身发展，构建全时空、全场域的学习社区，这是教育数字化转型背景下家校社合作融合育人的趋势。虚拟学习社区是以计算机网络云平台为依托，由各种不同类型的学习者及助学者（包括家长、教师、专家等）等构成，基于在线学习的一个交互的、协作的虚拟学习团体。虚拟学习社区中，可以实现虚拟空间与现实空间的无缝对接，在不断实践中逐渐发挥"空间友好型、资源立体化、交互多元化、模式个性化"等功能。

（1）空间友好型，不受时空限制

虚拟学习社区中的家校社合作，形式更加丰富、交流更加便捷。传统家校社合作的重要形式——家长会，因为时间限制，家长和教师交流的时间不充分，而在虚拟学习社区中，由于没有时空限制，可以促进师生、亲子、家校社间换位思考，增进对彼此的理解。同时，其虚拟的特点可以让参与者更方便畅所欲言，双方得到的信息更加真实，从而寻找到家庭和学校合作教育的最佳结合点。

（2）资源立体化，蕴含多维资源

虚拟学习社区中资源具有的多维度、立体化特点，体现在资源的"广度"和"高度"上。"广度"体现在优质资源内容覆盖面广，不仅有学生的各类系列化学习资源，而且有家长各阶段家庭教育的电子书籍，还有教师专业发展培训等资源，有助于实现虚拟学习社区中的优质资源的可选择性、优质教育资源的区域均衡配置、教育现代化。① "高度"体现在资源建设者的顶层设计科学化。资源建设者应该站在足够的高度审视资源，统筹规划资源，让不同人员都可以通过不同链接途径获得相应资源。

（3）交互多元化，协作合作学习

虚拟学习社区中的交互以真实情境作为学习活动的承载体，让学习者身临其境进

---

① 杨英，杨成，孙梦梦."互联网+"背景下虚拟学习社区的智慧化构建［J］.教育导刊，2017，（01）：74-79.

行学习。多元化的交互既包括师生、生生之间的交互,也包括学习者与空间、资源的交互。学习者可以按照自己的需求选择交互对象,便捷高效,共同合作、协作完成学习任务,达成学习目标。

(4) 模式个性化,精准学习需求

在虚拟学习空间中,根据不同的学习环境,会进行智能化资源推送。依据资源使用者的个性化情况,虚拟学习空间提供的不是一般通用资源,而是面向具体问题和实际应用,构建适用于个体发展的个性化学习模式。这些资源可以有效促进家校社合作体系的结构化,最大限度地满足家校社融合育人的终身需求。

总之,教育数字化转型背景下的家校社合作是时代的要求,也是融合育人的重要路径。家校社充分利用信息化优势,搭建融合育人的桥梁,增强科学育人的理念,增强教育教学水平,促进学生身心健康成长,为教育的可持续发展注入新活力。

何杰

第四章

云端一体化课堂创新课例

导读：课堂教学是学校教育的主阵地，提高课堂教学质量是建设高质量教育体系的根本路径。在教育数字化转型背景下，重构课堂教学形态，实现线上线下、课堂内外、虚拟现实的有机结合，进而真正实现课堂教学效能的整体提升、满足学生多样化的发展需求，是当前教学创新的核心议题。

在教育数字化教学条件下，基于核心素养的课程目标，充分运用人工智能、大数据等智能信息技术，星洋学校进行了云端一体化课堂的范式构建与创新实施路径的校本化实践，总结出云端一体化课堂教学基本流程：前学课程导学—在线问卷诊学—课堂互动精学—课后个性研学。

本章重点从学科教学的视角，通过不同学科云端一体化课堂教学设计的案例，呈现"四学"流程，并努力彰显其适切度、参与度、融合度、达成度的"四度"要求和情境化、结构化、交互化、精准化的"四化"特征。

解锁智慧教育新型教与学模式
——《琥珀》第2课时教学设计

一、教学内容

部编版小学语文四年级下册第5课《琥珀》。

二、设计理念

《义务教育语文课程标准（2022年版）》明确指出"课程实施从学生语文生活实际出发，创设丰富多样的学习情境，设计富有挑战性的学习任务，激发学生的好奇心、想象力、求知欲，促进学生自主、合作、探究学习"。这一理念要求教学从封闭型、主导型向开放型、主体型转化。本节课紧扣课程标准要求，以学习者为中心，结合"新型教与学模式"研究，融合信息技术，依托易加学院，设置"前学、诊学、共学、研学"四个环节，实现全链式学习。通过前学课程，实现课堂翻转；结合在线诊断，助力学习目标精准化；共学部分精准指导、合作探究、展示交流；研学部分自选学习任务，线上微课程指导，进行个性化研究。

三、教学目标

（1）正确、流利、有感情地朗读课文，复习巩固生字词，概括课文主要内容。

（2）在学习中提出自己不懂的问题，并尝试解决。

（3）抓住文章的重点词语"推测"，运用寻找近义词、查找资料、联系上下文等多种方式理解课文内容，能够用自己的话说一说这块琥珀形成的过程。

四、教学重点与难点

（1）在学习中提出自己不懂的问题，并尝试解决。

（2）抓住文章的重点词语"推测"，运用寻找近义词、查找资料、联系上下文等多种方式理解课文内容，能够用自己的话说一说这块琥珀形成的过程。

五、教学准备

微课、课件、学习单等。

六、教学过程

（一）前学课程导学

学习微课：科学小课堂《琥珀的形成》（易加学院推送）。

（设计意图：《琥珀》是一篇科学小品文，学习这篇课文的重点是由琥珀展开的推测，作者根据琥珀的形成条件，合理推测出琥珀的形成过程。笔者利用网络资源"少儿百科课堂"的小视频《琥珀的形成》，借助易加学院布置学习任务，科普了这一科学知识，帮助学生理解文中松脂球形成以及松脂球变成化石的推测。前学为课堂聚焦重点、突破难点，提升课堂效能提供保障。）

（二）在线问卷诊学

（1）课前学生完成在线问卷（易加学院推送）。

（2）反馈问卷情况，点拨答题策略。展示学生答题情况，大数据统计，逐题分析讲解，点拨答题策略。

（3）出示学生提出的问题，进行高频词检索。

（4）教师引导：问题中出现频率最高的是"推测"。很多同学对作者是怎样推测出琥珀的故事和作者的推测是否合理非常感兴趣。我想，抓住这样一个关键问题，很多问题就迎刃而解了。这节课，我们就抓住"推测"这个词展开学习。

（设计意图：通过易加学院进行发布，导出数据，检测学生的前学质量。根据反馈，及时调整教学设计，着力于解决学生的学习困惑。本单元是提问解疑单元，在导语中明确提出"阅读时能提出不懂的问题，并试着解决"。这一语文要素是在四年级上册阅读策略单元——提问的基础上提出的。因此，在问卷最后一题，笔者引导学生阅读后从不同的角度提出问题，对问题进行高频词汇分析，提取出高频词汇"推测"，课堂上围绕这一词汇不断追问，开展探究性学习，并梳理解决问题的策略。）

（三）课堂互动精学

1. 回顾课文，进行问题溯源

大家还记得课文围绕琥珀写了哪些内容吗？（整体回顾课文主要内容）

我们问题的关键词"推测"出现在文中的哪一段呢？（出示第 18 自然段）

什么是推测呢？根据已经知道的事情来想象不知道的事情。（已知、未知）

就这篇文章来说，已知的是什么呢？（琥珀的样子）

未知的是什么呢？（几万年前的故事情形）

2. 提出假设，思考推测条件

同学们，假如这块琥珀放到你面前，你能推测出几万年前的故事吗？（科学合理地推测有关于琥珀的科学知识）

请结合课前导学视频以及阅读链接，说一说你了解到了哪些琥珀形成的科学知识。（学生自由交流）

3. 创设情境，还原思考路径

（1）这节课，我们就化身研究者，结合已有的琥珀形成的知识，走进文中，还原作者的思考路径。

出示学习要求：请同学们默读课文第 1—12 自然段，想一想作者怎样根据那块琥珀推测出了几万年前故事的详细情形。

（2）学生自主探究，阅读、圈画、个人思考，小组讨论后充分交流，生生互相补充完善。

① 预设一：高温天气。

② 预设二：高温的天气使松脂渗出、滴落、持续地滴落，形成松脂球。

③ 预设三：根据小虫子的样子，科学家们推测出了蜘蛛捕食苍蝇这个故事情节，就在蜘蛛想要吃苍蝇的那一瞬间，松脂刚好滴落下来。

④ 预设四：琥珀形成需要漫长的时间和地质的变化。

（3）小结：难怪作者说，从那块琥珀，我们可以推测发生在几万年前故事的详细情景。我们发现，作者讲述的这个故事的每一部分都有科学依据的。也就是说，本文故事的创作不是作者凭空想象的，而是符合科学的，符合琥珀的形成条件，这样的想象才叫推测。

4. 对比阅读，体会表达特色

（1）同样是说琥珀的形成，这篇课文和"阅读链接"在表达方式上有什么不同呢？

总结：这篇课文生动有趣，身临其境；"阅读链接"语言简练，简洁明了。

（2）让我们再次走进课文，感受语言的生动形象。

（3）同学们交流自己找到的生动的语言。

① 预设一：表示动作的词语。

比如：飞舞、穿过、飞进、停在、伸起、掸掸、拂拭。

② 预设二：修辞手法的运用。

"小苍蝇不能掸翅膀了，蜘蛛也不能再想什么美餐了。"

"两只小虫都淹没在老松树黏稠的黄色泪珠里。"

5. 总结梳理，交流表达策略

（1）学到这儿，你能用自己的话说一说这块琥珀的形成过程吗？

学生讨论：交流表达思路。

教师点拨：时间线、故事的六要素、情节图、形成画面等表达方法。

（2）请学生用自己的话讲述琥珀形成的过程。

提醒：讲故事时一定要有琥珀形成的必要条件的内容，这样故事就合理了，就无懈可击了。

（3）总结学习方法：同学们，这节课，我们围绕"推测"这一词语，抓住关键问题展开阅读，既探索了作者推测的过程，感受了文章的科学性；又体会了语言的生动形象，感受了文章的艺术性。课文学完了，你提出的问题解决了吗？你学到了哪些解决问题的方法呢？（学生交流）希望同学们运用阅读策略，在提出问题的基础上，再向前走一步，试着解决问题。

（设计意图：本环节是教学的重点，主要达成两个目标。一是创设情境，深入探究，帮助学生清晰地了解到作者是怎样推测出几千年前的故事情景的，并梳理表达策略，说说琥珀的形成过程；二是抓住细节描写，品味科学小品文语言的生动形象。教学中，笔者牢牢抓住主问题，以解决问题为抓手，引导学生深入文本自主探究、小组合作、师生互动，不断推进文本学习的深入开展。同时，进行比较阅读，通过对比"阅读链接"，让学生在找一找、读一读、说一说、品一品等多种方式中感受科学小品文的语言特色，并学习作者的表达方法。在教学中，笔者不断引导学生尝试将自己感知、归纳、梳理出的解决问题的策略运用到学习中，从而实现学生语文能力的螺旋上升。）

（四）课后个性研学

1. 布置研学任务

任务一：用自己的话说说这块琥珀的形成过程，要兼顾科学性和艺术性。

任务二：推荐阅读《乌拉波拉故事集》，任选一个故事讲给同学听，上传平台。

2. 教师总结

最后，老师给同学们推荐读物《乌拉波拉故事集》，作者把深奥的科学知识融入生动有趣的故事中。除了《琥珀》，还有《小水点》《月球上的一天》《太阳请假的时候》很多有趣的故事。老师希望同学们保持强烈的好奇心，对世间万物、自然科学永远充满好奇，并不断地在阅读中、在生活中解决问题。

（设计意图：对学生进行科学教育的重要方式是让学生阅读更多的科普读物，这能使学生好奇、探索的天性得到满足和发扬，萌发对科学的兴趣，学习科学解决问题的思维方法，增长探索解决问题的能力。为此，笔者向学生推荐科普读物《乌拉波拉故事集》，引导学生在更广阔的天地里自由探究，从小培养他们学科学，爱科学，用科学。）

七、板书设计

《琥珀》

推测

那块琥珀 ➡ 详细情形

（科学性）　　　（艺术性）

八、教学反思

《琥珀》一文是德国作家柏吉尔写的一篇说明文，也叫科学小品文。作者用通俗易懂而又生动活泼的文笔，充分展开合理的想象，推测出几万年前这块琥珀的形成过程，并用文字再现了出来。这篇课文内容严密准确，语言形式生动有趣，充分体现了科学小品文的科学性和艺术性。纵观本课的教学，笔者有以下体会。

1. 立足核心素养

本课是四年级下册语文第二单元的首篇课文，本单元是阅读策略单元，语文要素是"阅读时能提出不懂的问题，并试着解决"。这一要素是四年级上册"提问"策略的延伸，让学生在提出不懂的问题的基础上，试着解决问题。《义务教育语文课程标准（2022年版）》明确指出"语文课程致力于全体学生核心素养的形成与发展"。在教学中，笔者立足学生核心素养发展，引导学生提出问题，以主问题"作者怎样根据那块琥珀推测出了几万年前故事的详细情形？"为学习支架，引导学生抓住重点段落，深入文本自主探究、小组合作、师生互动、生生互动，根据学生的回答，梳理并明晰作者推测故事的思考路径，有效地达成了本课主要的教学目标。在解决问题的实践中掌握了联系上下文、查找资料等解决问题的方法。

2. 树立生本理念

"文本"很重要，但"生本"更重要。语文课程要以学生为本，以学定教，不教而教。通过有意义的问题创设情境，引领学生自觉热情地投入学习，学会阅读，学会感悟，学会思考，从而促进语文能力的提升。课上，给学生充足的时间边阅读边圈画边思考，学生充分思考后，又在小组内讨论、交流，最后请个人或小组分享阅读感悟。这样的做法，既能激发学生的学习兴趣，又增进了师生及生生间的互动交流。由于学生思考充分，课堂氛围轻松，问题情境来自学生的需要，学生表现异常活跃，学习热情高涨，有效地突破难点，达成了学习目标。

3. 彰显项目特色

本课的教学充分体现了学校云端一体化课堂研究成果，积极融合新媒体、新技术，从"前学课程导学、在线问卷诊学、课堂互动精学、课后个性研学"四个板块建构课堂，组织学生深入学习。例如，"前学"部分借助易加学院平台向学生推送"科学小课堂"，让学生充分了解琥珀形成的相关知识，为学生理解文本打下了坚实的基础。"诊学"部分使用问卷星推送问卷，了解本节课的学习起点，精准把握学生学习的难点，整节课自始至终围绕难点展开教学；"精学"部分以合作探究、生生互动为主，探究作者的推测过程，梳理琥珀的形成过程，与"阅读链接"进行比较阅读,体会文章表达特点,引导学生充分感受科学小品文的科学性、艺术性,突出了文本特色;"研学"部分推荐阅读《乌拉波拉故事集》,激发学生的好奇心和求知欲,引导学生自主阅读探究,同伴互助,提升解决问题的能力。

云端一体化课堂教学范式,将语文教学与信息技术深度融合,立足学生语文核心素养,突出学生主体地位,有效激发了学生的学习潜能,落实了自主合作的学习理念,重塑了教与学的生态,促进了教与学方式的变革。

曲韬君

基于墨水屏的云端一体化教学设计
——《城南旧事》课外阅读指导课教学设计

一、教学内容

课外阅读《城南旧事》。

二、设计理念

《城南旧事》是台湾女性文学的开山人——林海音,根据自己的亲身经历与感受,以童年在北京的生活为素材而创作的经典怀乡作品,也是她最具有影响力的作品。本节课是学生阅读后的分享交流课,将基于云端一体化课堂教学范式,以前学课程导学、在线问卷诊学、课堂互动精学、课后个性研学的"四学"流程为结构,有效落实适切度、参与度、融合度、达成度的"四度"要求,努力彰显情境化、结构化、交互化、精准化的"四化"特征,为学生有效开展课外阅读提供智慧化的交流平台与媒介,进一步提高学生的语文素养。

三、教学目标

(1) 了解作品的生活环境,感受浓郁的京味儿文化。

(2) 感受串珠式的结构,品味大时代的小人物形象。

(3) 运用阅读策略,品味情节的精妙,感悟作品的情感内涵。

四、教学重点与难点

引导学生感受串珠式的结构,品味大时代的小人物形象,并运用阅读策略,品味情节的精妙,感悟作品的情感内涵。

五、教学准备

微课、课件、超星学习通、墨水屏等。

六、教学过程

(一) 前学课程导学

利用易加学院创建前学课程,本环节安排三个学习任务,主要是以前学探究的形式进行导读。

任务一:听导读微课,亲近作品。

任务二:前学探究,探寻书中的京味儿文化。

任务三：学生自主阅读推荐。可选取书名、作者、内容、人物、感受等多个角度发表自己的阅读见解，以视频的形式推介。

（设计意图：本环节主要是借助易加学院帮助学生亲近作品，利用前学探究课程初步感受作品的描写背景，让学生自主表达初步的阅读感受。）

（二）在线问卷诊学

利用超星学习通上的阅读计划栏目，推送阅读任务和阅读测评，了解学生在信息提取、归纳推理、欣赏共情和想象拓展等方面的能力。

（设计意图：本环节通过阅读测评的数据分析把握学情，为后续的线下互动学习提供参考，从而帮助教师以学定教、顺学导教。）

（三）课程互动精学

1. 关注女性作家，引出作者

同学们，六年的阅读生活，一定让大家认识了许多优秀的作家，透过作品中美的语言窥见美的心灵和别样的世界。

游戏：猜猜她是谁？

（1）中国著名现代女作家，毕业于燕京大学，被称为"世纪老人"，笔名取自"一片冰心在玉壶"。（冰心）

（2）民国时期四大才女之一，鲁迅最欣赏的女性作家，她曾以自己的童年生活为线索，写过一部自传体小说来反映呼兰这座小城当时的人情百态。（萧红）

（3）台湾女性文学的开山人，她是海峡两岸读者心中"永远的英子"。（林海音）

总结：这三位作家都是了不起的女性作家，作品深受读者喜爱。

2. 聊聊书名，说说京味文化

阅读一本书，首先要了解作者描写的生活背景。书名就说得很清楚，城南，哪里的城南呢？

阅读分享前，我们围绕这本书中描写的老北京做了前学探究课程，一起来分享一下。

（1）胡同和街道。

北京城像一块大豆腐，四方四正，而胡同是贯通大街的网络。

大家有没有关注，英子童年住在哪些胡同和街道？

椿树胡同　新帘子胡同　虎坊桥　梁家园（尽是城南风光）

（2）童年的味道。

八珍梅　驴打滚儿　打糖锣的　卖切糕的

穿街绕巷的"唱话匣子的"　七月十五提的西瓜灯　城南游艺园听夜戏

（3）北京话。

我们的国语也是以北京话为准。童年时期，林海音的妈妈还说不好北京话，咱们来听听，很有意思。

妈妈不会说"买一斤猪肉，不要太肥"，她说："买一斤租漏，不要太回。"

一个馆子的名字，更是把一家人弄得晕头转向：

宋妈是顺义县的人，她也说不好北京话，她说成"惠难馆"，妈说成"灰娃馆"，爸说成"飞安馆"，我随着胡同里的孩子说"惠安馆"，到底哪一个对，我不知道。

——选自《惠安馆》

总结：林海音用她最熟悉的笔杆子，向我们展现了一幅怎样的画卷？

3. 聊聊目录，说说人物

（1）聊聊目录。

翻开目录，20世纪50年代，林海音陆续创作了许多回忆童年的短篇小说（请学生分别读目录）。请大家打开墨水屏，为你最喜爱的一个故事投上宝贵的一票。

（2）说说人物。

① 刚才大家聊到了不少人物。这本书曾被拍摄为同名电影，并荣获中国大陆地区电影最高奖项"金鸡奖"。同学们，想不想见一见影片中的人物呢？

老师隐去了角色，这里有三个盲盒，分别藏着一个人物，你能不能辨认出他是谁？有没有同学想试试？

② 你怎么知道这是那个小偷/宋妈的丈夫/秀贞的？

评价：你们真会读书，从外貌、语言等方面读出人物的形象了！人物是小说的三要素之一，读小说不得不感受人物。

③ 其实，小说里的人物还有哪些？这些人物跟小英子的关系，你们理得清吗？刚才我们读了读目录，又理了理人物，从中你们发现了什么？

教师小结："目录"体现了书的结构。尤其是《城南旧事》采用的这种"串珠式"的结构，使读者轻松把握了故事的线索。

4. 检索情节，聊聊取舍

（1）情节回顾。

同学们，在写小英子和这些人相处的文字中，一定有许多令你难忘的情节。也许，那是一个画面；也许，那是一个声音；也许，那是一个动作、一个眼神……请你闭上眼睛，静静地回想一下。（学生静默思考1分钟）

（2）学生交流。

（3）品《惠安馆》经典情节。

① 结合超星阅读测评中的问题"秀贞的女儿是谁？"引出：

其实读着读着，你们有没有什么惊人的发现？谁能想到秀贞苦苦寻找多年的小桂子就住在隔壁不远的妞儿呢？作者在情节的设置上暗藏着多处巧合，请找出证据来验证。

通过这样的验证，你有没有发现作者在情节安排上的精妙之处？

教师小结：作者通过"闪回"的艺术手法，将秘密回环反复地暗藏在情节中。

② 后来，在小英子的牵线下，秀贞和妞儿终于见面了，想看看当时的情景吗？

③ 此时此刻，幸福距离这对母女是多么近。然而，这之后发生什么了？

④ 从失散到相聚到死亡，这个跌宕起伏的故事情节，看得我们的心酸酸的。

（4）品影视作品中兰姨娘情节被删除。

引语：此时此刻，善良的小英子内心浸染着人生的苦楚与忧伤的同时，后面她的家庭也遭到了接二连三的不幸。

出示：（课件呈现）

"老高，我知道是什么事了，我就去医院。"我从来没有过这样的镇定，这样的安静。

我把小学毕业文凭放在书桌的抽屉里，再出来，老高已经替我雇好了到医院的车子。走过院子，看到那垂落的夹竹桃，我默念着：

爸爸的花儿落了，

我也不再是小孩子。

——选自《爸爸的花儿落了》

① 其实在电影《城南旧事》中，删除了兰姨娘的故事，你知道为什么吗？

② 老师也对这个漂亮女人很感兴趣，尤其是她的打扮。

兰姨娘特别会打扮，把自己打扮得怎么样呢？（身上满是女性的魅力）

链接背景：当时是民国时期，虽然新文化运动后开始实行一夫一妻制度，但民间依然盛行纳妾之风，连军阀们也爱娶上几房姨太太在家里摆着，纳妾在当时依然是财富、权势的象征。

发送阅读链接：同样是妾室，同样是姨太太，兰姨娘和颂莲有什么不同？

③ 父亲林焕文曾在情感上青睐过兰姨娘，他不是完美的，他是那样的真实，但是对童年的林海音影响很大，让我们一起回忆他的点点滴滴。

④ 当英子得知父亲去世的消息，不应该泣不成声吗？她却带着从未有过的镇定神情，你知道为什么吗？

5. 深化主题，点明意图

（1）一个高明的作家总是把主题藏在文字的背后，需要读者在阅读中细细揣摩，慢慢体会，直至顿悟。你觉得《城南旧事》这本书的主题是什么？

（2）学生说自己的阅读感受。

（3）林海音在书的最后写道：

我是多么想念童年住在北京城南的那些景色和人物啊！我对自己说，把它们写下来吧，让实际的童年过去，心灵的童年永存下来。

就这样，我写了一本《城南旧事》。

（4）这如真如梦的童年，将是我们每个人一生中最美好的眷念。

（设计意图：以上精学环节，主要是借助超星墨水屏，结合成长小说的特点，紧扣整本书阅读的策略，引导学生发现和品味作品的艺术魅力与主题内涵。）

（四）课后个性研学

利用晓黑板和超星学习通布置个性化的阅读推广：

推荐阅读《纸飞机》（左眩著）

【看点】 侵略者持续五年半的狂轰滥炸，考验着一座城市的生死存亡。不屈服，不放弃。一架架纸飞机，是小女孩金兰对胜利的期盼。这一片美丽的天空，永远属于热爱和平、坚韧顽强的人们。

【推荐理由】 本书是青年作家左眩以抗战时期重庆大轰炸为背景创作的长篇小说。讲述了小女孩金兰的家被日本侵略者的炸弹摧毁，又获重建的故事。以儿童的视角，多层次地表现了中国人不屈不挠、团结乐观的民族精神。人物形象血肉丰满，情节令人唏嘘落泪，是一部以史料为基础，表现重大历史事件的现实主义儿童文学作品。（中国图书评论学会）

（设计意图：本环节主要是由一本书推动一类书的阅读，运用整本书的阅读方法和策略，感受童年时期成长类小说的艺术魅力。）

七、板书设计

《城南旧事》

童年

串珠式	整合
闪回	验证
主题	联结

八、教学反思

每个人都是历史洪流中的一个符号，一个人的阅读史就是一个人的发展史。伟大的创造之路往往始于童年的某个时刻，而心灵世界的觉醒，尤其在青少年时期，往往会表现为一种勃发的求知欲，进而对书籍产生热烈的向往。

统编教材的一大亮点为，注重对学生课外阅读兴趣与习惯的培养。如何用好新教材，建构"教读""自读""课外阅读"三位一体的语文教学新体系，成为每一位语文老师亟待研究的新课题，整本书任务群的设计也是探索的新方向。关于课外阅读，笔者一直在深耕与潜行，谢尔·希尔弗斯坦系列作品指导课，英国作家安东尼·布朗与中国作家余丽琼中西作品对比课，萧红的《呼兰河传》阅读推荐课等，都留下了我和学生与书相伴的点点光影。

《城南旧事》是台湾女性文学的开山人林海音根据自己的亲身经历与感受，以童年在北京的生活为素材而创作的经典怀乡作品，也是她最具有影响力的作品。本节课是学生阅读后的分享交流课，课堂基于云端一体化课堂教学范式，以前学课程导学、在线问卷诊学、课堂互动精学、课后个性研学的"四学"流程为结构，落实"四度"要求，更努力地创设情境化、结构化、交互化、精准化的"四化"特征，让学生走近书，品味书，读懂书。前学课程导学通过易加学院发布悦读人物，通过三个学习任务，学生初步探索京味文化，从童心出发，感受小说中的美食、趣事、有趣的地理等，亲近作家作品。在线问卷诊学通过学习通 app 发布整本书阅读任务，通过阅读测评和读后感撰写，了解学生阅读整本书的前学经验，为课堂精学做好交流准备。课堂互动精学部分以小说三要素为切入点，以墨水屏为阅读媒介，以阅读策略为方法指导，真实地、动态地获取学生阅读的收获，为学生有效开展课外阅读提供智慧化的交流平台。课后个性研学由一本书推动一类书的阅读，通过音频模拟故事环境，文字呈现推荐理由，形成阅读期待，并利用超星学习通布置个性化的阅读推广。

书，如细雨过后的梧桐，洗去了浮华，透出了青绿。在这条读书路上，笔者将继续以线上阅读为主线，传统纸质阅读为辅线，用阅读烛照心灵，尔后，聊得更开放，聊得更有趣，聊得更深刻，让笔者身边的小小读者们爱上这种有语文味的简居生活方式。

丁鲁笑

基于云端一体，助推学力提升
——《大自然的声音》第1课时教学设计

一、教学内容

部编版小学语文三年级上册第21课。

二、设计理念

本课时设计基于云端一体化课堂教学范式，充分体现前学课程导学、在线问卷诊学、课堂互动精学、课后个性研学的"四学"流程，有效落实适切度、参与度、融合度、达成度的"四度"要求，努力彰显情境化、结构化、交互化、精准化的"四化"特征，为学生的智慧学习提供适合的路径。

三、教学目标

（1）学习生字新词，熟练书写生字，理解词语的意思。

（2）了解课文的叙述顺序与层次，想象课文中描述过的声音，感受大自然声音的美妙。

（3）抓住描写声音的重点词句，品味修辞手法的运用，积累自己喜欢的语句。

四、教学重点与难点

理清课文的叙述顺序与层次，抓住描写声音的重点词句，品味修辞手法的运用，感受大自然声音的美妙。

五、教学准备

微课、课件、学习单等。

六、教学过程

（一）前学课程导学

利用易加学院模块创建前学课程，本环节安排三个学习任务，主要是以推送微课的形式进行导学。

任务一：听录音，熟练朗读课文。

任务二：观微课，整体感知内容。

任务三：看演示，自学生字新词。

（设计意图：本环节主要是借助易加学院帮助学生掌握生字新词、熟读课文，整体感知课文内容。）

(二) 在线问卷诊学

利用易加调查问卷模块精心设计问卷，了解诊断学情。具体设计了五个问题，推送给学生如实填写。

问题1：这篇课文你已经朗读了几遍？

问题2：在以前的学习中，你有没有听过"中心句"？

问题3：这篇课文的"中心句"是哪一句？

问题4：大自然的声音有什么特点？

问题5：课文写了大自然的哪些声音？

（设计意图：本环节通过问卷生成的数据分析把握学情，为后续的线下互动学习提供参考，从而帮助教师以学定教、顺学导教。）

(三) 课堂互动精学

1. 激发兴趣，辨听声音

播放几段声音让学生猜画面，在声音带来的轻松愉快氛围中进入新课的学习。

2. 朗读词语，感受声音

(1) 模拟声音的词语。

滴滴答答　叮叮咚咚

淙淙　潺潺　哗哗

叽叽喳喳　唧哩哩唧哩哩

(2) 描写声音的短语。

轻轻柔柔的呢喃细语　雄伟的乐曲

轻快的山中小曲　充满力量的声音

3. 整体感知，寻找声音

(1) 出示要求：读准字音、读通句子、响亮地读、自由地读。

(2) 找出关键句子，感受美妙特点。

第一自然段：大自然有许多美妙的声音。

第二自然段：风，是大自然的音乐家。

第三自然段：水，也是大自然的音乐家。

第四自然段：动物是大自然的歌手。

(3) 填写结构图，理清文章的写作顺序与层次。

(4) 口头概括练习，掌握课文的主要内容。

(5) 通过结构图的对比，了解"总分"写法。

4. 细读赏析,品味声音

(1) 出示学习要求。

① 默读第二自然段。

② 圈出你觉得好玩的词语。

③ 画出你喜欢的语句。

④ 想想风的声音美妙在哪里。

(2) 交流分享。

① 借助手风琴演奏视频赏析"他会在森林里演奏他的手风琴"。

② 通过反复朗读品味微风、狂风给人的感觉。

③ 通过图片体会风的变化。

(3) 借助关键词语指导学生练习背诵第二自然段。

5. 借助名片,书写声音

(1) 引导学生制作"风"的音乐家名片。

(2) 投屏点评学生生字书写。

(3) 修改完善名片。

(设计意图:以上精学环节,主要借助多媒体手段,运用视频、音频、图片等引导学生抓住关键词句品读赏析,体会文章的写法,感受大自然声音的美妙。)

(四) 课后个性研学

利用晓黑板布置个性化的研学任务,鼓励学生及时上传作品,引导大家在交流分享中巩固、内化、迁移、运用所学知识。

任务1:摘抄课文中你最喜欢的句子。

任务2:根据课文内容,制作个性化的"水""动物"等音乐家名片。

任务3:欣赏音乐《森林狂想曲》,聆听大自然的美妙声音。

(设计意图:本环节主要是借助个性化的研学作业帮助学生巩固所学知识与方法,在迁移运用中提高语文能力,培养语文素养。)

七、板书设计

大自然的声音

美妙

风　　音乐家

八、教学反思

这是一篇浅显易懂、生动有趣的课文。课文以清新活泼的笔调介绍了大自然中风的声音、水的声音及动物的声音,让学生联系生活体会课文描写语言的生动,围绕听过的声音写几句话,体现本课的语文要素。为此,笔者将本课的教学目标细化为四点内容:一是学习生字新词,熟练书写生字,联系上下文理解词语的意思;二是了解课文的叙述顺序与层次,想象课文中描述的声音,感受大自然声音的美妙;三是抓住描写声音的重点词句,品味修辞手法的运用,积累自己喜欢的语句;四是联系生活实际，仿照课文围绕听过的声音写几句话，表达对大自然的热爱之情。

教学前，笔者基于教智融合背景下"人网融合的课堂教学"和"教智深融的泛在学习"的研究方向，借助云端一体化课堂研究成果，紧扣前学课程导学、在线问卷诊学、课堂互动精学、课后个性研学的"四学"流程设计了"借助平台，指导线上前学""问卷检测，精准把脉诊学""创设情境，引导互动精学""拓展延伸，落实个性研学"四大教学环节。其中，前两个环节是借助云平台在线完成相关教学任务；后两个环节则是通过线上线下相结合的形式，延长课堂教学的时间，拓宽课堂教学的空间，让"处处能学、时时可学"得到充分体现。

教学时，笔者注重教学的情境化，通过播放音频、视频、图片等手段，缩短学生与文本之间的距离，让学生在轻松愉悦的学习氛围中入境、想象、美读、感悟，从而不断发现语言的精妙。笔者还注重知识呈现的结构化，在指导学生理清写作顺序与层次时，以"选图填空"的形式帮助学生梳理课文内容、感悟总分写法；在教学风、水、动物的声音时，则从语文学习规律出发，让学生紧扣关键词句，以读促思、以读促悟、以读促情，让学习成为学生积极主动的思维和情感活动。教学中，笔者还突出教学的交互化与精准化，师生互动、生生互动、人机互动，借助于云平台、云技术、云资源变教师的"教"为学生的"学"，不断激发兴趣、激活思维、激发情感，让学习在课堂上真正发生，促进学生语文素养的精准提升。

教学后，为了检测学生的学习达成度，笔者借助于易加学院推送研学单。研学单的内容分三个层次。第一层次是基础巩固，包括生字词语、积累句子、背诵课文等。第二层次是理解感悟，内容是对课文片段的阅读赏析，包括拟声词的运用、修辞手法的使用及关键词句的表达效果等。第三个层次是表达运用，内容为仿写练习，包括句子的仿写与片段的仿写。从研学单的完成效果来看，学生对基础知识的掌握比较扎实，在理解感悟课文片段时，提取信息、整合信息的能力较为突出，但是分析信息、处理信息的能力还有待加强。本课的写作要素是"围绕中心句写一段话"，学一课得一法，习一文取一技。大多数学生通过学习基本能掌握写法，但有个别学生在写作时还是感到困难。为此，还需要给予精准的个性化指导，帮助学生打开思路、积累素材、树立信心，以达到举一反三、学以致用。

张卫华

基于易加平台的云端一体化教学设计

——《茅屋为秋风所破歌》第 1 课时教学设计

一、教学内容

部编版初中语文八年级下册第 24 课。

二、设计理念

本课设计重点围绕参与度、适切度、融合度、达成度四个维度，分别从学生主体性、教师主导性、课堂生态性、教学有效性四个方面，聚焦精准化、情境化、交互化、结构化四个特征，展示了前学课程导学、在线问卷诊学、课堂互动精学、课后个性研学的云端一体化课堂，促进课堂学习走向智慧高效。

三、教学目标

（1）学习《茅屋为秋风所破歌》，运用朗诵与讲故事，理解诗歌内容。

（2）想象诗人形象，体味诗人推己及人、心怀天下的博大胸襟。

（3）帮助学生树立责任意识与家国情怀，明确当代中学生对国家与社会应承担的责任与义务。

四、教学重点与难点

培养学生对古诗文的阅读能力和初步鉴赏能力，体会杜甫诗歌沉郁顿挫的风格。体会杜甫忧国忧民的思想以及"吾庐独破受冻死亦足"的崇高情怀。

五、教学准备

利用易加学院打破传统单一的PPT课堂教学模式，实现涵盖线上线下、类型丰富的多样化课程活动。

六、教学过程

（一）易加学院助力课前导学

教师布置前学任务，学生利用账号登入易加互动教学平台进行查看，并在规定时间内完成相应任务。

（1）请同学们查找《茅屋为秋风所破歌》的背景资料并整理成文字提交。

（2）读完这首诗后你有哪些感到困惑或不理解的地方？

（设计意图：易加学院的大数据分析，可帮助教师对班级学生课前作业完成内容、质量、时间进行统计，并利用"批阅功能"对学生提交的作业进行打分，提前为本节课的学习摸清知识点上的障碍，从而有助于实现课堂上对学生的精准教学。）

（二）课堂互动精学，展现"四度""四化"课堂

1. 新课导入

师：同学们，看诗题中"为……所"什么意思？

明确：意思是茅屋被秋风吹破了，这也是这首诗的主要内容。

追问1：题目当中的还有一个"歌"字怎么理解？

明确：这是一种文学体裁叫"歌行体"，它与我们接触过的七言、五言古诗都不同。（歌行体介绍）

追问2：同学们知道这首诗是在什么样的背景下创作出来的呢？

明确：安史之乱。（背景介绍）

师：这场风究竟有多大呢？而吹破的茅草屋又令作者想到了什么呢？就让我们深入到《茅屋为秋风所破歌》当中一探究竟。

师生活动：点开"共学"后投放课件，运用易加学院中的"随机选人"功能请学生作答，将学生在"前学"整理的背景资料在课堂上进行展示，并通过"课堂评

价"功能对学生的回答进行及时点评。

(设计意图：导入环节，通过"释题"的方式能很好地激发学生的学习兴趣，充分调动学生学习的内驱力，为深入理解课文内容做好铺垫。)

1. 新知探究

品读古诗韵味：将易加学院中的优秀教学资源推送给学生，给学生播放朗诵音频。学生先根据示范自由朗读，老师再运用易加学院中的"随机选人"功能请学生进行课堂展示，展示后请同学进行评价。

(设计意图：每篇文章都有一定的情感基调，把握好课文的情感基调也就基本把握了感情朗读的"金钥匙"。语文教学中恰当、充分地运用朗读手段可帮助学生发展思维和陶冶情感。)

2. 讲述诗歌故事

师：杜甫在《茅屋为秋风所破歌》当中写了一个怎样的故事呢？请大家带入杜甫的视角，以第一人称"我"来写一写、说一说，经历了一场怎样的故事，可以借鉴老师所给的范例（图4-1）。

图 4-1 茅屋为秋风所破歌

师：老师先分享一下自己的两点心得。第一，我在讲故事的过程中，一定会依托于文本。第二，我会观察写作重点，像这一段中的一些动词，如"怒号""卷""飞渡""挂""飘"用得十分形象，所以我会在讲述故事的过程当中强调这些动词，希望同学们能够根据老师提供的示范和两点经验来说说2、3、4小节中"我"的故事。

师生活动：借助易加学院，教师现场将起示范作用的文字推送给学生，并且利用易加学院中的"分组"将学生分成三个小组，每组负责一个小节的故事。老师实时查看学生的交流情况，时间设定为5分钟。

可见范围设置

请选择可见范围

2002：　　◯ 全班　　● 自由选择学生　查看已选

图 4-2　易加学院分组

（设计意图：通过讲故事的形式带领学生理清诗歌内容，这种形式不仅能够活跃课堂气氛，更能激发学生的求知欲望，也能使学生的思维能力、创造能力及语言表达能力等都得到最大程度的训练。）

3. 想象诗人形象

师：在这些故事背后你看到了一位怎样的杜甫？请以"我们仿佛看到一位……的瘦弱老人，站在屋外（屋内），瞪眼看着……此时他想……此时我想……"的方式说一说你的想法。

预设：

生 1：生活贫苦。

师：你从哪些文字感受到的？

明确：八月秋高风怒号……下者飘转沉塘坳。——家中贫寒需要救命的茅草，才拖着老弱的身体去追。

布衾多年冷似铁，娇儿恶卧踏里裂。——太穷，没条件换棉被，导致棉絮都成块儿了，盖上去也不保暖，棉絮本来就不抱团，孩子一踢就散开了。

床头屋漏无干处，雨脚如麻未断绝。——房屋破旧，到处漏雨也没钱修。

生 2：悲天悯人，忧国忧民。

明确：自经丧乱少睡眠，长夜沾湿何由彻！

师：作者整夜睡不着的原因是什么？

明确：外面下着大雨，盖的被子特别冷，被子还被孩子踹破了，屋里还漏雨。（表层）

"丧乱"——安史之乱，安史之乱使唐王朝处于风雨飘摇当中，战乱不断导致百姓们流离失所，吃不饱，穿不暖，甚至都没有固定的住所，而杜甫对此更是有切身感受，所以愁得睡不着觉。（深层）

生 3：舍己为人，心怀天下。

明确：安得广厦千万间……吾庐独破受冻死亦足！——自己明明生活困窘，却想着天下穷困的人们，不惜牺牲"小我"为"大我"。

师生活动：教师随机选择学生进行分享并利用"画笔"功能进行板书。

（设计意图：现在课堂主体已向学生偏移，学生在分享的过程中，老师适时进行引导，既增强了课堂的交互性，也保证了课堂的完成度。）

3. 课堂小结

师生活动：杜甫永远都推己及人，永远都把儒家"仁"的思想放在人生的第一位。他宁愿用自己的死换来这人世的康乐。这种精神，是圣人才有的精神。因此，杜甫被我们世世代代称为"诗圣"。希望同学们能够通过今天这节课的学习，多一份对民生的关注，多一点慈悲的胸怀，让我们的社会多一些温暖与和谐。

（三）课后研学"2+1"，展现个性化、拓展化、创新化教学

（1）搜集杜甫其他相似主题的诗歌，认真品读后做好摘抄。

（2）通过易加学院研学中的"学院活动"，让学生了解更多有关杜甫的知识。

（设计意图：一堂课的结尾不只是画上了一个句号，更是寻求一种延伸和开放。课堂教学结束后，学习过程仍然会延续。教师通过后台终端可查看每个学生的作业详情，并选择性地推送课程资源，真正让课内外的学习形成一个整体。）

七、板书设计

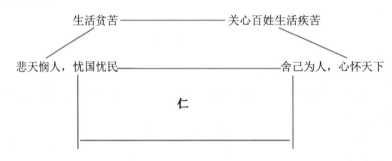

八、教学反思

本节课的教学设计，笔者在如下方面进行了探索。

（一）板块设置的层层递进

整个教学设计一共由四个学习板块构成：背景导入、品读古诗韵味、讲述诗歌故事、想象诗人形象。这四个板块，层层深入，螺旋上升，既符合学生的认知规律，又契合文本的自身特点。板块学习的操作策略——想象诗人形象部分，设置情境，让学生与诗人对话，这是一个逐步走进文本深处，走进诗人内心世界的过程，同样体现着一种板块设置上的精巧构思。

（二）学法指导的落到实处

先看细腻的朗读指导：先范读再个读，根据学生朗读进行及时评价。这样的朗读指导，避免了机械重复和平面滑行，使得朗读活动有层次、有立体感。再看精读的示范，比如在讲述诗歌故事环节，笔者作了这样的示范：以第一小节为例，带入杜甫的视角讲述诗歌内容。这个示范，其实就是学法指导，给学生以赏读的方向和要求。这样的示范，是很有实效的。还可以对活动进行总结，提炼出学习的方法：结合课文的注释，理解课文的大意。

（三）现代信息技术的有效应用

新课程改革和现代教育技术的发展，要求教师探索更加适合学生学习需求的新型

教学模式。本节课的教学设计依托易加平台的数据支撑，凭借其丰富的资源、高效的互动、及时的评价等优势，构建以学生为中心的现代课堂新模式，有效推进了教、学、评一体化的实施。

吴佳嫱

运动中发现数学真理
——《平移和旋转》教学设计

一、教学内容

苏教版小学数学三年级上册第六单元第一课时。

二、设计理念

数学教学的本质是数学思维的教学，而小学生数学思维能力的培养与发展离不开具体的数学活动。本课时设计基于云端一体化课堂教学范式，充分体现前学课程导学、在线问卷诊学、课堂互动精学、课后个性研学的"四学"流程。借助数学活动引导学生探索"平移"和"旋转"两种运动的特点，能区分、判断这两种不同的运动方式。借助希沃胶囊、问卷星、晓黑板、易加学院平台等帮助学生串联课前、课中与课后。引导学生经历"分类—解释分类标准"即"归纳—抽象"，促进学生在多元表征、分类明理之中自主架构起对平移与旋转的认识，发展数学抽象思维，从而引领学生的数学学习迈向"数学化"。

三、教学目标

（1）使学生通过观察现实生活中物体的运动，借助分类初步感受物体的平移和旋转，能判断这两种不同的运动方式。

（2）使学生在动手操作的过程中进一步体会物体的平移和旋转，增强空间观念。

（3）使学生在认识物体平移和旋转的过程中感受数学与生活的密切联系，激发学习数学的兴趣。

四、教学重点与难点

重点：正确判断生活中的平移和旋转现象。

难点：综合运用所学知识解决实际问题。

五、教学准备

希沃课件、希沃click反馈器、平板电脑、小风车。

六、教学过程

（一）前学课程导学

利用易加学院模块创建前学课程，推送运动会开幕式上的一些精彩画面，让学生判断画面中的运动哪些是平移，哪些是旋转。

（设计意图：本环节主要是借助易加学院选用学生熟悉且感兴趣的运动会情境，让学生对本节课的内容产生兴趣。越贴近生活的教学情景，越能吸引学生的注意力，越能让学生对本节课即将学习的知识记忆更深刻。）

（二）在线问卷诊学

利用易加调查问卷模块精心设计问卷，了解诊断学情（图4-3）。具体设计了4个问题，推送给学生，让他们如实填写。

问题1：学校运动会开幕式上的哪些运动是平移？哪些是旋转？

问题2：你是怎么判断平移和旋转的？

问题3：平移和旋转两种运动方式有什么相同点和不同点？

问题4：生活中还见过哪些平移和旋转现象？利用晓黑板直接拍图上传或用自己喜欢的方式记录下来再拍图上传。

图4-3 前学胶囊及统计结果

选择部分错题交流。

（设计意图：本环节通过问卷生成的数据分析把握学情，为后续的线下互动学习提供参考，从而帮助教师以学定教、顺学导教。）

（三）课堂互动精学

1. 引导多样表征，初步建构意义

谈话：同学们，我们先看这6幅图，大家先根据生活经验回忆一下这些物体是怎么运动的。

教师运用课件一幅一幅地呈现动态图片，学生思考。

2. 联系生活经验，感知运动方式

（1）小组交流，尝试分类。

分类：在你们的Pad上也有这样的6幅图，根据运动方式的不同，能把这些物体的运动分类吗？（学生思考、交流，教师参与讨论、提供帮助）

分享交流，说出分类的依据是什么。

（2）分层体会，认识平移。

第一层次：借助现象，初识平移。

提问：为什么要把电梯、国旗和动车这些物体的运动分为一类呢？如果用橡皮当这些物体，你们准备用什么当作轨道（直尺）？拿出橡皮和直尺模拟运动一下。

追问：这些物体的运动有什么相同的地方呢？（板书：直直地移动）

总结：像这些物体的运动，叫作平移。（板书：平移）

生活中，你还见过哪些平移现象？

第二层次：动手操作，理解平移。

游戏环节（试一试）：把数学书放在课桌面的左上角，接着把它平移到课桌面的右上角。再将数学书平移到课桌面的右下角。最后用不同的方法把数学书从课桌面的右下角平移到原来的位置。

提问：数学书斜着移动是不是平移呢？小组讨论。

把数学书横着放，再次平移。

对比：回顾数学书的两次平移，你有什么发现呢？（平移只改变位置，不改变方向和形状）

小结：只要物体沿直线运动，都可以看成平移。

（3）分层体会，认识旋转。

第一层次：借助现象，初识旋转。

提问：你能用手势表示这些运动吗？谁来演示一下。

揭示：电扇和螺旋桨都是这样转动的，它们的运动方式叫作旋转。

对比：共同模仿钟面上指针的运动。手势表示钟面上指针时为什么出奇的一致？我们把和指针方向一致的运动叫顺时针旋转，和指针方向相反的运动叫逆时针旋转。

风车体验：用手拨动风车，使它顺时针旋转，再逆时针旋转。

风车的叶片，四个叶片都在绕着什么旋转？

强调：像这样围绕着一个固定中心转动的运动，数学上称为旋转。（板书：旋转）

追问：这些旋转有什么相同的地方呢？（板书：围绕一个固定点　转动）

你还见过有哪些旋转现象？

第二层次：动手操作，理解旋转。

转盘转动指针：

① 把指针从指向 A 旋转到指向 B，提问：指针是怎么运动的？

② 旋转指针指向 B，同桌相互说一说，指名描述。

③ 旋转指针指向 C，如何描述？

④ 指针逆时针旋转一圈，应该怎么描述？

⑤ 只留下针尖上的一个点，转动一周，这个点的运动是不是旋转？

小结：只要是围绕一个固定的点转动，都叫作旋转。

3. 完成巩固练习，内化运动特征

（1）链接生活，拓宽视野。

观看视频，快速说出它们的运动方式。课件播放：《生活中的平移和旋转现象》。

（2）分层练习，提升认知。

① 完成"想想做做"第1题。

判断一下下面的运动哪些是平移，哪些是旋转。click 上完成，依次反馈。

门的运动：关于门，还有什么运动方式？

强调：在平面中绕一个点旋转，在现实中绕一个直直的轴旋转。

② 完成"想想做做"第2题。

观察树叶，哪些黄色树叶通过平移可以和绿色树叶重合？

学生独立思考后，组织交流。

明确：平移前后，树叶的形状、大小、方向都没有变化，位置发生了变化。

小结：平移能改变物体的位置，旋转能改变物体的方向。

③ 完成"想想做做"第3题。

这是一个棋盘，已知一个方向，你能找到其他三个方向吗？

理解：把红色棋子向东平移3格，是什么意思？

提问：怎样把这枚棋子再向南平移3格呢？谁来试一试？

还有一枚黄棋子，先向北平移4格，再向西平移4格。请学生打开课本第82页，自己在书上移一移。指名移动棋子，师生共同讲评。

提问：平移后的棋子，在原来位置的什么方向呢？

（设计意图：以上精学环节，主要是借助多媒体手段，让学生经历探索和发现规律的过程。平移和旋转是两种完全不同的运动，安排了两个环节分开教学，有助于学生更清楚地辨清两种运动。强调用手势表示，在学生的脑海中形成两种运动的不同形态。针对两个运动，分别设计了两个游戏环节，使学生对这两个运动的认识更深刻，彰显了情境化、结构化、交互化、精准化的"四化"特征，为学生的智慧学习提供了适合的路径。）

（四）课后个性研学

1. 欣赏生活中的美丽图案

仔细观察，思考这么美的图案是如何得到的。

2. 回顾总结

今天这节课，我们借助易加、晓黑板等多媒体手段，经过仔细观察、认真思考，挖掘发现了平移和旋转的特征，解决了实际问题。通过今天的学习，你有什么收获？

3. 课后延展

（1）基础练习——易加学院课后测评（图4-4）。

（2）拓展练习——晓黑板解题思路分享。

图 4-4 课后延展

（设计意图：本环节主要是借助个性化的研学作业帮助学生巩固所学知识与方法。安排了三个闯关环节，第一关结合书本给出的图片拍摄了一连串的动态视频，更加形象地让学生辨别平移和旋转。后面两个闯关题型是平移，学生接触不同的题型，也有利于他们对于学习内容的清楚认识。）

七、板书设计

平移和旋转

直直地移动　　　　　　绕一个固定点转动

平移　　　　　　　　　旋转

不改变：大小、形状、方向　　不改变：大小、形状

改变：位置　　　　　　　　　改变：位置、方向

八、教学反思

平移和旋转是学生在一、二年级已经认识了前后、上下、左右和一些常见的平面

图形的基础上安排教学的，在本节课的教学中，笔者重点呈现这样几个教学特色。

1. "四学"课堂培养学习技能

以学生为主体，用前置导学激发学习兴趣，产生探究冲动，用个性化问卷、大数据分析，了解真实学情，把握教学起点。在问卷中，笔者发现每个班级的学情都是不一样的，所以教案的设计每次都有修改，笔者认为前置性学情把控，真正在践行着园区教育提倡的"适合教育"。在课堂精学以后，笔者还布置了学生课后研学，让学生带着研究成果继续研究学习。

2. 学习根植广阔生活

数学来源于生活，也要应用于生活。平移和旋转的教学知识生活中随处可见，因此在本节课的教学设计中，笔者让学生寻找生活中的平移和旋转现象，学生做了记录，录制了录像，老师在教学设计中，设置了可视化的情境，让学生探究、研讨、解决、应用所学数学知识，立足于生活这个大舞台，养成数学思维，形成良好的数学学习习惯。

3. 教智融合彰显数学魅力

课堂学习的时间和空间是有限的，传统授课模式教学和学习的手段是单一的。在教智融合背景下，笔者立足于星洋学校未来教室平台，用多媒体技术手段创新了课堂教学的方式，多段视频资料的加入、晓黑板前学的反馈、希沃课件交互式课堂展示、平板电脑和反馈器让学习成果迅速呈现，使得课堂教学互动更加高效，知识结构更加可视，学生学习热情更加高涨。

夏小进

云端一体化课堂背景下指向数学素养的规律探索
——《间隔排列》教学设计

一、教学内容

苏教版小学数学三年级上册第五单元综合实践课。

二、设计理念

数学教学的本质是数学思维的教学，而小学生数学思维能力的培养与发展离不开具体的数学活动。本课教学设计基于云端一体化课堂教学范式，充分体现前学课程导学、在线问卷诊学、课堂互动精学、课后个性研学的"四学"流程；借助数学活动引导学生探索——间隔排列的两种物体个数之间的关系以及其中蕴含的简单规律；引导学生由"物"向"数"转化（横向数学化），从"数"向"数量关系"建模（纵向数学化），让学生经历探索和发现规律的过程，发展数学抽象思维，从而引领学生的数学学习迈向"数学化"，促进深度学习，学会"数学的思维"，提升数学素养。

三、教学目标

（1）使学生能够结合具体情境，发现并理解——间隔排列的两种物体个数之间的关系和规律，并能根据——间隔排列的特点，由一种物体的个数知道另一种物体的个数。

（2）使学生经历探索规律的过程，感受一一对应的思想及其作用，并能用其解释间隔排列物体的规律，发展比较、分析、综合和抽象、概括等思维能力，以及探索规律、发现规律的能力。

（3）使学生体验发现规律的喜悦，增强学习数学的自信心；体验数学的奇妙，发展对数学的好奇心和求知欲；培养用数学眼光观察事物的能力，逐步积累探索规律的经验。

四、教学重点与难点

重点：探究并发现一一间隔排列中两种物体数量的规律，即首尾相同时，数量相差1；首尾不同时，数量相等。

难点：恰当地描述一一间隔排列的规律，应用规律解决问题。

五、教学准备

希沃课件、希沃 click 反馈器、学生自主学习单。

六、教学过程

（一）前学课程导学

课前推送前学胶囊（图4-5），体会生活中很多物体的排列是有规律的，初步了解什么是一一间隔排列。

（设计意图：本环节借助希沃前学胶囊，帮助学生联系生活中的物体排列特点，初步了解什么是一一间隔排列，将课堂教学前置，充分发挥学生学习的自主性，同时激发学生对一一间隔排列物体数量规律探究的兴趣。）

（二）在线问卷诊学

1. 前学反馈

利用问卷星精心设计，诊断学情（图4-6）。

图4-5 前学胶囊

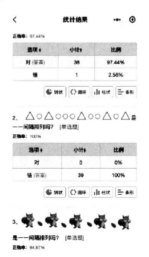

图4-6 问卷星诊断学情

(1) 判断下面的物体排列是不是一一间隔排列（图4-7）。

明确：两种物体　一个隔着一个

(2) 记录生活中（或设计）一组一一间隔排列的物体。

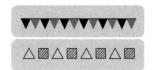

图4-7　一一排列示例

小结：像这样，两种物体一个隔着一个排列，在数学中我们就称为一一间隔排列。

2. 寻找一一间隔排列

谈话：兔子乐园里，你也能找到一一间隔排列的物体吗？（图4-8）

生介绍：小兔和蘑菇（手帕和夹子、木桩和篱笆）的排列特征。

图4-8　兔子乐园中的间隔排列

小结对一一间隔排列的认识。

（设计意图：本环节通过问卷星及时了解学生对新知的认识。借助寻找、记录生活中的一一间隔排列现象帮助学生建立表象。通过前学反馈交流，为后续教学设计中重难点的突破提供参考。）

（三）课堂互动精学

1. 自主探索、明确规律

(1) 探索两端相同的一一间隔（表4-1）。

表4-1　两端相同的一一间隔排列

一种物体	小兔（8）只	木桩（13）根	夹子（10）个
另一种物体	蘑菇（7）个	篱笆（12）块	手帕（9）块

① 谈话：我们认识了一一间隔排列，一一间隔排列的两种物体的数量有什么关系呢？

小组汇报并交流：比较每排每种物体的数量时你有什么发现？

引出：两种物体的数量不相等，都相差1。（板书：数　比）

② 追问：为什么每排两种物体的数量都相差1呢？是巧合吗？你有什么办法让大家都看明白吗？

引导：用一一对应的方法把一只小兔和一个蘑菇看成一组，最后余下的是小兔。（板书：圈　一一对应）你能照样子把手帕和夹子、木桩和篱笆也表示出来吗？

③ 提问：仔细观察这三组排列，开头是什么？结尾呢？（两端都相同）

像这样的间隔排列我们就说是两端相同的间隔排列（图 4-9）。那两种物体的数量关系是怎样的？（板书：两端相同，数量相差 1）

④ 追问：如果有更多的兔子和蘑菇，还会相差 1 吗？

提问：如果 10 只小兔站成一排，每相邻两只小兔中间有一个蘑菇，一共有多少个蘑菇？为什么？20 只小兔呢？100 只小兔呢？如果蘑菇有 100 个，小兔有多少呢？（只要两端是兔子，兔子就比蘑菇多 1 个）

图 4-9　兔子乐园中的物体

（2）探索两端不同的一一间隔排列。

① 两端相同排成一列。

提问 1：如果给最后一只小兔也添上一只蘑菇，这时是一一间隔排列吗？

交流：还是两种物体一个隔着一个排列，所以是一一间隔排列。

提问 2：这时的一一间隔排列和刚才的有什么不同？

交流反馈：两端物体不同。一端是小兔，一端是蘑菇。这时它们的数量呢？两种物体数量相等。（板书：两端不同，数量相等）

② 排成一个封闭图形。

提问：如果像这样小兔和蘑菇一个隔着一个排成一个圈呢？它们的数量又有怎样的关系呢？

交流：从中剪开，你有什么发现？

发现：剪开后两端物体不同：一端是小兔，一端是蘑菇。两种物体数量相等。

拓展：小兔和蘑菇一个隔着一个排成一个三角形呢？正方形呢？不规则的封闭图形呢？

图 4-10　封闭图形的一一间隔排列

小结发现：只要围成封闭的图形，都可以转化成两端不同的一一间隔排列，两种物体数量相等。（板书：封闭图形转化）

③ 对比归纳总结。

一一间隔排列的物体可以归纳为两种情况：两端物体相同；两端物体不同（封闭图形）。

如果用△○代表两种物体，可以表示为：

（1）△○△○△○△○△

（2）△○△○△○△○

追问：什么情况下的间隔排列，两种物体数量相等？什么情况下两种物体的数量相差 1？

概括小结：当两端物体相同，两种物体数量相差 1。两端物体不同，两种数量相等。

二、运用规律、解决问题

谈话：一一间隔排列的规律你们都清楚了吗？下面我们一起来挑战一下。

（1）我会想（借助 click 及时了解学生作答情况）。

想象一下：每组中的两种物体能一一间隔排列吗？

① 5 棵桃树，5 棵梨树。② 3 只松鼠，4 个坚果。③ 5 个黄皮球，8 个白皮球。④ 100 朵红花，101 朵蓝花。

追问：② 中的松鼠和坚果是怎样排列的？要想每两只松鼠间有一个坚果，可以怎么办？③ 中添上几个黄皮球就可以和白皮球一一间隔排列了？

（2）我会看（希沃游戏男女 PK）。

比比谁能一眼看出哪组方块多。

追问：为什么多？为什么相等？（引导观察两端）

提问：这个你能确定吗？为什么不能确定？（两端不确定）

······●■●■●······

摆一端提问：现在呢？再摆另一端。提问：现在呢？为什么又能确定了？

（3）我会说。

① 锯木头问题（图 4-11）。

提问：你知道一刀两断什么意思？那两刀、三刀、六刀呢？几刀十段？几刀几段？你发现了什么？

图 4-11 锯木头问题

发现：刀与段也是一一间隔排列的，段比刀的数量多 1。

② 结绳问题（图 4-12）。

图 4-12 结绳问题

提问：将三根短绳连接起来，需要打几个结？你能像这样：几根短绳需要打几个结说一说吗？你发现了什么？

发现：绳与结也是一一间隔排列的，绳比结的数量多 1。

（4）我会玩（图 4-13）。

游戏：男生女生来排队。

图 4-13 排队问题

谈话：我想邀请 6 名同学玩这个游戏，可以怎样邀请？3 男 3 女。该怎么排？如果再邀请 1 名同学呢？该排在哪？

追问：如果这样排队呢？（女女女男男男）还是一一间隔排列吗？拉大学生间的空隙。

指出：我们可以换个角度思考，刚才我们从性别的角度看出男女一一间隔。现在不管男生还是女生都看成学生，每两个学生间都有了空隙。这时你能看出谁和谁是一一间隔排列的呢？

如果每两人之间的空隙是2米,你知道这一队有多长吗?

小结:一一间隔排列在我们的身边无处不在,也能帮助我们解决各种问题,我们曾经遇到过的植树问题、爬楼问题里就藏着一一间隔排列呢!

(5)会设计。

谈话:我们在身边找到了多种多样的一一间隔排列,现在你能帮忙设计一组一一间隔排列的物体吗?

思考:如果把黑珠子和红珠子一一间隔串成一串,如果●有10个,●需要几个?(最多有几个?最少呢?)

学生独立完成设计后再和同桌交流,并请学生上台操作展示并交流。

提问:这些都是一一间隔排列,分别属于什么情况?红珠子最多有几个?最少呢?什么情况下最多,什么情况下最少?

交流小结。

(设计意图:课堂精学借助希沃平台探索规律,注重从规律结构入手逐步引导学生把目光从关注结构特征转向分析数据特征,由表及里把握规律。重视规律探索过程,由此及彼积累经验。学生通过体验、言语、图像、符号等多种方式表征规律,从而逐步触及规律内里,真正理解规律的本质。以适当的形式表示规律,具有初步的数学建模思想,有利于学生良好思维品质的形成。应用规律部分利用多种形式、逐层深入,帮助巩固学生对规律特征的认识。规律的探索与应用过程彰显了云课堂整体架构下的"四度"要求和"四化"课堂特征,为学生的智慧学习提供了有效的途径。)

(四)课后个性研学

(1)欣赏生活中的一一间隔排列。

(2)回顾总结:今天这节课,我们借助前学胶囊、问卷星等多媒体手段初步感知了一一间隔排列,通过自主探索明确了规律,最后还运用规律解决了问题。

提问:通过今天的学习,你有什么收获?

(3)课后延展。

① 基础练习——易加平台课后测评(图4-14)。

② 拓展练习——晓黑板解题思路分享(图4-15)。

图4-14 易加平台课后测评

图4-15 晓黑板解题思路分享

（设计意图：从生活中的一一间隔排列到回顾总结，帮助学生从具体情境中抽象出数学规律。在简单梳理的基础上总结探索规律的方法，是今后进一步将方法类比迁移、独立开展探索新的数学规律的基础。借助易加平台、晓黑板帮助学生进一步对所学进行巩固与拓展，让课堂学习进一步延伸，让学习继续发生。）

七、板书设计

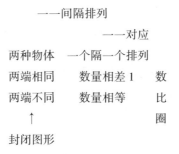

八、教学反思

三年级学生正处于从形象概括向抽象概括的过渡阶段，抽象思维能力相对比较薄弱。这节课教学难度颇高，教学时充分借助信息手段"扶""放"相结合，提供学生思维脚手架，引导学生感知、探索、运用规律，建构数学模型，提升数学语言表达能力。

1. 依托"四学"流程，提升学习能力

依托"四学"流程，关注教学设计层次性，使得课堂教学板块更清晰。通过前学让学习前置。借助诊学反馈，真实把握学情，精准实施教学。精学部分以学生为主体，让他们在情境中感知、发现并理解一一间隔排列的两种物体个数之间的关系和规律，感受一一对应的数学思想，发展数学推理能力。课后研学拓展，进一步提升学习能力。

2. 经历探究过程，促进思维发展

引领学生深入探索规律，注重从规律结构入手，进而转向分析数据特征，由表及里把握规律；重视规律探索过程，由此及彼积累经验；用多种方式表征规律，从而逐步触及规律内里，真正理解规律的本质，引领他们的学习迈向"数学化"，促进深度学习，发展数学思维，提升数学素养。

3. 信息技术融合，赋能课堂教学

希沃知识胶囊、问卷星、希沃 click 反馈器、易加学院等信息技术平台在数学教学中的协同发挥作用，不仅可以提高课堂检测效率，而且可以帮助学生建立个性化学习空间。通过大数据分析，精准把握学情，与学生实时互动，形成集学情检测、数据分析、云资源推送为一体的教学新样态，进而为学生助力，为课堂赋能。

童晓花

云端一体化课堂下的"四学"流程架构的课堂探索
——Unit 4 Then and now 第3课时教学设计

一、教学内容

译林版小学英语六年级上册 Unit 4 Then and now（Fun & Checkout time & 绘本 *Great changes*）。

二、设计理念

本课的话题是"change（变化）"。首先复习 Mike 一家人过去与现在的学习、工作、生活等方面的变化，并学习 checkout time 中，Mike 一家人在能力上的变化；再过渡到 changes on me，即自身的变化；最后通过调查问卷，提示学生在能力及生活方式上的一些变化，指出科技给我们的生活方式带来了改变；进而过渡到绘本 *Great changes* 的拓展学习，通过感知和任务型阅读的方式，让学生掌握更多相关的英语表达。此外，本课所利用到的希沃白板软件功能有：让学生直接在白板上板书答案，通过拖动功能，让学生为 Teddy 设计形象，并用英语进行表达，提高了学生学习的互动性。同时利用各种信息技术平台辅助教学，如：利用易加口语进行课文的听读预习，利用问卷星、易加学院发布绘本阅读前学及研学等，让学生的课堂学习更精准、更高效，让每一位学生学有所获，学有所乐。

三、教学目标

（1）学会使用重点句型：What could he/she do? He/She could … What couldn't he/she do? He/She couldn't … 来谈论过去与现在能力的变化。

（2）能够灵活地运用 I was … I did/didn't … I could/couldn't… 来表达自己或他人的变化。

（3）能够朗读绘本并了解绘本意思，能够学有所获。

（4）情感目标：Let's enjoy changing and growing. Better changes, better me. 培养学生阅读绘本的兴趣与习惯。

四、教学重点与难点

（1）能够正确使用一些句型来描述 changes on Mike's family，changes on me，changes on lifestyle。

（2）理解、会读绘本故事，并能带着任务来阅读并提取关键信息。

五、教学准备

课件、课堂任务单。

六、教学过程

（一）前学课程导学

生成课前任务单（图4-16）。

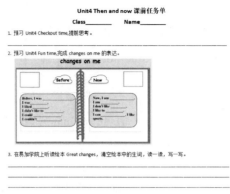

图 4-16　课前任务单

（二）在线问卷诊学

发布关于学生能力变化及生活方式变化的问卷，课堂中进行诊学，并引导学生选择合理的生活方式。

（三）课堂互动精学

1. Revision

（1）Revision Story time

T：Last time Mike showed some old photos of his family to us. Do you remember? Can you help him share the story?

教师请 4 名同学看图说一说。

（2）Let's summary（图 4-17）

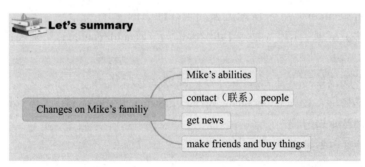

图 4-17　Changes on Mike's family

2. Presentation

（1）Checkout time

① Look and say.

A：_____ was _____ year(s) old. What could (not) he/she do?

B：He/She could (not) …

② Look and write.

请 1 位同学上白板填空，全班核对。

（2）Fun time

③ Changes on me.

T：As time goes by, everything is changing. So do I. Look, I'm different now too. Now, I'd like to share my changes with you. How was I before?

T：How about now? Look at this photo.

T：Wow, I am different. I changed a lot.

④ My changes.

T：What about your changes?

T：So how do we talk about our changes?

呈现思维导图，和学生一起总结（图4-18）。

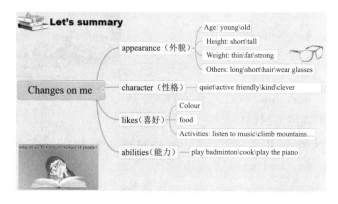

图 4-18　Changes on me

T：We can talk about the changes in different aspects, such as in appearance, character, likes and abilities.

3. Picture book reading：*Great changes*（拓展绘本阅读）

（1）Lead in

T：Before class, I made a survey about your changes and your lifestyle. Let's have a look.（出示调查问卷柱状图，如图4-19所示）

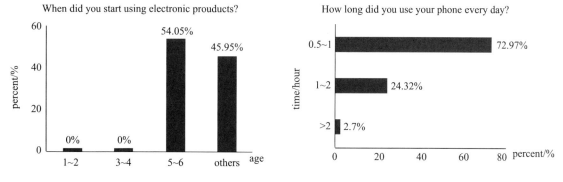

图 4-19　调查问卷柱状图

T: From the survey we know, we changed a lot. Our life changed a lot too. Our life becomes convenient and comfortable.

T: Is it good to use a cellphone? Because of cellphones, Teddy, Cici and Kiki have great changes. Today, let's read this picture book about it together.

(2) Look and say

T: The title is "Great changes". Look at the cover, we see some food on the table. Where are they? Maybe they are in the restaurant. What are on Teddy and Kiki's hands? Can you guess?（利用希沃白板的放大镜功能，帮助学生集中注意力去观察，如图 4-20 所示）

(3) Task 1：Watch and find

T: Is it good to use a cellphone? Why? Let's watch and find.

(4) Task 2：Read and write（自读课文，用红笔、蓝笔分别画出关键词）

图 4-20　Look and say

T: With cellphones, their activities have great change. Let's read and find them.

(5) Task 3：Move and say（图 4-21）

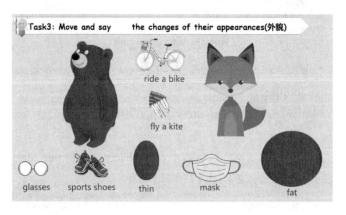

图 4-21　Task 3：Move and say

T: Because of cellphones, there are some results. Can you find them?
请同学们先完成任务单上的填空，再请两位同学上前边拖图片，边说一说。

(6) Task 4：Choose and say

T: What have you got from the picture book?
请两位同学分享观点。

(7) Consolidation

T: Boys and girls, the world is changing, and we are changing, too. Let's enjoy changing and growing. Better changes, better me!

（四）课后个性研学

在课堂教学结束后，布置线上线下课后分层研学作业（图 4-22）。

图 4-22　研学作业

七、板书设计

双板：板书会根据教学结构化需要而一步步呈现（图 4-23）。

图 4-23　板书设计

八、教学反思

本课教学内容是 Checkout time 和绘本的教学。在教学过程中，笔者关注到了以下几点：(1) 在复习、检测旧知的同时，注重提升学生的总结与归纳能力。学生除了能很好地复述课文内容，还归纳出了 Mike 一家的变化是体现在学习、工作、生活和能力上的，这种归纳能力也有助于培养学生的写作构思能力。(2) 创设了真实情境。本单元的话题是谈论事物和人物的今昔变化，内容与生活联系非常紧密。学生介绍了自己今昔变化的小报，充分利用学生小时候的照片来感受成长的过程。同时，填写调查问卷，学生真切地感受科技带来的生活方式的改变。(3) 绘本 Great changes 与本课主题非常贴切，通过感知和任务型阅读的方式，让学生能拓展一些知识的表达。利用希沃白板拖动图片进行表达，提高了学生学习的互动性。(4) 创设问题，探究主题意义。"Is it good to use a cellphone?"通过提问，学生进行开放、发散性的思考，也加深了学生对于本课主题的理解，培养了学生思维的活跃性、深刻性和批判性。

改进之处：（1）引导方式。在练习复述自己成长及生活上的变化这个环节，原以为有前面的铺垫，学生能说得很好，但事实却不尽如人意，因此，还应该给学生一些帮助，如图片、短语等。（2）笔练难度。设计的任务型阅读难度不小，也因为时间的关系，个别同学无法很好地完成。

陈妮

"云"设计助力"云课堂"
——《法不可违》教学设计

一、教学内容

部编版初中政治八年级上册第5课第一框"法不可违"由"违法无小事"以及"警惕身边的违法行为"两个栏目组成。本框先从法的作用说明不违法是人们行为的底线；再聚焦生活观察三组镜头，分析三类违法行为的含义、特点和危害性，对学生提出行为要求，进行守法教育，明确违法无小事。正因为法不可违，进而引导学生要从警惕身边的一般违法行为开始。

二、设计理念

本节课立足新课标，以核心素养中的"法治观念"和"责任意识"为导向，坚持大单元教学，以始为终，上承"社会规则和道德"，下启"预防犯罪"。在王律师普法的主题情境下利用易加学院构建"四学"流程，彰显课程结构化：课前布置预学任务以完成课堂翻转，让学生带着已有经验、自学成果进课堂，既锻炼学生的自学能力，又有利于重难点的突破；采用问卷星诊断功能，立足学生知识盲区，坚持问题导向，提升课堂教学的精准化；坚持与时俱进，结合学生身边的真实案例、社会热点等情境材料现身说法，小组合作与竞赛，增强学生课堂参与度，有效发挥交互化功能，提高课堂融合度；采用社区普法宣传活动作为课后研学，既关注学生的个性化、多样化发展需求，考验学生团队合作的能力，又锻炼学生的实践能力，从真实生活中发现问题，提出方案，解决问题。发挥核心素养的导向功能，强化道德与法治课程的综合性和实践性。整体设计彰显情境化、结构化、交互化、精准化的"四化"特征，为学生的智慧学习提供适合的路径。

三、教学目标

（1）知道什么是违法，了解法律的作用和违法行为的类别。

（2）能够形成明辨是非、辨别善恶的能力；提高守法用法意识，具备生命安全意识和自我保护能力，依法规范自己的行为。

（3）培育法治观念和责任意识，做社会主义法治的忠实崇尚者、自觉遵守者、坚定捍卫者。

四、教学重点与难点

重点：违法行为的类别。

难点：警惕身边的违法行为。

五、教学准备

王律师法律咨询；违法色卡牌；法治宣传海报底板；法治勋章。

六、教学过程

（一）易加学院，自主前学

（1）思维导图：以始为终"大单元"。

结合第二单元《遵守社会规则》的所有内容，完成知识结构图填空（图4-24）。

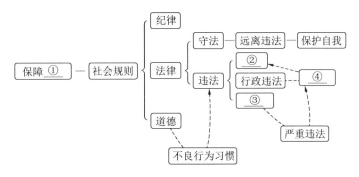

图 4-24　知识结构图

（2）晓讨论：自主预学，学有所惑。

根据本课思维导图自主预学基础知识，并提出疑问。

（3）生活观察：违法行为我监督。

观察生活中的违法行为，用文字概述并拍照或查找图片上传。

（设计意图：以大单元教学为基础，指向核心素养，利用易加学院平台，课前布置自学任务，让学生利用思维导图完成基础知识预学并提出困惑，观察生活，注重课堂的完整性和真实生活的问题情境。）

（二）问卷诊学，知己不足

易加问卷结果展示（图4-25）：判断题和选择题的错误率。

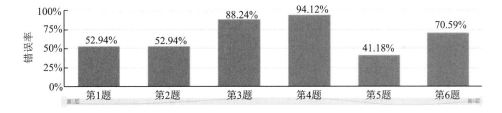

图 4-25　易加问卷结果展示

（设计意图：利用问卷星自动核算功能检测前学效果，立足知识盲区、知识漏洞开启课堂学习。）

（三）合作探究，互动精学

1. 导入：夜跑的一天（学生真实案例录音）

暑假某晚，初一的我和高三毕业的姐姐穿着正常的运动衣准备去奥体中心跑步，姐姐买完饮品被一位保安拦下要私加微信。姐姐拒绝后，保安冲她大喊："你穿成这样还装什么清高？"姐姐和我愤怒而恐慌地跑开，留下保安在身后骂骂咧咧……

（1）请你预设故事后续。

（2）保安的行为是一种什么行为？

2. 任务一：法引众为（探法律作用）

王律师微博一：法律的作用

材料一：根据《中华人民共和国治安管理处罚法》（以下简称《治安管理处罚法》）有关规定，多次发送淫秽、侮辱、恐吓或者其他信息，干扰他人正常生活的，将被依法处以五日以下拘留或者五百元以下罚款；情节较重的，处五日以上十日以下拘留，可以并处五百元以下罚款。多次指 3 次（含 3 次）以上。此外，我国《治安管理处罚法》处罚的对象是依照《中华人民共和国刑法》（以下简称《刑法》）尚不够刑事处罚的违法行为人；如果情节严重，给受害人造成严重后果的，也可以依照我国《刑法》规定的传播淫秽物品罪、侮辱罪等追究行为人的刑事责任。

《中华人民共和国民法典》第一千零一十条，首次将禁止性骚扰明确规定在人格权。对他人实施性骚扰的，受害人有权要求对方承担民事责任。

材料二：唐山打人案一审宣判，陈继志一审被判 24 年。这个案子从事发到判决，效率是相当高的。通报中写道：从 2012 年以来，被告人陈继志等人还长期纠集在一起，在唐山市等地以暴力、威胁等手段，实施非法拘禁、聚众斗殴、故意伤害……

提问：结合导入故事和以上材料，说说带给我们的启示。

总结：法律是最刚性的社会规则，不违法是人们行为的底线。

王律师普法：违法行为是指出于过错违反法律、法规的规定，危害社会的行为。法律为人们的行为提供一个模式、标准或方向。法律是评价人们的行为是否合法有效的准绳。

（设计意图：以学生身边真实案例为导入，王律师微博普法为主题情境，引导学生立足于真实生活发现问题、探究问题，对应新课标要求引导学生了解性骚扰的可能方式以及预防方法，树立法治意识和自我防范意识，养成遇事找法、解决问题靠法的思维习惯和行为方式。）

3. 任务二：法束恶行（析违法类别）

王律师的微博二：违法行为的分类

（1）小组合作探究。

仔细阅读课本第 48 页的相关知识，对生活观察员搜集到的三组违法镜头进行分类讨论，并填写表 4-2。

镜头一：剽窃他人作品。

镜头二：骑电瓶车逆行且不戴头盔。
镜头三：酒后驾车，撞死人后逃逸。

表 4-2 违法类别

违法行为类别	违反的法律	法律后果	对社会的危害程度	再举一例

看表格，试归纳一般违法与犯罪的联系与区别。

联系：都是违法行为，都具有社会危害性，都要承担法律责任。

区别：对社会的危害程度不同，触犯的法律不同，承担的法律责任不同。

对点训练：请同学上台利用希沃白板 5 的交互功能，移动代表违法和犯罪的关系圈，并举例说明两者关系。

总结：违法不一定犯罪，但是犯罪一定违法（图 4-26）。

（2）高级挑战：违法请亮牌。

规则：每组推荐一名同学参加竞赛，根据屏幕上的违法行为迅速举起绿牌（民事违法）、红牌（行政违法）、黑牌（刑事违法），得分最多的小组获得法治勋章。

图 4-26 违法与犯罪的关系

① 王某把刘某打成重伤，被判处有期徒刑 5 年。
② 老赖欠钱不还。
③ 李某用弹弓把路灯打破了 5 盏，违反了《治安管理处罚法》的规定。
④ 报刊社未经作者同意发表其作品。
⑤ 小王因疫情期间散布谣言被公安机关予以拘留。
⑥ 张三所在公司没有依法履行合同义务，被判处罚款 3000 元。

提示：判断违法行为小技巧。

（3）问卷诊学，知错能改。

回练前学检测中错误率高的题目并利用 click 进行同质训练。

（4）前学反馈，共解疑惑。

针对课前易加学院上同学提出的疑惑，共商答案。

王律师普法：根据违反法律的类别，违法行为分为民事违法行为、行政违法行为和刑事违法行为。根据对社会的危害程度分类，民事违法行为和行政违法行为对社会的危害相对轻微，称为一般违法行为。刑事违法行为是违法行为中最严重的一种，就是我们常说的犯罪。谎报险情，破坏铁路封闭线路等行为都是违反治安管理处罚法的行政违法行为。侵犯他人民事权利或者没有依法履行合同义务，都是较为典型的民事违法行为。

（设计意图：小组合作对课前学习任务中观察到的生活违法行为进行分类，培养学生分析、比较归纳的能力。利用希沃白板5的交互功能进行拖拽、圈画，增强课堂交互性；小组竞赛初级挑战亮色卡牌，巩固分类基础知识；回练问卷诊学错题，利用click进行同质训练，及时反映课堂学习效果，检测数据可视化。共商课前疑惑答案，有效解决真实情境下的问题。）

4. 任务三：法润我心（警惕违法行为）

王律师的微博三：勿以恶小而为之

2020年12月26日，十三届全国人大常委会第二十四次会议表决通过《中华人民共和国刑法修正案（十一）》，其中规定，已满十二周岁不满十四周岁的人，犯故意杀人、故意伤害罪，致人死亡或者以特别残忍手段致人重伤造成严重残疾，情节恶劣，经最高人民检察院核准追诉的，应当负刑事责任。该修正案将从2021年3月1日起实施。

网友星星认为：十二岁就要承担刑事责任了，这样的惩罚太严重了。

网友薇薇认为：国家和社会对未成年人具有特殊保护，这样的惩罚不严重。

请问你怎么看？

王律师普法：

① 我们要认识到一般违法行为的危害，自觉依法规范自己的行为。

② 在社会生活中，我们要分清是非，增强守法观念，严格遵守治安管理的法律规定。

③ 在社会交往中，我们要依法从事民事活动，积极防范民事侵权行为和合同违约行为，既要维护自己的权益，又要尊重他人的权益，促进社会健康和谐发展。

（设计意图：利用"刑事责任年龄下调"引发辩证思考与讨论，厘清一般违法与犯罪之间没有不可逾越的鸿沟，突破难点，提升思辨能力和表达能力，引导学生认识一般违法行为的危害，培育法治观念，预防犯罪，在现实生活中依法规范自身行为，维护自身权利，遵章守法，初步具备依法参与社会生活的能力。）

活学活用：

材料一：市民王某因酒后驾驶被交警查获，经检测王某属于酒后驾驶。交警大队对王某作出罚款2000元，扣12分，暂扣6个月机动车驾驶证的处罚。

材料二：刘某在自家阳台不慎将手机掉落，被同楼住户李某捡到。但李某称手机是坏的，拒绝归还。刘某遂向人民法院起诉。法院判决李某赔偿刘某1000元。

材料三：胡某醉酒后闯入一商铺，持器械将店主吴某、蔡某夫妇击伤，致使怀孕的蔡某抢救无效死亡。法院以故意杀人罪判处胡某死刑，剥夺政治权利终身。

（1）材料中的三种行为分别属于哪种类型的违法行为？分别需要承担什么法律责任？

（2）从上述案例中，我们应得出什么启示？

课堂小结：法律的最终目标是要教会人尊重，只有发自内心尊重人，尊重他人生命、身体和名誉，才不会随意剥夺他人的生命，不会实施盗窃、诈骗，也不会随意侮辱与诽谤他人。无论如何，法律具有强制的作用，但我们的道德教育，把尊重他人放在心中，也同样重要。愿同学们能走好脚下的法治道路，同时也不忘头顶灿烂的道德星空。

（四）个性研学，深度实践

项目一：完成课堂学习自评表（表4-3）。

表4-3 课堂学习自评表

评价项目	评价标准	自评/组评/师评		
		优秀	良好	一般
自学情况	认真完成自学内容，善于发现疑点			
合作学习	认真倾听、思考、记录、发言；主动合作，互动有效			
达标程度	认真完成"检测反馈"，掌握85%以上的知识；能力得到锻炼；体验到成功的喜悦和学习的价值			

项目二：小组合作，完善普法宣传海报，并在社区进行一次"杜绝校园暴力"法治宣传实践活动，将过程拍照或录制视频上传至易加学院进行线上分享。

七、板书设计

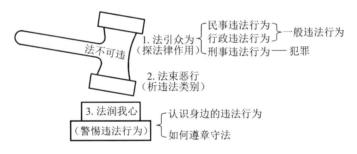

八、教学反思

（1）真正发挥易加学院的前学功能，利用现代信息技术提高教学效率，使知识体系结构化，课堂呈现立体化、多元化。借助前学诊断，使课堂知识立足于学生的经验发展区，适切度恰当。

（2）重难点的突破都依托学生身边的真实案例和生活情境进行主题探究，以生为本，课堂进行小组合作，即兴辩论，锻炼学生的思辨能力和表达能力，立足核心素养。

（3）"违法行为的分类"是本课的重点，学生在违反的法律类别和应承担的法律责任上会有困惑，需增强法律知识的普及面。遵章守法的要求是核心素养中"法治观念"的具体化，可结合学生的生活进行具体分析。

（4）要做好前学任务和课堂教学的平衡，更好地处理陈述性知识、探究性知识和应用性知识的关系，少呈现，多启发学生思维，让学生展示。

仇芸

创设基于云端一体的教学情境，加深多感体验
——《瑶族舞曲》教学设计

一、教学内容

苏少版小学音乐五年级上册第三单元第8课。

二、设计理念

本课时设计基于云端一体化课堂教学范式，充分体现前学课程导学、在线问卷诊学、课堂互动精学、课后个性研学的"四学"流程，有效落实适切度、参与度、融合度、达成度的"四度"要求，努力彰显情境化、结构化、交互化、精准化的"四化"特征，为学生的智慧学习提供适合的路径。

三、教学目标

（1）聆听、熟悉、记忆《瑶族舞曲》主题音乐。能较为熟练地演唱《瑶族长鼓舞曲》，进而加深对主题旋律的印象。能在欣赏中听辨出主题出现的顺序，在此基础上，初步了解乐曲复三部曲式结构。

（2）能积极、投入地参与到以聆听、演唱、演奏、声势律动为主的多种音乐实践活动中，体验主题音乐在乐器、力度、速度、节拍和情绪等方面的变化；能大胆想象瑶族人民欢度节日的歌舞场景，获得对作品的综合情感体验，丰富音乐感性经验，激起对作品的喜爱之情，增强音乐表现的自信心。

（3）积极尝试自制乐器，从中获得参与创造性表现活动的愉悦感和成功感。演奏中能注意聆听音乐，随音乐变化做出较为准确的力度、速度反应。能听辨常见中国民族乐器的音色，初步了解民族管弦乐队。

四、教学重点与难点

明确掌握音乐主题，清晰分辨主题顺序，对乐曲复三部曲式结构有初步认识，结合音乐主题充分发挥想象，深入了解瑶族文化特征，增强民族乐曲的吸引力。

五、教学准备

瑶族长鼓、课件、可乐杯、诊学单、研学单等。

六、教学过程

（一）前学课程导学

利用易加学院创建前学课程，本环节安排三个学习任务。

任务一：观看影音资料《"瑶"族名字的由来》。

任务二：观看影音资料《瑶族微课》，初步了解、认识瑶族。

任务三：观看《瑶族长鼓舞》，初步了解长鼓舞的由来。

（设计意图：本环节主要是借助易加学院帮助学生初步了解瑶族历史及长鼓舞的由来，对瑶族乐曲产生初步印象与兴趣。）

(二) 在线问卷诊学

利用易加调查问卷模块精心设计问卷，了解诊断学情。具体设计了三个问题，推送给学生，让他们如实填写。

问题1：瑶族的"瑶"是从 __窑__ → __?__ → __?__ → __?__ → __?__ → __?__ → __瑶__ 演变而来的。

问题2：初步的认识、了解瑶族（表4-4）。

表 4-4 了解瑶族

瑶族分布地区	瑶族服装	传统节日	长鼓分类	其他

问题3：我知道了瑶族的传统乐器长鼓（形状、声音）以及长鼓舞的由来。

（设计意图：本环节通过问卷生成的数据分析把握学情，为后续的线下互动学习提供参考，从而帮助教师以学定教、顺学导教。）

(三) 课堂互动精学

1. 新课导入

老师：同学们，大家好。欢迎来到今天的音乐课堂。在前学的过程中，我们通过观看视频初步认识、了解了有着悠久历史和灿烂民族文化的瑶族。现在老师来考考大家，你对瑶族了解多少？

（1）说一说：瑶族文化我知道

老师：说得真棒，你的前学效果非常显著。

（设计意图：现场诊学对瑶族文化的理解。）

（2）穿一穿：瑶族服装我了解

老师：大家有没有发现老师和××、××（一男生一女生）的服装与平时不同。请两位同学走到台前，跟老师一起展示下这斑斓的服装吧。（在《瑶族舞曲》背景音乐中进行服装展示）

（设计意图：老师以谈话导入，让学生在说一说、穿一穿的过程中简单了解瑶族的文化，走进瑶族，体会瑶族人民对生活的热爱。）

2. 新课教学

（1）奏一奏：瑶族乐器我来奏

老师：除了"无色衣"，在同学们的回答中，我们还了解到既是打击乐器又是舞蹈道具的瑶族长鼓。

学生尝试用可乐杯自制长鼓，体验瑶族长鼓的典型节奏（图4-27）。

图 4-27 节奏乐谱

（2）唱一唱：瑶族民歌我会唱

老师：同学们的阵阵鼓声，让身穿瑶族服装的老师忍不住想唱一唱瑶族的民歌。请大家用长鼓轻轻地帮我伴奏吧。

① 学唱《瑶族长鼓舞曲》。

② 用"lu"跟随钢琴哼唱旋律，体会旋律线的优美。

③ 跟随伴奏音乐代入歌词演唱。

④ 分组演唱，体会歌词的生动形象。

⑤ 加入长鼓伴奏，感受歌声与鼓声的交相辉映。

（设计意图：从歌进入，从学生容易接受的音乐形式进入，既了解了《瑶族舞曲》的源头，又为主题一的赏析奠定基础。）

（3）听一听：欣赏《瑶族舞曲》第一部分

① 揭示课题《瑶族舞曲》。

老师：这样优美的歌声和鼓声就飘荡在瑶族美丽的山水间，令人向往。这也吸引了作曲家们。作曲家茅沅就以《瑶族长鼓舞歌》曲调和长鼓的这种典型节奏为素材，创作了管弦乐作品《瑶族舞曲》。

师：仔细听，音乐中有你熟悉的旋律吗？

② 完整欣赏乐曲第一部分。

老师：这熟悉的旋律就是我们唱过的《瑶族长鼓舞歌》。这段相对独立完整的旋律，就是作品的主题一，我们称它为 a 部分。简短幽静的鼓声也就是引子部分之后，悠扬的主题音就响起来了。接着，我们又听到了一段似曾相识，又不太一样的相对独立完整的旋律，这是由主题音发展和变化而来的作品的主题二，我们称它为 b 部分。（在《瑶族长鼓舞曲》听辨的基础上，初步分辨主题一和主题二）

③ 欣赏、体验《瑶族舞曲》第一部分主题一。

（a）欣赏《瑶族舞曲》第一部分主题一。

老师：下面就让我们走进主题一，用心去聆听。主题一完整重复了几次？

学生：3 次。

（b）欣赏民族管弦乐合奏视频（主题一）。

老师：主题多次重现了，随着它每次的出现，主奏乐器也有了一些变化，我们感受到了音乐情绪由幽静婉转走向了高昂明朗。这么优美的旋律，到底是由哪些乐器演奏出来的呢？接下来，就让我们通过视频去了解一下，看看你能记住几种乐器的名称。

（c）简单介绍民族管弦乐队。

老师：民族管弦乐队是 20 世纪 20 年代在中西文化交流中产生的，综合了传统丝竹乐队和吹打乐队，在部分程度上模仿了西方交响乐队的编制，民族管弦乐队乐器一般分为：

拉弦乐器组：高胡、二胡、中胡、革胡、倍革胡。

弹拨乐器组：柳琴、扬琴、琵琶、中阮、大阮、三弦、筝。
吹管乐器组：曲笛、梆笛、新笛、唢呐（高、中、低）、笙（高、中、低）。
打击乐器组：堂鼓、排鼓、碰铃、锣、云锣、吊镲、军鼓、木鱼。

老师：我观察到有的同学在聆听的时候，手一直在模仿演奏长鼓。因为他听到了主题一当中的什么声？刚才我们敲过的鼓声，对，主题一的鼓声，其实是由引子部分延续过来的。

（d）瑶族娃儿齐欢奏。
模仿音乐中的鼓声，随音乐表现。
（设计意图：在音乐中听辨主题的重复、主奏乐器的音色，参与带音高的鼓声模拟活动，一方面与前面的教学环节形成呼应，让学生更深刻地体会到民间音乐元素歌曲与长鼓节奏的发展与变化；另一方面让学生在体验中加深对主题重复的印象。）

（4）舞一舞：瑶族舞蹈我爱跳
① 欣赏、体验《瑶族舞曲》第一部分主题二。
（a）初次聆听，通过声势动作初步体验主题二速度、力度和情绪的特点。
老师：刚才大家的表现让我仿佛看到了瑶族人民就是像你们这样围坐在一起，围坐在篝火边，唱起歌，敲起鼓，迎接舞会的开始。下面我们就来继续聆听音乐，让我们走进主题二，用动作来体验主题二的变化。举起你的右拳。
（b）复听，感受乐器带来的情绪变化。
老师：不错，从很多同学的神态和动作中，我感受到大家听懂了这段音乐，和主题一相比，这段音乐的速度加快了、力度加重了，音乐的情绪由优美抒情变为了高昂的、明朗欢快、活泼跳跃的。是哪些乐器的呈现让你有了这样的感受呢？
② 舞一舞：瑶族舞蹈我爱跳。
老师：是的，吹管乐器和打击乐器的双双加入，让舞会变得更热烈了。现在，请你们拿出鼓，加入这热烈的舞会吧。
（设计意图：通过声势动作，感受、体验乐器的音色特点、出现顺序和带来的音乐情绪，引导学生用简单但紧扣乐器音色特点和音乐旋律特点的声势动作随乐而动，既有助于打消学生表现时产生的压力，同时又能让他们在亲身体验中直接地感受到音乐的表现特点。）

（5）演一演：瑶族小舞台（奏、唱、跳结合，演绎所学内容）
老师：今天，我们通过奏一奏、唱一唱、听一听、舞一舞的形式一起走进了瑶族，走进了《瑶族舞曲》的片段，感受到了瑶族人民生活的喜悦，他们勤劳淳朴，热爱生活，热爱音乐。接下来，让我们通过瑶族小舞台全曲，共同感受乐曲的魅力。

（四）课后个性研学
同学们，今天我们通过多种形式相结合的体验方式走进了瑶族，感受了那里的文化魅力。课后，请你用喜欢的方式选择一个你感兴趣的民族，走近它、了解它、展示它。

七、板书设计

瑶族舞曲

说一说

穿一穿

奏一奏

唱一唱

听一听

舞一舞

演一演

八、教学反思

《瑶族舞曲》是苏少版小学音乐五年级上册第三单元《七彩版图》中的第三课时，是一首非常著名的欣赏作品。本课以创设情境、聆听感受、创造表现的模式设计教学环节，通过多种形式相结合的体验方式走进了瑶族，感受那里的文化魅力。从教学实践来看，学生主动体验，积极参与，较好地完成了既定的教学目标。

反思本课教学，有以下几点收获：首先，在设计这节课时，笔者对学生情况和教学内容进行了综合分析，设计了符合实际、切实可行且细化的教学目标，因而获得了良好、有效的教学效果。其次，合理安排教学环节，通过多种形式让学生循序渐进、层层深入地获得音乐感受和知识。另外，笔者注重细节的设计，包括每个教学环节的衔接、教师的引导语言、音频的效果、课件的设计等，这些细节都是为取得良好教学效果而服务的。再次，这节课遵循了以音乐为本的教学原则，始终引导学生关注音乐。如，聆听方式有分段聆听，也有完整聆听。在聆听过程中设计了穿上瑶族服饰随音乐律动、加入歌词哼唱主题旋律、用自己制作的瑶族长鼓为音乐伴奏、对比音乐要素等音乐实践活动，让学生能透彻地感受音乐、表现音乐。

本课的不足之处是：在完整欣赏作品时，设计的学生活动太多，以至于学生不能集中精力聆听音乐，破坏了音乐的完整性和美感。这个环节可以修改为：学生聆听音乐，教师用板书写出主题，而后由学生总结作品的曲式。

李莎莎

基于云端一体化课堂的互动与融合
——《姑苏食话 妙"藕"天成》教学设计

一、教学内容

三年级传统文化自编教材。

二、设计理念

苏州工业园区成功跻身教育部"基于教学改革、融合信息技术的新型教与学模式"实验区，在星洋学校积极构建教智融合背景下"适合的教与学"的实践研究中，笔者结合生本课堂的新理念，利用易加学院和希沃白板建设课程资源，力求在本课教学设计上有思考、有积淀，并积极探索个性化、精准化、特色化、信息化的教学模式。

三、教学目标

（1）知道：初步了解苏州"水八仙"，感知莲藕系列独特的艺术美感；通过观察并分析莲藕系列不同形态的造型特点，尝试探究方法并制作出莲藕主题的黏土作品。

（2）会做：通过易加学院、希沃交互等方法，了解苏州"水八仙"；培养学生细致观察和探究的能力，通过小组合作完成莲藕主题的黏土作品。

（3）理解：引导学生了解苏州"水八仙"，增强学生与本土特色文化的联系，培养学生发掘苏州本土文化的情感，体验黏土制作的乐趣。

四、教学重点与难点

通过观察并分析莲藕系列不同形态的造型特点，尝试探究方法并制作出妙趣横生的莲藕系列黏土作品。

五、教学准备

课件，黏土、工具、莲藕、荷花等。

六、教学过程

（一）前学课程导学

运用易加学院，在导学环节布置开放作业。

（1）认识苏州"水八仙"。

（2）记录你与"水八仙"的故事（拍照、视频、语音都可）。

（设计意图：本环节主要是借助易加学院帮助学生了解"水八仙"，并在生活中记录"我与'水八仙'"。）

（二）在线问卷诊学

利用问卷星设计问卷，了解诊断学情。具体设计了两个问题。

问题1：你知道"水八仙"吗？

问题2：你能说出全部的"水八仙"吗？

（设计意图：本环节通过问卷生成的数据分析把握学情，为后续的线下互动学习提供参考。）

（三）课堂互动精学

1. 民俗之美——可品

展示易加学院提交的前学作业，通过游戏和欣赏环节认识"水八仙"及苏州饮食文化特点。

2. 姿态之美——可观

（1）探寻湖底的秘密——莲藕。通过视频和实物观察莲藕内外颜色、视觉对比。

（2）趣味视频引出妙"藕"天成。了解莲藕特殊的生长特点。

3. 造型之美——可塑

（1）放大镜，观造型。

通过实物观察，说一说莲藕的造型特点。

（2）初体验，获技巧。

① 选择卡片任务，学生分组自主探索不同造型的黏土莲藕制作方法。

② 小组提出制作难点，学生相互交流解决。

③ 师生共同总结制作方法，探索出新工具、新方法。

④ 教师实物投影，解决制作难点。

（3）小魔法，变化多。

藕片变荷叶，莲藕变莲蓬。学生将制作方法内化，探索出其他物品的制作方法。

4. 学生实践

实践内容：请每小组合作，运用黏土完成莲藕主题的制作。

实践要求：相互配合，制作出妙趣横生的莲藕主题作品。

学生开始制作，教师分层辅导并发散思维。

5. 作品展示及评价

（1）作品展示《藕韵风尚》。

（2）学生互评。

（设计意图：以上精学环节，主要是借助多媒体手段，运用视频、实物、图片等引导学生抓住莲藕的造型特点，通过自主探索解决困难并探究出新方法。）

（四）课后个性研学

1. 品行之美——可思

欣赏视频和国画作品，感受内在美的意蕴。

（设计意图：本环节主要是从生活和作品中引导学生感知莲藕品质，在迁移中提升感悟能力，形成艺术素养。）

七、板书设计

姑	民俗之美——可品	妙
苏	姿态之美——可观	"藕"
食	造型之美——可塑	天
话	品行之美——可思	成

八、教学反思

苏州是一个开放、融合的城市，工业园区则是国家级开发区，吸引了很多国内外高知和技术型人才，新老苏州人在这片热土上共同发光发热，这也形成了大多数新苏州人对苏州本土民俗文化缺乏了解的局面。苏州"水八仙"是最能代表和反映苏州人饮食文化特点的水产品，通过诊学调查发现有90%以上的同学都不了解，这也是笔者进行"水八仙"单元课程设计的初衷。结合在研的江苏省级重点课题《教智融合背景下的小学美术"彩塑"教学实践研究》，笔者进行了以莲藕为主题的黏土造型表现课程的实施。

这节课是大单元《苏州"水八仙"》中的一课，本课围绕明确的教学目标，创造性地挖掘和运用苏州本土民俗文化，将不同领域的知识进行串联，结合生本课堂的新理念，积极尝试构建教智融合的美术新型课堂。以学生自我探索、共同实践、相互解惑为活动主线，通过可品、可观、可塑、可思四个大环节层层递进式地开展"四学"活动，培养学生发掘苏州本土文化的能力，让学生体验到黏土制作的乐趣。

在积极探索个性化、精准化、特色化、信息化的教学模式中，运用问卷星、易加平台、实物投影、实时投屏等科技手段来优化课堂学习效果，精准把控学生学习情况，并融入跨学科科学知识。在本课中，也可适当融入一些相关的文物考古资料。在学生识读莲藕的姿态美、体会造型美的活动环节中，最好能够巧妙地融入一些国画作品，让学生从作品中感受艺术的魅力。

杜鹤

基于易加学院互动课堂的教学创新实践
——以《植物的生长发育》第1课时教学设计为例

一、选题背景

易加学院是由苏州工业园区教育局组织开发和推广的线上教学平台，是一个基于学科知识图谱、学科核心素养体系，支持教、学、评、测一体化，有效支撑教师和学生开展前学、共学、研学，并能够分析学生学习规律的共性和个性，优化教学与学习路径，精准调控教与学的平台。园区教师在长期的实践中探索易加学院与各学科的智慧融合方式，发挥教育信息化对教育改革和发展的支撑与引领作用，不断深化课程改革，推进育人方式。本节课是基于易加学院互动课堂设计的一节课堂教学案例，并在苏州市教育学会"教师专业素养发展暨云端一体化课堂教学"观摩研讨活动中获得专家好评。

二、教学内容

《植物的生长发育》是苏科版初中生物八年级上册第7单元第19章第2节的内容。本节内容是根据《生物学课程标准》一级主题"生物圈中的绿色植物"中的二级主题"绿色开花植物的一生"的具体内容展开的，要帮助学生形成绿色开花植物的生命周期（包括种子萌发、生长、开花、结果与死亡等阶段）的重要概念。

本课时主要围绕种子的结构、种子萌发的条件与过程展开。这些内容充分反映了植物生长发育的关键时期，可为以后体验植物的栽培过程打下基础。此外，本节内容还与人类的生产生活关系十分密切，在教学中可以培养学生关注植物生长发育的情感，让他们树立保护植物与环境的意识。在教学过程中，通过观察种子结构等活动，让学生亲自发现并观察种子各部分的结构，在培养观察和小组合作能力的同时，又能掌握科学的观察方法。

三、设计理念

植物的种子是学生在生活中常见的植物器官，但对种子的具体结构和功能还没有科学的认识。基于这样的学情，本节的设计理念如下：力图凸显"情景化""信息化""交互化"，追求"精准化"，充分挖掘教材的文本资源和生活中的课程资源。为了达成教学目标，有效突出重点、突破难点，利用易加学院进行前学，收集生活中的种子，通过"种子日记"体验种子萌发的生命过程；在课中采用易加学院平台下的互动课堂教学提高课堂的实效性，并采用自主探究、小组合作、分组竞争、实验观察、合作交流、分析比较等方法来引导学生学习；在对比实验中找到异同，重视从具体实例到一般规律的归纳，使学生在小组合作、比赛竞争中获取知识，能主动应用相关的策略，有效地发现蕴藏的规律，通过交流与分享，学生不断深刻理解解决问题的策略，从而发展应用意识，提升生物学科素养。

四、教学目标

1. 知识目标

（1）描述蚕豆种子和玉米种子的各部分结构以及胚的主要功能。

（2）说出蚕豆种子和玉米种子结构的主要区别。

2. 能力目标

（1）通过用正确的方法解剖和观察蚕豆和玉米种子，并会记录观察所见种子的形态结构特征，培养学生的动手能力、观察能力，进一步提高实验技能。

（2）通过对比蚕豆和玉米种子的异同，培养学生处理加工信息的能力和进行基本归纳的思维能力。

3. 情感态度与价值观目标

（1）通过学习种子的结构，向学生渗透生物体的结构和功能相适应的观点。

（2）愿意与他人交流，认同交流与合作的重要性，有主动与他人合作的精神。

（3）通过观察实验，培养学生认真严肃和实事求是的科学态度，使学生具有一定的探索精神和创新意识。

五、教学重点与难点

（1）蚕豆种子和玉米种子的结构以及各部分结构的功能。

（2）解剖、观察种子结构的方法。

（3）胚的结构。

（4）玉米种子的子叶、种皮和果皮的观察。

六、教学准备

（1）课前 1—2 天，浸泡颗粒较大且完整的豆类种子和玉米种子，并于上课前分发给每组学生浸软的豆类种子和玉米种子若干粒；课前，学生收集几种常见绿色开花植物的种子以备课上使用。

（2）材料用具：培养皿（盛放种子）、解剖刀（或刀片）、解剖针、镊子、放大镜、稀释的碘液（带滴管）。

(3) 易加学院课程、种子结构图、希沃课件、黑板贴等。

七、教学过程

(一) 前学课程导学

学生展示:"收集生活中的种子""种子日记"成果分享。

教师提问:一粒小小的种子为什么能在萌发后长成一个新的植物体?这与种子的哪些结构有关?

设计意图:通过前学的两个任务,学生可以在课前了解生活中的种子,并体验种子萌发的过程,引入本节课的学习主题。

应用技术:易加学院互动课堂"开发作业"功能。

(二) 在线问卷诊学

教师提问:请你帮助李同学挑选出属于种子的选项(图 4-28)。

学生活动:学生利用 Pad 作答,提交答案。

设计意图:选取学生在前学任务中出现的概念错误,通过生生解答,进行纠正。

应用技术:易加学院互动课堂"诊学"功能,了解学生前学概念,引出学习课题。

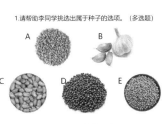

图 4-28 选择种子

(三) 课堂互动精学

1. 结构篇

(1) 认识种子。

学生活动:进入虚拟实验操作,认识种子的结构,并制作结构名称的小标签。

教师要求:小组合作,限时完成,速度最快的一组获得小红旗奖励。

设计意图:通过虚拟实验认识种子结构,制作小标签,为后面的解剖实验做准备。

应用技术:易加学院互动课堂"计时器""小组评分"功能。

(2) 解剖种子。

教师活动:播放解剖种子的操作视频,说明观察要求。

学生活动:观看视频,学习解剖操作,选取培养皿中的一种种子进行解剖,把小标签放置在种子的相应结构上,并通过 Pad 拍照上传解剖成果。

设计意图:各小组分工,通过解剖不同的种子,认识种子的结构。

应用技术:易加学院互动课堂"收集图片"功能。

(3) 汇报分享。

学生活动:以小组为单位,向全班同学汇报本组的解剖成果。

教师活动:选取不同种子的解剖成果,及时点评,将结果汇总到表 4-5 中,进行归纳总结,及时对各组汇报结果进行点评。

表 4-5　不同种子的解剖结果

结构		种子的解剖结果					
		芸豆	花生	大豆	玉米	荞麦	薏米
种皮							
胚	胚芽						
	胚轴						
	胚根						
	子叶						
胚乳							

设计意图：通过汇总不同种子的解剖结果，归纳种子的一般结构，并引出"单子叶植物""双子叶植物"的概念。

应用技术：希沃白板"蒙层"功能、易加学院互动课堂"小组评分"功能。

2. 功能篇

（1）种皮的功能。

学生活动：思考讨论，设计实验，探究种皮的功能。

教师活动：引导思考，通过图片展示实验过程。

设计意图：通过讨论，设计实验方案，探究种皮（种脐、种孔）的功能。

应用技术：希沃白板"放大镜"功能。

（2）子叶和胚乳的功能。

教师提问：种子的生长靠什么结构来提供营养物质？如何设计实验来验证？

学生活动：

① 思考讨论，设计实验，探究子叶和胚乳的功能；实验操作，并通过 Pad 拍照上传实验结果。

② 总结归纳出单子叶植物种子和双子叶植物种子结构的异同点。

③ 通过希沃白板 PK 游戏检测知识的掌握情况。

设计意图：通过讨论，设计实验方案，验证子叶和胚乳的功能。

应用技术：易加学院互动课堂"收集图片"功能、希沃白板课堂活动小游戏。

3. 应用篇

学生活动：对大蒜是否为种子进行辩论，并根据本节课所学知识给出依据。

教师活动：组织学生辩论，及时点评。

设计意图：通过种子分类的活动巩固本节课学到的新知识。

应用技术：易加学院互动课堂"小组评分"功能。

（四）课后个性研学

教师提问：种子都能萌发吗？种子的萌发需要什么条件？

学生活动：观看易加学院推送的视频（社团同学分组进行探究），推测种子萌发的条件，并选择自己感兴趣的一个因素进行课后个性研学探究。

设计意图：通过观看不同小组同学在社团课上的探究过程，推测种子萌发的条件。

应用技术：易加学院"微课"功能。

八、板书设计

植物的生长发育

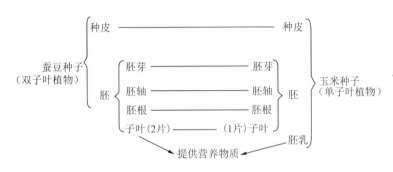

九、教学反思

本节课是基于新课标理念，根据学生在项目化学习过程中遇到的现实问题，依托易加学院互动课堂展开的课堂教学。

（1）教师通过学生在项目化学习过程中的"收集生活中的种子""种子日记"前学任务，了解学生的前概念。基于学生在前概念出现的"大蒜是种子"这一概念提出本节课的主题"种子的结构"，激发学生兴趣。课堂精学，让学生在生生互助、小组竞争中掌握"种子的结构"这一重要概念，继而让学生通过小组辩论应用知识解决现实问题。

（2）通过易加学院的"图片收集""投票""小组评分"等功能，提高课堂的精准化、结构化、交互化和情景化，借助易加学院开展深度融合创新应用，让学习发生在学生身上，让学生以自己的方式学习，让学习变成学生自己的事情。

（3）"四学"流程拓展了课堂的深度和广度，线上线下的结合让学习不仅仅局限在课堂，延长了课堂教学的时间，拓宽了课堂教学的空间。

（4）易加学院拥有上传资源、同步备课、添加试题、课堂授课等多方面的便利，无论是在普通教室还是智慧教室，同步备课资源都能被迅速调用。在智慧教室，能更好地实现师生互动，及时反馈数据。教师准备的研学任务，素材、微课等资料，可分组发送，也可按照学生不同的任务单进行分配，因材施教，促进学生主动式、协作式、研究式学习，满足学生"时时学、处处学、人人学"的需求，真正实现教智融合，构建"有效的教育"。

黄丽

第五章

云端一体化课堂实践探索

云端一体化教研

导读：党的二十大报告首次把教育、科技、人才进行了"三位一体"的统筹安排，科教兴国战略中强调要推进"教育数字化"，为教育的未来发展指明了方向。教育数字化转型成为备受关注的新热点，也成为教育改革实践的主要方向。利用数字技术，对评价方式进行改革，优化组合基于数据的实证评价。运用智能化教学工具，实现教学过程的数字化，促进评价过程与学习过程的紧密结合，在学习过程中完成评价，因需处理、多元分析、精准应用、科学评价，形成可预期的教育教学结果的真实"画像"，使课堂教学过程形成的数据可用好用，促进教育创新、教学改进，孵化面向未来的教育教学新模式。

教育数字化转型背景下的云端一体化教研

当前，信息通信技术发展日新月异，以移动互联、云计算、大数据为代表的新一代信息技术资源日渐成熟，信息化开始迈入"互联网+"时代，对人类的生产、生活乃至思维、学习方式正产生着前所未有的巨大影响。

教育数字化转型背景下，"互联网+"技术的发展对学校教育最直接、最关键、最深刻的影响就是对教与学的影响。教学是学校教育工作的中心，课堂是师生发展的主阵地，课堂教学的质量对未来人才的培养起着基础性与决定性的作用。教师是知识的传递者，这就要求教师对信息时代的发展具有更高的敏感度。对于教师来说，如何开展"互联网+"背景下云端一体化教研活动成为一个值得研究的主题。我校在"互联网+"背景下的教学融合创新方面做了积极的尝试，从提高教研活动中教师参与的效度和达成目标的便捷度出发，积极探索教育数字化转型背景下的云端一体化教研的有效方法。下面就以小学数学大组云教研的开展为例，谈一谈教育数字化转型背景下的云端一体化教研（简称云教研）的组织和实施。

一、云平台软硬件准备

软件方面：为知笔记（Wiz）客户端，需要注册相关账号，教研组组建群组。

硬件方面：以智能手机、Pad 为代表的智能终端，要求可以拍照，支持汉字输入。

二、研讨流程

（一）云教研之线上研课阶段（图 5-1）

（1）执教教师设计教案第一稿，上传云教研平台。组内教师进行查看并跟修改建议帖。

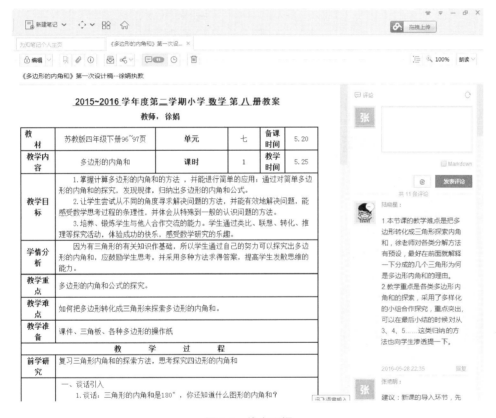

图 5-1　线上研课

（2）执教教师根据组内教师建议进行第一次修改，并以听课记载表的形式将第二稿上传至云教研平台（图 5-2）。

（3）执教教师进行第一次试上，由同伴教师用为知笔记进行课堂图像实录（注明主要教学环节）。组内教师进行试上并跟修改建议帖（图 5-3）。

图 5-2 听课记载表

图 5-3 第一次试上

（4）执教教师根据建议进行第二次修改，并以听课记载表的形式将第三稿上传云教研平台（图5-4）。

图5-4　听课记载表第三稿

(二) 云教研之现场观课阶段

（1）执教教师上实验课，同伴教师通过为知笔记进行课堂图像实录（如图5-5、图5-6所示，注明主要教学环节）。

（2）组内教师进行分工微视角观课。分工是：

一数组，重点观课堂教学结构及教师教学语言；

二数组，重点观课堂教学中学生活动的组织；

三数组，重点观教学实效性；

四数组，重点观课堂中重难点的突破；

五、六数组，重点观课堂六个一的执行及教学融合创新。（观课前各年级组长进行分工）

图 5-5　课堂图像实录

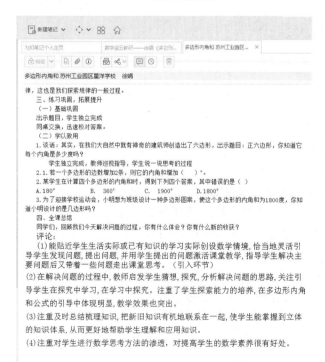

图 5-6　课堂记录（局部）

（三）云教研之线下研讨阶段（图5-7）

1. 对实验课进行研讨

执教教师介绍教学设想。组内教师围绕观课重点进行评议课，教研组长及相关专家进行点评。

2. 数学课堂教学的实效性研讨

（1）教研组长介绍数学课堂教学基本流程、时间分配、练习层次设计等。

（2）相关专家就数学高效课堂教学实施进行专家指导。

注：研讨形式可以灵活多样。

图5-7　线下研讨

（四）云教研之线上总结阶段

对研讨活动进行小结。执教教师总结实验课收获，形成实验课小结。组内教师围绕研讨活动进行活动小结。以上小结均上传云平台共享。

三、云教研给教研活动带来的提升

1. 云教研使教研活动言之有物

学校教研活动要落到实处，切忌言之无物，走过场。以为知笔记云为平台，教师真正走进教学研究现场，亲身参与教案的设计、实施、反馈、评估的全过程，实现全程参与，各有侧重。教学研讨的视角落在课堂，言之有物、言之有据，对参与教研的教师和上课教师有真实的触动，实效教研必定会带来教学变革的深化。

2. 云教研使教研活动重思高效

传统的教研活动中，教师要进行大量的笔头工作，重记录，轻反思参与。通过云平台，搭建了教师参与、反思的平台，解放了教师的双手，激发了教师的思考。在教研活动中，教师要始终带着对研究主题的关注与理解，在不断参与中调整、修正自己的认知，通过活动得到正确的结论，教研活动的实效性也得以彰显。

3. 云教研使教研活动充满个性

无论是执教教师，还是组内参与教师，在教研活动中都有充分发表自己观点的机会。通过线上、线下的互动、思维的碰撞，加之每个人观察的角度不同，每位亲历者都有与众不同的切身体会。在"互联网+"的个性时代，教师的个性魅力也得以彰显，教研活动也具有更多的自由、开放、互动、包容的特性。这样的教研活动教师喜欢，效度也大幅提高。

4. 云教研使教研活动易于分享

教研活动的过程是积累教研经验的过程，在思考中完善，在过程中充实。教研活动结束后能够形成丰富可回溯的资源，无论是执教教师的教研成长，还是参与教师的结论的形成、完善、调整、确定，都可以留下非常重要的思维轨迹。言之有物，言之有据，使得教研活动更接"地气"，参与活动的教师得到的收获也更加真切。同时，由于云平台的分享的便捷性，一次教研活动可以为不在现场中的教师提供二次参与教研的机会，使他们在教研活动的共享资源中受到启发，从而发挥教研更大的效益。

在教育数字化转型背景下的教与学有不同于以往的新样态，唯有不断地实践，不断地挖掘信息时代所给予的技术支持下的教与学的潜力，才能将信息技术带来的技术红利不断放大，提升广大教师的TPACK能力，提高"互联网+"背景下云端一体化教研给教师专业发展带来的倍增作用。在这个过程中，受益者不仅有教师，还有学生。

张艳明

用评价助力数字阅读素养持续进阶
——基于数字阅读的小学语文课外阅读评价变革探索

阅读素养是学生学习以及终身发展的基础。随着互联网时代的到来，数字阅读已然成为当下学生最主要的阅读方式。然而，小学阶段数字阅读素养的培养和发展形势不容乐观。苏州工业园区星洋学校顺应时代发展，重视学生的数字化阅读能力培养，用改变评价的方式，反推和规划阅读教学过程性指导，在构建以评促教、以评促研、以评促学的数字阅读教学模式上有了一些自己的探究和尝试。

一、指向多种手段，开展创新型评价

（一）创新测评技术：变传统检测方式为现代化评价手段

"互联网+"时代，先进的信息化手段被越来越广泛地运用到教学的各个领域之中，在阅读评价中融入现代化技术手段，可以让评价更便捷、更客观、更全面。基于互联网环境下的数字阅读评价，可以充分借助墨水瓶、超星阅读、电子书、晓黑板等阅读平台，用项目化成果反推整本书的阅读过程，每日点评和阶段性评价相结合，推进架构阅读和诊断指导相结合的评价体系，全面了解学生的阅读情况，指导学生进行高质量的阅读。

如：组织学生阅读《小英雄雨来》这本书时，在阅读之初，老师会带领学生根据书本目录制订"每日阅读计划"，建立班级读书群，规划这本书阅读的后期项目化成果：制作人物卡片、绘制人物成长图、设计连环画读本、展演故事片段等。在推进阅读的过程中，学生每天可以根据自己的阅读情况，交流印象深刻的人物，从时间、地点、事件、人物等多个角度分享阅读的收获，在班级读书群上，学生可以不定期上传展示自己阅读后产生的项目化成果。阅读收获全班可见，除了任课老师可以用评级的方式对学生的阅读过程进行评定之外，同桌、小组、伙伴、老师、家长也可以用文字点评或者图片点赞的方式来进行多样化点评，评价主体面向全体，评价形式灵活多样，评价角度全面立体，这样的评价方式，能全面驱动学生不断对自己阅读的成果进行梳理整合、思考实践并再次反哺阅读。

（二）创新测评工具：变单一纸质文本为多文本动态呈现

2021年，国际阅读素养评估体系将测试文本类型分为传统纸质文本、电子文本和混合文本三类，测试文本的改变给我们带来新的启示。传统阅读能力测试，以纸质固定文本为主要阅读材料，数字阅读背景下的阅读能力测试，则可以通过模拟数字环境，用多文本交叉呈现的方式来反映学生在日常生活中、学校中的真实阅读情况，考量学生数字化阅读的真实素养。

比如，依托"恐龙的时代"项目化阅读主题，来考量三年级学生的数字化阅读素养时，我们对测试的文本进行了一些改变，除了传统的连续性文本之外，还增加了以"恐龙"或"恐龙时代"为关键词的科研门户网站等内容，为学生模拟创设了真实的网络阅读环境，让学生在真实的情境中进行数字阅读，考量其快速浏览、筛选以及获取信息的能力。测试通过文字、图画，甚至包括网页、动态链接等多文本与动态文本交替呈现的方式，实现了测试的拟真性与情境性融合，更准确地了解到了学生的真实数字阅读能力。

（三）创新测评时间：变一张试卷监测为多时分项评定

数字化阅读素养的评价，跟传统的纸质阅读素养能力评价不一样的是，对学生数字化阅读能力的评价时间不再固定。对于简单的数字阅读技巧和策略的考查，教研组可以规定各班级在统一的短时间内全班一起完成；对于搜集处理阅读文本并提炼形成自己思想的高阶阅读思维能力的考查，则可以给予学生相对宽松的一段时间，让学生借助阅读媒介，多角度阅读，通过展示项目成果的方式来完成评定。

如，考查五年级学生对"有趣的汉字"的探究学习情况及搜集和处理信息的能力，可以给学生一个月的时间去阅读准备，让学生充分地扣准关键词，进行相关文本、数据、影视、资料等数字阅读，综合探究活动所得，用撰写研究报告或制作探究Vlog的方式来呈现阅读所得，这样的阅读测评，是学生亲历了阅读的过程，思想在阅读过程中沉淀内化并进一步升华后的成果再现，既是测评，又是分享、碰撞，测评不再只是某一阶段结果的呈现，也是下一次思想升华的起点。

二、指向多维内容，开展全方位评价

（一）注重表现性评价，让兴趣激发与活动组织融合

阅读兴趣是指对阅读内容所表现出来的积极的认知倾向，通过阅读情绪、阅读行

为和阅读面来反映。传统的阅读评价中，对这样显现的外化阅读表现几乎没有评价，但长期的阅读教学研究表明，学生阅读兴趣的持久是阅读的驱动引擎，是保证学生阅读素养提升的根本。因此，在数字阅读评价中，我们将表现评价与阅读活动进行了融合，对学生的阅读表现开展评估，用评估的方式开发学生阅读的主体潜能，内化学生阅读的主体精神，驱动学生自主地、能动地、创造性地进行阅读实践活动。

比如，借助"晓黑板""微信"等 app，开展"阅读打卡"活动，鼓励学生以"图片+文字"的形式，通过班级群或者朋友圈上交阅读作业。教师关注学生的表现，以点赞、发笑脸图等方式及时给予评价，对学生的阅读表现开展阶段性总结，进行激励和表扬。关注学生的阅读表现，可以使学生以更高涨的热情投入阅读，爱上阅读。再比如，在开展整本书阅读的过程中，鼓励学生根据书中的人物特点，进行模仿秀；根据书中的情节，编制课本剧，并进行舞台表演。数字阅读的评测可以同步进行，邀请观众在线上进行无记名投票，邀请骨干教师精彩点评，这样的评测形式，尊重了学生的个性体悟，学生阅读的兴趣在或激励、或真诚的点评中越来越浓。

（二）注重结果性评价，让速度提升与任务达成同步

阅读策略是鉴别学生是否会阅读的重要标尺，也是衡量个体阅读能力的重要标尺。统编版教材从三年级上册开始，在各册教材的语文要素编排中，有梯度有层次地编排了预测、提问、提高阅读速度和有目的地阅读等多个阅读策略的训练。注重阅读技巧的结果性评价，既是对学生阅读能力的考量，也是对阅读教学的指导。比如开展《西游记》整本书阅读时，可以借助墨水瓶平台开展以下测试：（1）学生读完规定章节，按下计时器，记录所用时间，计算阅读速度；（2）完成与该章节内容相关的 10 道题，计算理解系数；（3）计算有效阅读速度，如一分钟阅读 1000 字，理解系数为 0.8，那么一分钟的有效阅读速度就是 800 字。

通过这样的评价方式，用具体直观的数据评价学生的阅读理解能力，让学生检测自己的阅读情况，高质量地完成阅读任务。

三、指向阅读指导，开展反刍式评价

"互联网+"时代的数字阅读能力评价不是考量学生数字阅读能力的终端，其意义在于通过对学生评价数据的提取和分析，了解学生的阅读能力，精准的诊断分析有利于提升阅读能力的基点，是阶段阅读情况的总结，更是高效阅读教学行为的起点，在循环往复中螺旋上升，助推学生阅读素养的不断提升。

（一）多途径培养阅读能力

纵观当前数字阅读现状，"多、快、浅、碎"的特征比较明显，跟传统纸质阅读相比，阅读者快速浏览的"浅阅读"模式普遍存在。数字阅读素养过程中，较低层级的文字解码与较高层级的信息提取、解释与推论、反思与评价能力亟待提升。反思日常教学，结合测评数据，可以通过以下几个途径来培养学生的数字阅读能力。

第一，通过群文阅读教学培养学生在多文本中提取信息、理解和推理的能力。让学生在大量真实文本的阅读过程中，快速提取信息，运用浏览、快读等策略形成对文

本的整体性感知，从而有针对性地培养学生基本的阅读理解能力。如，六年级鲁迅单元教学时，教师可以依托教材来实施群文教学，将教材文本《少年闰土》《我的伯父鲁迅先生》《有的人》结合起来，培养学生的理解能力。

第二，通过研究型阅读教学，培养学生检索信息、评估与反思多文本信息的能力。同样以六年级鲁迅单元教学为例，在前期依托教材进行群文阅读、习得阅读策略的基础上，教师可以进一步通过研究型阅读教学，培养学生检索信息、评估与反思多文本信息的能力。设置开放型阅读任务：阅读有关鲁迅先生的资料、作品、人物评论，完成"我眼中的鲁迅先生"专题报告，让学生通过阅读，多方面获取信息，形成自己的观点并利用获取的阅读信息论证自己的观点，帮助学生在复杂的数字阅读环境中做一个科学、审慎的阅读者。

（二）多样态引入阅读文本

数字环境下的文本可能呈现多媒体、多形态的特征，数字阅读环境的营造不能仅仅停留在课外阅读中，在日常教学中也要有意识地引入数字文本，增强学生对数字化文本的熟悉程度，提高其处理信息的能力。例如，前学时，鼓励学生自己通过搜索引擎搜集整理相关资料；在 PPT 演示时，增设视频、图片等非连续性文本；在介绍与文本有关的人物资料时，加入超链接等，用多样的方式让学生广泛接触各种形式的文本。

（三）多路径融入阅读策略

数字化文本具有开放性、多向度的特征，会使学生的阅读不只是停留在纸质阅读时的"线性"过程，还是通过网页、超链接等形成复杂的多路径集合。数字化阅读的兴趣性和浅表化现象比较严重，因此，在日常教学中，教师要有意识地搭建阅读支架，帮助和培养学生深度阅读的习惯。

总之，基于数字阅读的课外阅读评价，以提升学生核心素养为目标，以语文课程标准为纲领，探索命题导向，注重综合运用；关注阅读主体，聚焦能力提升；反推阅读指导，优化教学策略，将命题设计思路与方法迁移到课文阅读教学中，实现了教评统一，让目标、教学和测评无痕融合，更好地改变了教师的教和学生的学。

高小梅

巧用希沃白板5，创新小学英语"教—学—评"一体化

希沃白板5是一款专门针对教学场景设计的互动课件产品，其灵活的互动性大大加强了教师与学生之间的交流，对于构建高效"云课堂"也有着极大作用。希沃白板5在校园的启用，不仅可以转变教师的教育理念、教育行为，还可以促进学生更自主地学习，并帮助学生学习如何妥善运用科技、引领思考。在学校领导及专家的引领下，笔者不断地学习、实践、探索、运用，一次次地被它强大而神奇的功能折服，更为学生的学习表现而欣慰。

一、激趣课堂，增强"教"的趣味性

传统教学中，粉笔加黑板的课堂教学单调、枯燥，久而久之，学生学习英语的兴趣就会越来越弱。现代教育信息技术的出现，改变了这种教学模式。正如厨师炒菜，不光要熟，还要适当地放入佐料，做到色香味俱全，吃这样的菜既能满足生理上的需求，还能得到心理上的享受。课堂教学也一样需要放些"佐料"，增加趣味性，寓教于乐。

1. 课堂活动，激趣互动

希沃白板 5 中的课堂活动功能非常丰富，如超级分类、分组竞争、趣味分类、选词填空、趣味配对、判断对错，趣味选择等。通过游戏化的设计使得学习活动变得妙趣横生，以下是几种常用的课堂活动在课堂当中的运用实践（图5-8）。

分组竞争用于 4A Unit 6 At the snack bar 语法教学：两名学生上台选出可数名词的食物单词。通过竞争 PK 的形式，选出可数的食物单词，集趣味性、竞争性及检测性为一体。

趣味分类用于 6B Unit 6 An interesting country 绘本阅读教学：学生上台选出三位人物向主人公推荐的最有趣的国家。集趣味性、竞争性及检测性为一体，丰富了课堂趣味性，增进了课堂互动。

知识配对用于 4A Unit 3 My day 故事教学：学生上台匹配课文中的人物与活动，激发了学生兴趣，活跃了课堂气氛，做到了随时检测反馈。

图 5-8　几种常见课堂活动

2. 放大镜，直观生动

在希沃白板 5 中，点击"放大镜"，即可像使用真实的放大镜那样来放大本平台上显示的内容（图5-9）。

放大镜功能用于 2A Project 1 An animal book 综合教学：通过使用放大镜在动物园场景里找动物，增强了随机性，同时增强学生的兴趣，提升视觉的集中性。

图 5-9 "放大镜"的使用

二、思维延展，提升"学"的有效性

1. 导图指引，激发思维

思维导图是一种可以有效表达发散性思维的图形工具。希沃白板 5 中的思维导图，形式多样，使用方便。制作"思维导图"，将语篇的脉络串联成一个整体，有助于提高学生对语篇的理解和把握。特别是在高年段的英语语篇与写作教学中，运用思维导图，不仅能有效提高学生的阅读理解能力、发展学生的逻辑思维和发散性思维，还能有效进行复习，比如利用思维导图复述自己理解的课文，帮助学生内化知识，提高学生学习效率，进而提高课堂教学效率，实现高效课堂（图 5-10）。

思维导图用于 6A Unit 4 Then and now（Fun time）表达教学：以思维导图的形式梳理过去与现在不同的几个方面及可能用到的词句，同时提高学生发散性思维的能力。

思维导图用于 5A Unit 6 My e-friend 写作教学：以思维导图的形式指导学生在 age, appearance, hobbies, subjects 等方面进行语言的表达，提高学生思维的逻辑性。

图 5-10 思维导图的使用

2. 知识胶囊，延展学习

希沃白板 5 中的知识胶囊是呈现微课的一种形式，点击希沃课件主页里的"录制胶囊"即可开始录制微课，录完生成的小程序海报就是打开该微课的钥匙，他人只需扫二维码即可共享授课思路。对比之下，传统录制的微课不具有交互性，需要剪辑后才能上传到某些平台，不方便分享。在平时的课内外融合阅读教学中，教师也可以将拓展的阅读绘本录制成知识胶囊，供学生课前阅读预习及课后朗读巩固。疫情线上教学期间，通过录制知识胶囊，帮学生针对性地解决居家自主学习中的难点问题（图5-11）。

图 5-11　知识胶囊拓展阅读

三、数据驱动，提高"评"的及时性

希沃 click 反馈器是一种可以很好地辅助希沃白板 5 进行及时性、互动性评价的工具。click 可以让学生实时答题或互评打分，老师根据反馈结果进行针对性的讲解，数据驱动，精准教学，大大提高了评价的及时性和课堂教学的效率（图5-11）。

click 用于 5B Unit 3　Asking the way 故事教学：根据课文内容，在跟读完成后，学生用 click 完成 3 个听选题并上传答案，教师通过全班收集到的答案统计图进行评价及针对性的讲解。

click 用于 5A Unit 6　My e-friend 写作教学：在学生完成写作后，展示两名同学的作文，并通过 click 请学生进行互评，极大地提高了评价的广度。

图 5-11　希沃 click 反馈器助力教学

四、问卷辅助，提升"测"的精准性

课前通过问卷星，帮助学生搜集与主题相关的内容或练习，以问卷的形式进行发布。根据学生的问卷情况，课中有针对性地进行诊学，提高学习效率（图5-12）。

问卷星用于 6A Unit 1-4 Revision 复习课教学：学生在家用手机完成与单元复习相关的一些选择题，有利于老师更好地了解学生对知识点的掌握情况。

图 5-12　问卷星辅助诊学

五、依托软件，优化"管"的全面性

直接在希沃白板 5 中点击，可进入班级优化大师应用。由班主任创建班级，各任课教师均可加入，通过班级优化大师生成每个学生的个人表现图表发给家长，每位家长可清晰地看到自己孩子一学期的总体表现。无论线上课堂还是线下课堂，老师均可利用班级优化大师，对表现优异的学生及时予以表扬，大幅度提升了学生的自信和积极性。

六、线上线下，打破"教与学"的时空性

希沃白板 5 中自带听课评课功能，它可以打破时空的限制，同一学科、不同校区的老师，可以通过这一功能进行线上听评课，同时也可实现无痕的跨学科听课（图 5-13）。利用希沃白板 5 听评课活动能进一步提高教育教学质量和推进教研组信息技术应用能力提升，实现信息技术与教育教学的深度融合。

近期教研			全部类型 ▼
听课评课	5BU7 Chinese festivals（Story time）	主讲人 郭秋阳	上课时间 2023-04-28 周五 第3节课
听课评课	Unit4 Spring（Revision&Extended Reading）-花映雪	主讲人 秦可意	上课时间 2023-04-27 周四 第5节课
听课评课	5B Unit7 Chinese Festivals	主讲人 李玥	上课时间 2023-04-27 周四 第3节课
听课评课	2B Unit6 Let's go shopping!	主讲人 李妍祺	上课时间 2023-04-26 周三 第3节课
听课评课	1B Unit6 Are you ready?((story time)	主讲人 秦可意	上课时间 2023-04-25 周二 第3节课
听课评课	5B Unit1 Cinderella(Revision&Extended reading)	主讲人 曹珊珊	上课时间 2023-04-17 周一 第7节课
听课评课	2B Unit 7 Summer	主讲人 余燕翠	上课时间 2023-04-17 周一 第6节课

图 5-13　希沃听评课功能

希沃易课堂是一款集合线上直播功能和推送线上题库的功能的强大软件，特别是在疫情期间，老师可通过希沃易课堂直播讲解某些重难点内容，同时可以邀请学生发言，并有系统内的评价机制，如点亮小头标，让学生得到及时表扬，非常有助于提高线上学习的积极性。

希沃白板5的应用，更新了教学环境，开创了新颖的教学模式，课堂活动有效构建了生动活泼的教学环境，激发了学生的学习兴趣；放大镜功能聚焦课堂重点内容，直观便捷地交流，有效突破重难点；思维导图的引入提高了学生思维的逻辑性；运用知识胶囊实现了课后的延展学习，click辅助课堂教学，实现了评价的及时性；问卷星用数据精准测评；班级优化大师让老师、学生与家长紧密结合、共同育人；线上听评课打破教师现场听课交流研讨的局限性；希沃易课堂则让学生在家也能开心地进行线上学习。

希沃白板5展现了多姿多彩的小学英语课堂魅力，对提高学生的学习效率以及综合能力等都有着非常重要的作用。教师应该采取相应的教学方式，继续努力将信息技术融合到英语教学的过程中。

陈妮

线上线下深度融合，共享共研减负增效
——基于希沃白板5的小学语文校本教研路径探索

学科教研组建设是学校教育教学工作正常开展的重要支撑和保障。教研活动的高效开展是建设学科教学团队、形成学科教研机制、开展组内教师合作研究的根本保证。传统的线下教研难以让教师全员深度参与，受时空场域限制，易流于形式。近年来，在教育数字化转型及核心素养导向的新课改背景下，"互联网+"推动教研发展，引发教研形态转型。教育部等八部门印发的《新时代基础教育强师计划》提出"深化精准培训改革。……创新线上线下混合式研修模式，提升中小学教师的信息技术应用能力和科学素养"的要求。在学校中国教育学会"十四五"教育科研规划课题"教智融合背景下'云端一体化'课堂整体架构的创新实践"等科研和项目引领下，结合小学语文组体量大、年轻教师多、教师教学经验少的现状，教研组主要依托希沃白板5，营造线上线下混合式教研生态，拓展教研活动场域，促进教师学习方式变革，进而提升教师专业素养，实现团队协同的高质量发展。

一、集体备课，增进资源共享

传统的线下集体备课，主备教师要准备教学设计纸质稿，在交流研讨中还要及时记录其他教师的建议，集体备课后还要整理、消化教师们的建议再修改教学设计，耗时耗力，且有时不管是说课还是提出修改建议，难免会出现表述、理解不到位的现象，组内缺乏教学经验的年轻教师在研讨中也会更吃力。

而希沃白板5的"集体备课"板块就可以很好地解决传统线下集体备课的弊端。

主备教师登录希沃白板 5 后，在"集体备课"板块上发起集体备课，邀请参备教师，上传教学设计及配套的教学课件，还可以利用平台完成说课稿以及学生的课程导学单，极大提升了教学设计的情景化、交互化的呈现力与表达力，也促进了教与学的资源一体化。参备教师收到邀请后，登录平台研读教学设计与课件，在评论区提出建议，也可以利用工具栏中的批注按钮，在对应页面需要修改的地方添加批注，让人一目了然。组内教师均回复后，主备教师根据平台上的反馈，完善教学设计，再重新上传。历史上传的教学设计都能在平台上查看，还能与最新版进行同屏对比，以便教师们根据班级学情进行个性化修改并下载使用。

因此，借助希沃白板 5"集体备课"功能，语文组实施线上线下集体备课的一般模式是：先利用希沃白板 5 完成线上集体备课，主备教师完善教学设计；接着开展线下固定场所、固定时间教研，主备教师根据完善好的教学设计、课件进行 8 分钟演课，骨干教师再提建议；最后，主备教师根据线下研讨反馈定稿，上传到校本资源库，其他教师下载并进行个性化修改。这样线上线下深度融合的集体备课，能有效避免因时空限制、人员不齐、资料收发烦琐等因素带来的干扰，也便于后续的回看、反思，对提升年轻教师备课能力大有裨益。

二、主题教研，推进深度研究

教研组作为同学科教师的基层组织、学习园地，具有指导的功能。依托希沃白板 5 开展线上线下主题教研，教师理论学习与实践操作之间的结合会更密切，不仅可以获取"是什么""为什么"的知识，而且知道"怎么做"。

比如收到园区发布"双减"背景下语文创新作业设计案例评比通知后，语文教研组利用希沃白板 5 发布网上搜集到的语文创新作业设计案例供全体教师学习，再线上统计组织有意愿参赛的种子教师成立"攻关小组"先行设计和研讨，推选出优秀案例，然后开展线下大组教研会，让"攻关小组"中的教师就优秀案例进行交流，全员学习和研讨，最后从收上来的案例中遴选出参赛作品。最终，组内 9 位教师合作的创新作业设计案例获园区一、二等奖。

再如学校承办园区"小学语文学习任务群（整本书阅读）"主题研讨活动，全区 200 多位语文教师线下参与听课评课活动，4 节课分两个场地（1 个一楼，1 个四楼）同时开展，观摩课堂教学完还要聚集到一楼报告厅参加研讨。为避免听课场地小、座位少、距离黑板和课件远、精彩教学环节来不及记等导致听课效果不佳的情况，学校语文组教师利用希沃白板 5 的听评课功能进行线上听课。不过这要求上课教师要提前在希沃平台设置好直播课堂的相关信息，邀请校内外教师听课，直播时用手机或 Pad 配置三脚架（或云台稳定器）和一拖二智能蓝牙麦克风即可，操作简便快捷。这样，听课教师就可以异地线上听课，还可以通过平台获取上课资料，随时在评论区进行图文或语音点评互动。如果该时段听课教师无暇听课也没关系，直播结束后平台会自动生成回放视频，还配有问答字幕、AI 课堂数据和高频词云，教师们可以根据回放视频进行深度研磨。除此之外，教师们还可以借助线上评课表对所听的课进行定量与定性评价,对打造高效课堂、助力教师专业成长意义重大。

三、跨域学习,促进课程建设

传统的教研以单学科为主,也屏蔽了教师指导学生进行综合学习的通道,使学生形成相对固化的学科思维定式。在新课改"大语文观""人才观"和项目化学习、跨学科学习的倡导下,教师有机会跳脱自己狭隘的学科局限,跨学科、跨学段、跨领域、跨经验,从大教育的角度来整体性思考教学问题,开发课程资源,助力学生综合素养的提升。

利用希沃白板 5,教师可以利用闲暇时间,结合个人特长、兴趣,通过平台的"课件库""校本资源库""集体备课""听评课"等板块自主选择其他学科的教学设计、课堂实录进行学习,然后以项目为载体,召集相关学科教师组建"小微成长"团队,分工合作,集体研究。如低年段"童诗读写绘"课程将语文学科的阅读、写话与美术学科巧妙融合,引领学生在读童诗、写童诗、画诗景中发现美,感受美,表达美。中年段"植物集""昆虫记"课程将语文学科的写作与科学、美术学科融合,指导学生在仔细观察、坚持记录、描绘形态中感受大自然的神奇。高年段"给高尔基的《童年》设计一份 110 周年纪念册"课程将语文学科的写作、口语表达与综合实践、美术学科融合,引导学生在了解、制作、发行纪念册的过程中学会扬长避短,分工合作,体验团队合作的成就感。

四、数据反馈,精进专业发展

国际教师教育学会倡导教师学习的三大定律:越是扎根教师的内在需求越是有效,越是扎根教师的鲜活经验越是有效,越是扎根教师的实践反思越是有效。

希沃白板 5 的数据反馈能很好地为教师的有效学习服务。教师在平台上听过评过的课都会被记录并产生数据。语文组要求年轻老师上亮相课、PK 课或校内公开课时,必须通过平台直播,一方面可以获得听课教师的反馈,另一方面可以通过平台自动生成课堂数据报告,这样就能很好地促进教师个体微格教学反思,进行自我诊断与改进。比如根据一节课的讲授时长、讲授字数和平均语速的数据,反思课堂上教师的教与学生的学是否处理恰当。也可针对导入、提问、写字指导、小组合作等方面开展课堂教学切片研究。

希沃白板 5 的数据反馈还能为教研组的有效管理服务。教研组长、备课组长等管理人员可以在后台看到教研组、备课组的相关数据,及时了解教研进展,为教研组长到各备课组蹲点教研指导提供数据依据,有效提升管理水平,助力教师专业发展。

总之,希沃白板 5 能优化教研的流程,拓展教研的场域,为教研组开展教研提供参与式、沉浸式培训的支持,通过知识共享、智慧互惠、反思实践,促进教师高水平专业成长,进而推动学校教师质量和教育质量的内涵式发展。

陆翩翩

小学数学"教—学—评—研"云端一体化探究式创新实践

传统的小学数学教学模式主要以教师为中心，忽视学习主体间的互动对话，缺乏对学生探究精神和实践能力的培养。同时，师生的评价与集体教研也相对独立，缺乏有效的整合和反馈机制，无法很好地促进教学质量的提升。针对以上问题，本研究提出的"教—学—评—研"云端一体化探究式实践模式实现了"教—学—评—研"各业务和管理流程从端到云的融合，与"教—学—评"的一体化相比，其系统性更强，融合度更高，这都与高质量的教研密不可分。

"教—学—评—研"云端一体化探究式模式以云端技术为支撑，通过整合教学、评价和教研环节，打破传统教学的隔阂，突破"数据孤岛"，形成一个全方位的学习闭环。该模式强调学生的主体地位，通过开展探究式学习活动，培养学生的问题解决能力、创新思维和团队协作能力。同时，通过云端平台的支持，教师可以及时获取学生的学习情况和反馈信息，进行教学评估和调整，并将教学经验和问题总结为研究课题，促进教学改革和研究成果的共享与转化，为小学数学教育带来新的发展机遇和挑战，推动教师教学改革和研究工作的深入开展。

一、素养导向：云端一体化探究式教学

云端一体化探究式教学不同于传统的以教室这一物理环境为主的学习空间。移动互联技术下的学习空间是广阔的、开放的，以培养学生素养为导向，这也为合作探究提供了有效的支撑。

1. 云端一体化探究式多维度互动

德国教育学家第斯多惠指出："教学的艺术不在于传授本领，而在于激励、唤醒和鼓舞。"以学生为中心的课堂教学能更好地实现强大的互动功能，使学生参与课堂更快乐、课堂教学更优化、课堂效率更高。这种教学方式不仅关注学生的知识掌握，更重视学生的情感体验和思维能力的发展。

希沃白板5是一款交互式电子白板，能引起学生对所学内容的浓厚兴趣，能激发学生的求知欲，注重思维互动，集知识性、趣味性、科学性于一体。如果知识点比较基础，可以通过希沃白板5的"随机抽选"功能，随机抽取学生回答问题；在很多人积极回答或者题目有一定难度时，可以借助与希沃白板5无线互联的click，通过抢答功能，满足学生追求公平的心理需求，先抢先答，让教室里的每个座位都成为课堂中心，提高学生的自主学习和探究能力，通过增强互动学习体验来增强思维的广度，拓展思维的深度。另外，教学时可以随时调用"超级分类""趣味选择""判断对错""记忆卡片""知识排序"等课堂活动，引领学生爱学习、会学习、善学习，真正实现知识课堂向素养课堂的转变，把减负增效落实到实际工作中去，真正做到学以致用。

2. 云端一体化探究式结构化整合

云端一体化探究式结构化整合采用云端技术，将学习资源、学习工具以及学生之间的交流互动进行无缝整合，形成一个完整的学习生态系统。在这个系统中，学生能够在自主探究的环境中开展学习活动，通过自主构建知识框架、深入探究问题、分析和解决实际问题等方式，提高学科素养和综合能力。

在结构化整合中，教师担任着引导者和组织者的角色。教师通过选择和整合合适的学习资源和学习工具，为学生提供指导和支持，同时引导学生进行团队合作，使学生能够积极主动地参与学习，成为具有创新思维和解决复杂问题能力的终身学习者。希沃白板 5 的思维导图以其清晰的结构和多元化的展示方式，帮助学习者将零散的知识点有序地整合。在探究式学习过程中，学习者可以根据问题的关联性自主构建思维导图，并通过触发节点之间的连接关系，展开更深入的思考和研究，培养自己的批判性思维和创新能力。

3. 云端一体化探究式学习力进阶

素养导向的云端一体化探究式学习力进阶，借助现代信息的大数据、云计算和区块链等技术，采用探究式学习进阶的方法，强调思维的发展，帮助学生培养分析问题、整合信息、推理和创新的能力。学习力进阶教学，倒逼教师教学形式与学生学习形式的转变，教师的"教"不再以知识讲授为主，转向培养探究式思维进阶素养；要求学生以进阶作为"学"的动力，使学习体验由机械记忆向理解性、迁移性的云端一体化探究式学习力进阶过渡。

以"数字与信息"教学为例，课前，教师以希沃胶囊的形式向学生推送"常用的数字编码及其含义"预习微课，通过前学翻转，促使学生自主学习基础性知识，落实学生的主体地位，使学生达到"习得性学习"的进阶水平。课中，教师基于学情诊断，借助智慧终端数据，按学习任务精准、有序、深入探究身份证的编码要素、编码方式、编码优化，引导学生通过小组合作探究，达到"应用性学习"的进阶水平。根据身份证编码的方式，探究图书证或借阅证的编码方式，遵循唯一、简洁、合理的编码原则，灵活运用所学知识，达到"拓展性学习"的进阶水平。课后，教师布置探究式作业，研究数字编码以外的条形码和二维码，学生通过希沃平台分享、展示学习成果，将课内知识回归生活，探索知识在真实情境下的应用，促进自主学习，达到"适应性学习"的进阶水平。

二、数据驱动：云端一体化探究式评价

云端一体化探究式评价，突出以学生发展为中心，采用信息技术手段，收集学生课前、课中和课后的全流程教学数据，动态掌握学生学习目标素养的达成情况，以数据驱动培养具有无限发展潜力、适应未来社会发展的人。

1. 在线评价，精准教学

数据驱动的云端一体化探究式评价是指利用数据分析技术和云计算平台，以实现在线评价和精准教学的方法。以希沃白板 5 内置的学科工具"题库"为例，先选择

对应学段、学科、版本、年级、单元，根据学情选择适切的题目，还可以非常便捷地根据题型、难度等筛选出所需的题目。这一系统通过在线评价学生的学习情况，并结合教学资源，提供个性化教学建议，从而实现精准教学的目标。

云计算技术为其提供了强大的计算能力和存储空间，能够处理大量的学生数据，并实时生成学习报告和教学分析。同时，希沃白板5利用数据挖掘和机器学习算法，对学生的学习表现进行深入分析，提供个性化的学习方案和教学建议，可以帮助教师更好地指导学生的学习。通过数据驱动的评价，教师可以精准了解每个学生的学习情况，包括学习进度、学习难点和学习方式等，促进学生的学习效果和学习动力。

2. 过程评价，关注表现

立足"双新"课改背景，落实过程评价对创新人才培养具有重要意义。云端一体化探究式过程评价是一种基于学生过程表现的评价方法，借助希沃白板5内置的班级优化大师教学评价来实现。这种评价方法以数据为基础，通过云端平台的支持，将学生的表现信息收集、分析和应用。基于这些数据，系统将生成相应的学习报告和评价建议，以便更好地指导学生的学习过程，为教师提供有针对性的教学建议和改进方案。

这种数据驱动的评价方法具有多方面的优势。首先，在评价过程中，它能够客观、准确地呈现学生的学习情况，避免了主观性评价带来的不确定性。同时，通过云端支持的过程评价，教师可以方便地获取和分析学生的表现数据，更好地了解学生的需求和问题，更适合对于学生"做"的能力的评价，同时能更好地促进学生的元认知发展，以适应高阶能力和综合素养培养。

3. 个性评价，因材施教

云端一体化探究式个性评价是一种基于数据分析的教育评价方法，旨在根据每个学生的个体特点和学习情况，为其提供个性化的教学和评估支持。以希沃白板5布置分层作业为例，该方法将学生的学习数据与教育目标相结合，通过云端技术实现教师对学生学习情况的实时监控和个体化反馈。

在这种评价方法中，希沃白板5扮演了重要的角色，集成了云端技术，可实时收集学生在学习过程中产生的数据，包括学习时间、答题情况、知识点掌握程度等。通过对这些数据的分析和挖掘，教师可以深入了解每个学生的学习特点和问题所在，并根据学生的个体差异开展因材施教的教学活动。通过对学生的学习数据进行分层分析，教师可以将学生划分为不同的学习群体，并为每一层次的学生提供相应的作业设计和教学指导。这种分层的评价方法能够使教育资源更加精细地分配，满足不同学生的学习需求，让教学活动不断增值，打造"适合的教育"。

三、智慧赋能：云端一体化探究式教研

信息化课堂教学改革是以高效教研为基石的。智慧赋能的云端一体化探究式教研是一种基于云计算和智能化技术的教育教研模式。该模式将云计算的强大计算能力和存储空间与人工智能的智能分析技术相结合，为教师提供了一种便捷高

效的教研工具，从而对教学进行个性化调整和改进，促进了教育教研工作的创新与发展。

1. 项目管理：让教研由形式向实效提升

云端一体化教研是信息时代教师教育发展的趋势，是教育信息化的必然要求，也是教师提高教学技能和专业素养的重要途径。通过将教研活动迁移到云端，教师可以充分利用云计算的优势，如高效数据存储、强大的计算能力和灵活的网络连接，实现教研活动的便捷化和智能化。希沃信鸽作为一款集成了云计算技术的教育软件，为教师们提供了丰富的线上线下教研工具。

在项目管理方面，教研过程中的项目管理是关键环节。通过制订明确的目标、合理的计划和科学的评估，可以确保教研活动的顺利开展和预期效果。希沃信鸽的集体备课功能可以帮助教师们高效地完成教案的制订和资源的分享，同时还可以通过直播听课评课的方式促进教师之间的交流和互动。这种线上线下深度融合的教学教研活动能够更好地推动教师专业发展。此外，希沃信鸽还提供了课后回看等功能，教师可以利用这一功能，回顾自己的教学过程以及学生的学习情况，从而进行个人反思和进一步的教研探讨。同时，线上线下同步备课、研讨以及资源沉淀共享也是非常重要的。通过线上线下的互动与分享，教师们可以共同提高教学水平，发现问题并及时解决。共享资源也能够避免教师重复劳动，提高教研效率。

2. 切片分析：让教研由抽象向具体发展

智慧赋能的云端一体化探究式教研给教育教学领域带来了革命性改变。以希沃白板5在线集体备课为代表的教研平台，为教师提供了更便捷、高效的教学支持。借助这一平台，教师们可以通过在线听评课来提高自身的教学效率，实现教育教学的智能化、个性化。同时，教师还可以利用希沃白板5进行在线评课交流。教师可以将自己的教学案例、经验分享给其他教师，并接受其他教师的评价与建议。这种在线评课交流的方式促进了教师之间的互动与合作，帮助他们共同成长和进步。

此外，为解决抽象概念与实际教学实践之间脱节的问题，结合希沃白板5的回放视频进行切片教研的方法应运而生。这种方法能够将教研活动深入到每句话，为教师提供更具体的指导和反思。通过对教学视频进行切片，教师能够针对每个细节进行研讨和分析，从而更好地理解和运用教学技巧。首先，通过研讨每句话的教学方式和效果，教师可以发现潜在的问题，并及时调整教学策略。其次，切片教研使得教师能够深入了解学生对每句话的理解情况，有针对性地进行个别辅导和提升。再次，对回放视频进行切片教研可以帮助教师发现教学中的优点和局限，并在后续教学中加以借鉴或改进，提升教育教学质量。

综上所述，"教—学—评—研"云端一体化探究式实践模式为小学数学教育带来了新的发展机遇和挑战。通过以学生为中心的探究式学习活动和云端技术的支持，小学数学教育将迈向更加系统化和整合化的新阶段，为培养学生的综合素养和实践能力提供了更加广阔的平台。然而，这一模式的落地实施还面临着一系列挑战，需要进行持续的探索与创新，以确保教学质量的提升和教育改革的有效推进。只有如此，才能真正实现小学数学教育的与时俱进，为学生的全面发展和未来的成功奠定坚实基础。

何杰

数字化转型背景下的教研新样态

数字化转型对于教师教研形态转型的推动作用，华南师范大学胡小勇教授提到两个方面：第一个方面，从自上而下的角度，国家的教育政策高度重视信息化。党中央、国务院、教育部相继出台《国家教育事业发展"十三五"规划》《关于全面深化新时代教师队伍建设改革的意见》《教育信息化2.0行动计划》等指导意见，提出教师要主动适应信息化、智能化等新技术变革，积极有效地开展教育教学；同时要全面提高中小学教师质量，推动信息技术与教师培训的有机融合，实行线上线下相结合的混合式研修。教育部则启动了"人工智能助推教师队伍建设行动"，推动教师更新观念、重塑角色、提升素养、增强能力。第二个方面，从自下而上的角度，基层的数字化转型的信息化教研实践现象如雨后春笋般涌现，越来越多的基础教育部门和一线教师都能够积极主动地采纳新技术，自发成立各种接地气的"草根"教研团队，在"数字中国"的背景下共谋发展。以中国教研网为例，截至2018年底由教师自发组织的各种教研活动达4400多项。

中小学的数字化转型教研实践为何如此火热？其对教师教研新形态的影响，笔者提炼成了四个关键词。

开放——数字化转型提供了大量的、一线的、亟待解决的教研资源来支持教师泛在式、终身式的教研活动。教师在"没有围墙的网络学校"中便捷、平等、快速地获取教研资源，突破教育教学窘境，提升教育教学水平，不断实现自我完善与发展。特别是校级开发的培训课程，也可以摒弃经费、人员、时间的限制，让学习随时随地发生。

协同——数字化转型可以实现学科联盟、校级共同体等教研团队的美好愿景，让一校带多点，一校带多校，把互联网作为协同教研的有效抓手。让专家、骨干型教师引领、辐射新手教师，用发达校区的影响联动推进薄弱校区的发展，让优质资源丰富的地区帮扶资源匮乏的地区，以实现联盟学校在办学思想、管理水平、教学质量等各方面共同研究、共同学习、共同进步。

数据——基于数字化转型的教研数据的分析和应用，可以推动从教学监测到精准教学的大数据背景下的教学研究。教师可以利用信息技术增强学情分析，提高个性教学的能力，在数字化转型的大数据背景下引领学科的发展和教学改革的方向，推动理想的课程教学改进行动，为提升教研水平提供支撑。

融合——数字化转型的教研组织变得灵活和多样，实现涵盖线上线下、类型丰富的多样化教研活动。教研内容不再局限于单一学科、单一的听授形式、单一的参培群体，而是可以实现知识在各学科之间的迁移和贯通，可以实现面向特定群体不同能力的提升与发展，让教研助力教师发展，提升学习能力，从而真正发挥教研的实效——研修及发展。

在信息时代，我们也听到了很多质疑，数字化转型需要教师具备新的知识和能力结构来加强引导和培育，教师永远不会被"取代（Replace）"，但是，教师必须时刻"重置"，时刻"更新（Re-place）"自己的角色，调整定位，才能在新时代不会因本领不强而恐慌。国际 21 世纪教育委员会曾经提出"教学质量和教师素质的重要性，无论在哪一个时代，怎么强调都不过分。"要想数字化转型教研的活动新样态使教师高效、高质地开展自主、互动式活动，笔者认为可以从以下几个方面开拓思路、更新方式。

第一，新变化，线上线下融合。线下的常规教研活动有集体备课、教学沙龙、教学论坛、经验交流等、通常这些活动的主体是组织人员，工作忙、时间有限等因素制约着教研活动深入开展。而数字化转型教研具备突破层级和部门、多主体、跨时空、低成本、高效率等特点，让一线教师有了更多的参与机会。例如：新教师的大量扩充，一对一的师徒不能满足新教师的培训需求，初入讲台的老师们培训需求也各不相同，一般学校都会有入职培训，但一线真正亟待解决的家校沟通、师生交流、教学常规等系列问题却是年轻教师每天必须面对的问题，所以我们就可以利用魔灯平台在新教师真正迈上讲台前将现成的、甚至通过网络整理搜集的实践经验采用"翻转教学"的方式提供给他们。让成熟老师围绕家校沟通制作"和家长沟通的十二条小贴士"、新教师入职前必须掌握"教学助手 app 使用手册"和"教学专业成长的悄悄话"等资料，利用"移动教学""MOOC 教学""易加互动教学""双板互动教学""Moodle 互动教学""概念图支架教学""STEAM 教学""创客教育"等创新实践将师徒培训转变为研修。老师们可以在 PC、Pad 和智能手机等终端自由切换学习，从而可以很好地满足教师线上、线下培训的多元化、碎片化需求。促进了师资培训循环递进式的发展，实现师资培训效果的多维立体提升，不断提升教师面向未来教育的 TPACK 能力，同步更新数字化转型背景下教师的课程观、教学观、育人观。

第二，新思维，联通共享整合。数字化转型时代，把互联网思维融入到教研工作中，能够更好地实现教学、研讨在教师群体中的有效联通和共享。例如本校与贵州松桃的联合教研、"成长之树"的远程互动课堂，可以实现老师一人授课、多地学生共同参与的愿景，特别是围绕课堂观察，采用远程协同，共同教研的新形式，让各地域的老师结合校情、学情，将教研内容变得更加多元。同一班级的不同学科，也可以采用跨学科的、指向学生学习能力的课堂观察的实际研究。如从学生在语文、英语课堂内的参与度反观教学的艺术在于激励、唤醒、鼓舞；从学习小组的合作学习达成度研究合作学习的策略；从学生的观察推及教师能力的提升，从教师的研修普惠学生的发展等。数字化转型时代的教研也更加关注融合技术的能力提升。从依托校园网、教育博客、公众号到教学直播视频、智能终端app、大数据问诊等新一代人工智能的新兴技术，教研的技术支撑手段更加稳妥、丰富。例如协同备课、完善教研记录、分享培训小结等，通过为知笔记、腾讯文档等同步手段，随时修改、补充完善教研的动态流程以达到技术跨时空、跨地域、跨部门的教师间的教学交流和协作的"最新版本"。

　　第三，新评价，数据支撑学教改进。在抓住学生学习力发展的基本要素前提下，从更全面、生态的角度，对学生学业水平状况和教师对课程标准的执行情况进行监控，引领教师实施"轻负高质"的教学；在教学评价中，探索基于学科"数据分析—诊断教学—实施改进"的数据使用途径，使其成为提升学生综合素养的重要路径；在教研活动前，学科负责人在数据分析的基础上策划更具针对性的教研活动，意义非凡。例如在推进整班阅读的学习通平台上，对班级的整体阅读进行大数据分析，从字词掌握、想象拓展、反思评价、欣赏共情、归纳推理、信息提取六大方面进行整班分析，同步生成学生的有效阅读时间、有效阅读次数及整班阅读等级的数据报告，让阅读管理不再是纸上谈兵。同时，老师可以根据每个学生的阅读报告展开各具特色的阅读指导，从喜欢的类别到推荐的书目都更有说服力，更有针对性。站在数据支撑的评价角度进一步拓展，教师评价由主观评判转变为可以借助多种工具进行的数据采集和评估。培训、教研也可以结合培训需求让教师围绕主题开展调查问卷，在培训前让专家、讲师因地制宜、因材施教，促使培训更有针对性。打破传统的教学质量分析方式，引领新时代教师借助信息技术力量，采集信息生成大数据，深度分析，挖掘价值，预测结论，从而提高教学反思的科学性；可以依据教学质量的监控数据，开展自主跟进式的教学诊断，促进学科的精细教研等。

　　依靠数字化转型背景下的教研新样态，丰富了教学资源，开阔了师生的视野，其超越时空、快速实时的特点与传统的教研活动相互补充。多变、灵活、数据支撑的数字化转型背景下的有效教研新样态，让培训更接地气，让教学更加高效，让评价更受喜爱，让教育回归本真，更好地培养学生的核心素养。

张珊珊

云端一体化教学评价

　　导读：教育数字化是引领未来教育发展的新形态。在教育信息化3.0时代，教育监测大数据已成为教育决策的重要依据，通过对监测数据的挖掘和分析，可以深入了解学生的学习行为和需求，为个性化教学和精准决策提供支持。本节重点从质量监测数据应用的视角出发，通过智能化技术实现对教学资源的优化配置、对教学过程的实时监控以及对教学效果的及时反馈，从而根据每个学生的学习情况和需求，制订个性化的教学支持和学习路径，提高教学效果和学习体验。

基于云端一体化的质量监测应用案例
——以初中地理专题复习《等高线地形图》为例

教育与信息技术的融合是当前教育现代化的主流之势,从《教育信息化十年发展规划(2011—2020)》要求信息技术与教育深度融合,需全面提升教育质量与教育现代化进程;到 2018 年发布的《教育信息化 2.0 行动计划》,强调构建智慧学习支持环境,实施智慧教育创新发展,指引着我们创新教学方式。

一、云端一体化概念及相关平台简介

云端一体化"教—学—评—研":利用移动互联、大数据、云计算、人工智能和物联网等新一代信息通信技术,实现"教—学—评—研"各业务流程与管理流程由端到云、由云到端的一体化。相对于传统"教—学—评"的一体化,它系统性更强,融合度更高,实践力更好,因为高质量的"教—学—评"离不开有效的集体教研。

云端一体化"教—学—评—研"整体架构:基于云端一体化平台可实现"教—学—评—研"各业务流程与管理流程系统架构,可实现"教—学—评—研"各流程互联互通与数据共享,避免多平台多账户切换,以及各平台数据和流程难以系统集成带来的不利影响。

教育领域在不断地接收着大数据带来的变革,大数据与智慧课堂教育融合是教育发展的大趋势。星洋学校目前常用的应用主要包括希沃白板 5、苏州工业园区易加平台、妙懂初中地理 app 等。与传统的教学模式相比,数据分析辅助下的教学应用种类多样,教学资源丰富。希沃白板 5 是一款针对教学场景设计的互动课件工具,提供课件云同步、学科工具、思维导图等多种授课常用功能,希沃白板 5 的胶囊、上课、直播、作业本、集体备课及直播、听评课等板块将线上线下深度融合变为常态,打破了线上与线下的壁垒,提高了教师和学生的课堂参与度;易加平台是苏州工业园区智慧教育枢纽平台,它设计了课程中心、互动课堂、资源中心、试题中心等模块,教师在日常课堂教学中可以根据教学需要,调用资源,完善教学形式;妙懂初中地理 app 是一款地理学习的教育软件,它将初中地理知识点转化为生动的 AR 增强现实、3D 动画、在线竞技等各种形式的多媒体内容,使教学内容更加形象和生动,帮助学生突破学习难点。

二、实践探索:基于云端一体化的教学质量监测

本文以专题复习《等高线地形图》一节为例,运用易加平台、希沃白板 5、妙懂初中地理 app 等应用进行课堂实践,进行云端一体化"教—学—评—研"整体架构下初中地理复习课的课堂探索。基本教学过程如下。

(一)发布交互微视频,开展云端一体化课程导学

建构主义学习理论强调学生学习的主动性,认为学生是学习信息加工的主体,是意义建构的主动者,而教师是意义建构的帮助者、促进者。课前教师根据课程标准将

学习内容以思维导图、微视频、习题等形式发布至易加平台，例如在本节课前，教师就在易加平台的课程中心创建课程，采用翻转课堂模式，设置课前学习任务单，引用易加平台提供的海拔与相对高度、等高线地形图等微课资源和难易程度适中的习题资源，将其推送给学生，学生自主学习教师发布的希沃白板 5 胶囊微课，完成学习任务，自主建构知识体系。教师在课前登录易加平台，可以直观掌握学生自主学习的完成情况及答题正确率，同时结合单题统计的功能准确了解各个选项的选择比例，精确掌握学生的学习状况，及时调整课堂教学重点及进度。此外，易加平台多维度的统计数据能准确覆盖到每一名参与学生，方便教师随时掌握个别学生的学习参与度及答题准确率，有助于教师有针对性地制订辅导计划，开展精准教学，打造高效课堂。

（二）反馈前学问题簇，进行云端一体化互动精学

（1）精准定位教学目标，及时反馈前置学习结果。

教师借助大数据分析系统，全面接收本班学生前置学习的结果，从数据反馈中了解学生在新知学习中存在的共性问题簇，把握学生的学习进度，然后结合教材的既定目标拟定课堂上学生的学习目标以及教师的教学重点和难点，做到有的放矢、以学定教。学生的自主云学习反馈结果显示，等高线地形图的基本特征这一知识点得分率较低，教师根据这一反馈结果，结合课程标准，精准地整合出进阶学习的内容，通过设置具有层次性和逻辑性的系列问题随堂进行检测，提高课堂教学的有效性。为了激发每位学生的学习主动性，教师按照"组内异质、组间同质"的原则将学生进行合理的团队组合，采用合作学习等形式完成进阶内容的学习。在学生合作过程中，教师可以实时将小组讨论的结果无线投屏到希沃白板 5，其他小组可提出质疑，这种学习活动可以有效地优化课堂教学过程，减少学生学习及师生互动中的无效劳动，达到提高教学针对性的目的。

（2）借助虚拟技术，开展项目式学习。

建构主义学习理论认为教学应使学习在与现实情境相类似的情境中发生，以解决学生在现实生活中遇到的问题为目标，因此学习内容要选择真实性任务，这样的教学过程与现实的问题解决过程相类似，有利于提高学生的地理实践力。同时应注意，情境素材的选择应符合课程标准的教学要求，以便学生在分析地理情境时能够找到基本的理论依据，在解决情境所呈现的问题时有研究的动力。如在完成"等高线地形图"这一教学内容时，我根据苏州工业园区的实际情况设计了以下情境：

2019 年是我国全面进入小康社会的关键之年。苏州工业园区对口支援的贵州省松桃县有个别乡镇属于贫困乡镇，结合松桃县地理基本概况和附近某地等高线地形图，帮助他们打赢脱贫攻坚战。

材料一：松桃位于贵州省东北边缘，处在黔、湘、渝两省一市结合部。古有"地接川楚，位遏三湘，实黔东门户"之称。

材料二：松桃处于亚热带湿润季风气候区，冬冷夏热，雨热同期，四季分明，气候宜人。松桃地貌类型多样，组合形式复杂。为农业生产全面发展提供了有利条件，

亦形成溶洞景观群。

材料三：松桃中学附近某镇等高线地形图（图5-14）。

问题：我为松桃献计。

① 该地区基础设施比较薄弱，如仍存在电力供应不足的问题，你能利用当地的自然条件帮助他们解决供电紧张的问题吗？

② 你认为还可以发展哪些产业帮助他们走上致富道路？

该情境借助云资源，同时结合苏州工业园区对口支援的松桃县的实际情况创设的教学情境，整合了课程标准所要求的教学内容，根据学情适当添加相关云资料，与"借助地图和相关资料，举例描述中国农业、工业等生产活动的分布，并用实例说明科学技术在产业发展中的重要作用"课程标准的要求相适应，在教学实践中取得了良好的效果。

（3）结合教学应用云，展示学习成果。

学生以自己的方式建构对于事物的理解，不同的人看到事物的不同方面，而通过合作能够使理解更加丰富和全面，因此在进行案例学习时，主要采用小组合作的学习方法。但是对于水库选址这类抽象问题，学生的自主学习很难达到预设效果，妙懂初中地理app利用AR增强现实技术和3D模拟动画，全面展示该地区地形地貌特征，动态演示水坝修建的过程及效果图（图5-15），帮助学生理解其形成的地理背景。在发展产业致富方面，学生需要调用更多的知识和资源，将所学知识运用到实际生活中去，学生可以提出很多可行性措施，比如交通建设、开发旅游资源、发展水产养殖、农作物种植、经济林的开发等（图5-16）。

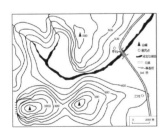
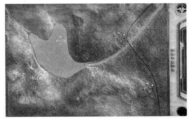
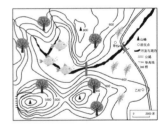

图5-14　某镇等高线地形图　　图5-15　水坝修建效果图　　图5-16　产业分布效果图

借助云教学应用，可以使抽象的地理知识更加形象、生动、有趣，充分调动学生主动学习的积极性。教师借助这些应用增加了单位时间的授课信息量，有利于培养学生分析、综合、评价等高级思维能力，帮助学生在真实的教学情境中解决问题，有效提高课堂效率。本课通过妙懂初中地理app实现的水库选址等活动，突出"学习对生活有用的地理""学习对终身发展有用的地理"的课程基本理念，借助云教学应用充分发挥学生的主体性，帮助学生从地理的视角思考问题，使学生逐步形成人地协调与可持续发展的观念。

(4) 构建思维导图，总结地理规律。

思维导图是一种图式工具，它以图文并重的形式，把各级主题的关系用相互隶属或相关的层级关系表现出来，帮助学生理解知识的内在联系。例如，在本课中，等高线地形图的判读、等高线地形图的应用、其他等值线图的判读这三大知识板块属同一层级，其他知识点均隶属于这三大板块。在等高线地形图的应用这一知识板块下，可以用思维导图的形式展示总结如何进行"点"（水库、居民点、露营地）、"线"（公路）、"面"（农业生产的布局、聚落分布）的选择，在其他等值线图的判读这一知识板块中可以将等温线、等降水量等相关等值线图的规律进行梳理，总结学习方法，帮助学生提高知识迁移的能力，真正理解知识之间的内在联系，建构属于自己的知识体系。

（三）云端一体化集体教研，促进教师专业发展

集体教研是教师共学、共研、共建、共享、共同成长的重要研培方式，有利于促进教师群体在专家骨干引领下，实现团队协同，优势互补，高质量发展。为更好地适应新形势的需求，集体教研同样需要进行整体优化。希沃白板 5 可以实现"教—学—评"的云端一体化，同样还可以很好地延伸覆盖云端一体化的集体教研，为学校教师开展线上线下混合式教研提供支持，让资源有积淀，教研有反馈，决策有依据。

(1) 线上集体备课推送相关习题，有效巩固学习难点。

主备人发起集体备课，将学生的监测数据上传，借助系统全面采集学生书面作业、测试数据，自动记录学生高频错题，扫除盲区，网罗难点。教师可在线上集备，对高频难点进行分析，系统自动整理并生成错题本，按照错误率排序，共同研讨每个学生的个性学习包，实现针对性极强的个性化学习。

(2) 精准照顾学生差异，提供丰富微课资源。

当堂或阶段形成性测试反馈大数据能精准、直观、全方位地展现每位学生的学情和知识点掌握情况，方便教师查看和发现学生的薄弱环节并分析原因。教师可根据学生个体的学习困难，私人定制视频指导微课，提高个别辅导的效益。另外，教师也可以针对学有余力的学生定制拓展性学习微课资源，为学生在平台上配备随身导师，以满足学生的差异化学习需要。智慧云平台和大数据分析系统能够有效追踪学生的学习表现，让课堂设计更加科学合理，也让教师的教学活动更加有的放矢，使精准个性化学习得以实现，更好地提升学生的学习绩效和成就感。

(3) 注重过程性评价，精准改进教学方式。

现代教学评价不是仅对某方面或结果进行评价，而是对整个教学过程进行全方位、动态化的评价。云计算辅助教学背景下的许多应用可以全面呈现教学过程，并建立学生、教师、家长共同参与、交互作用的评价制度，以多渠道的信息反馈促进被评价者的发展。比如利用班级优化大师 app，教师可以将学生上课的状态分享给家长，其自带的分数统计可以激励学生不断进步。晓黑板 app 是一款专业、科学、现代化的家校沟通与家校管理工具，教师可以在自己创建的班级中进行更加高效的管理，例

如，在本课结束后，教师可以将小组合作完成的作品——松桃中学附近某镇产业分布图拍照留存，在晓黑板 app 中利用"晓调查"功能，让学生投票评选出最优秀的作品，有利于教师更深入地了解学生动态，增进师生关系，同时也可以采集课堂满意度的数据，教师根据数据及时进行反思，有针对性地对教学方案进行优化，对教学方式进行改进，促进精准化教学。

三、基于云端一体化"教—学—评—研"整体架构的课堂案例启发

数据是基础，分析是手段，改进是关键。深度分析数据，精准实施教研行为是下一阶段借助数据要达成的目标。作为一线教师，应该努力对数据做出客观、科学的解释、说明和描述，进而寻求改进策略，精准实施教研行为。

（一）依托学情数据，改进课堂教学模式

对于具体的课堂教学来说，数据分析能够解释教学效果，成为教学改进最为显著的指标。利用数据分析能够提供有用的信息，从而为改善教学质量提供个性化的服务，进一步改善教学的方式与方法，促进教学相长。如在新授《中国的自然资源》这一课时，教师采用翻转课堂模式，学生在前一天利用易加平台观看 5 分钟左右的教学微视频，大概了解本课教学内容，并自主完成教师布置的 5 道课前练习题。上课伊始，教师结合学生课前练习反馈数据，组织学生交流学习所得，让学生明确本堂课学习的主要目标和任务，精准把握本课学习重难点，在后续教学中引导学生开展合作学习来探究重难点，并利用预设题库开展针对性当堂检测，再次利用大数据系统快捷收集和处理当堂答题数据，精准把握学生学习情况，做出必要精讲指导，对暴露出的主要问题及时进行纠正。

（二）借助课堂行为数据，有效提升听评课效率

借助易加学院课堂授课数据，针对性地分析课堂上的师生行为数据，在数据实证中改进教师教学行为，如对教师在课堂上提问的内容、提问的次数、提问的对象等都做出客观的统计与分析，及时发现和指出教师课堂教学行为的不合理之处，帮助教师发现和改正自身存在的问题，提高课堂上师生互动交流的效益。有了丰富的大数据支撑，通过数据实证来诊断教学工作成效，能够引导教师自主改善教学方式，改变教学行为。

（三）基于学业检测数据，精准分析教学质量

利用云痕大数据学情诊断平台，可以对各学生学业水平进行整体分析，如总分、均分、及格率、优秀率等常规指标分析，考试信度效度分析，追踪学校教学质量发展分析。同时可以针对学科教学层面分析，教师撰写学科教学质量分析报告，包括学科试卷试题与学生学业水平整体分析、学生学业水平分项分析、典型试题分析和教学建议。借助数据对比命题蓝图，反思命题设计、文字表述、问题设置等技术细节，改进命题技术，提高试题信度和效度，提高对试题和试卷难度预测的精准度。总之，充分利用大数据、云计算等先进技术，定期、持续采集教研数据，对教研数据进行深度挖掘，得出更加科学、准确的教研工作结果，提出更具针对性的教研建议，让教研工作更具智慧。

等高线地形图知识作为等值线图的重要组成部分，历来是初中地理教学的难点，本节课通过引导学生自主学习、合作探究，借助互动教学系列云平台和多种教学应用，打破了时间和空间的限制，将知识多层次、多角度地展示在学生面前，使抽象深奥的问题直观形象化，使整个教学过程更加结构化、交互化、精准化，从而明显提高课堂教学效率。在数据分析指导背景下的课堂实践中，区域的软硬件设施均要达到较高水平，同时教师应该提前了解学生的最近发展区，设置若干思维量较大、难度较高，但"跳一跳够得着"的问题，借助技术的力量不断提升学生的思维水平。地理教师也需要不断提高信息技术水平，紧跟时代步伐，打造计算机辅助教学背景下的智慧课堂，实现互联"云时代"的教学革新。

陈昭洁

人工智能在数学课堂教学评价中的应用探析
——以《探索三角形全等的条件》为例

课堂是教学的第一主阵地，课堂教学评价是评估课堂质量的重要手段。通过课堂教学评价，教师可以及时接收到各方面的正向反馈，更好地理解教学内容、理解学生，更好地选择学习资源、匹配教学活动等。

在传统的课堂教学中，大多采用人工的方式进行评价。专家教师、同行、上课学生等都是评价的主体。评价人会真实参与到课堂教学中，从课堂氛围、教师表现、学生理解度、活跃度等，给出自己的主观感受。这种评价方式有较强的主观性，评价完全依赖评价者对课堂的总体观察，通过教师提问粗略判别个别学生对于整节课的理解度，评价结果不够客观、准确，评价维度不够全面。

近年来，随着中共中央、国务院《深化新时代教育评价改革总体方案》的印发，创新评价工具，利用人工智能、大数据等现代信息技术，探索开展学生各年级学习情况全过程纵向评价、德智体美劳全要素横向评价成为教育评价的研究热点。2023 年，笔者作为初中数学学科的种子教师参与了苏州工业园区"人工智能赋能课堂教学评价"项目的试点，笔者在实践过程中也有许多体验和感悟，下面笔者将结合相关案例谈一谈自己的看法。

一、人工智能赋能课堂教学评价的实践路径
（一）六阶段还原真实课堂的精准采集

传统课堂的教学评价，由专家或同行进入教室，教师会精心打磨一节公开课，学生也会由于紧张等心理因素，产生与平常不同的课堂表现，难以还原真实的课堂情况。人工智能赋能课堂教学评价以教师常态课堂教学为评价对象，通过教师及学生两个机位采集数据，进行六次常态化教学录制，期间每完成一次教学，教研组结合数据报告开展一次主题教研活动，就评价量规及数据结果进行深入交流研讨，针对报告指出的课堂问题，二次修改教学设计。

（二）多维度呈现教学全程的精细评价

AI课堂智慧评价报告从教师能力综合分析、课堂教学过程分析两个方面展开。其中教师能力综合分析能够精确到教师的教学素养能力、新课标理解能力以及未来教育理解能力，每一点又以雷达图的形式进行多维度分析。例如，针对第一次课程《探索三角形全等的条件（1）》，报告（图5-17）指出教学设计能力综合等级为3等级（最高为4等级），即能够在一定程度上理解学生、理解技术、理解教学、理解课程，并在一定程度上依据新课标，从学生成长、学科应用、思维发展等视角探索教学目标，努力聚焦学习、聚焦技术、聚焦环境。

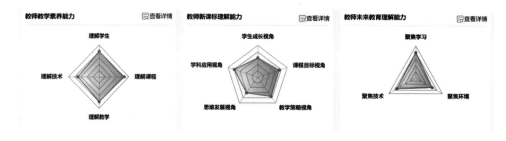

图 5-17 《探索三角形全等的条件》教学报告

课堂教学过程分析分为课堂教学整体分析、学习过程观察数据、问题设计观察数据、课堂交流与反馈行为统计等方面。报告展示教师、学生两个角度的课堂录制视频，以雷达图分析教师教学能力（图5-18），以扇形示意图标注教学行为和学习时长占比，以条形统计图展示思维活动数据，以折线统计图定位学生的活跃度及抬头度。同时，能够通过点击蓝条、图形回顾对应的教学片段（图5-19），展示问题设计更是从单点结构、多点结构、关联结构以及抽象结构进行分析。

图 5-18 教师教学能力分析报告

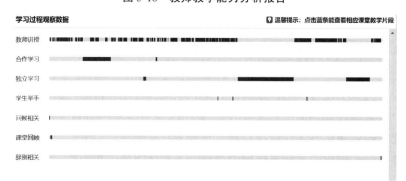

图 5-19 教学过程切片分析报告

例如，根据报告中的学习过程观察数据，笔者在第一次课堂教学中，尽管保证了学生独立学习、自我检测的时间，但还是出现了教师讲授过多（占比 51.58%），学生举手参与课堂较少的情况，课堂的活跃度和抬头度都不是很高。

根据问题设计观察数据分析，第一次课堂教学中，笔者提出的单点结构问题与多点结构的问题总数较多，没有注意到关联问题以及思维扩展方面问题的提出。回顾教学录制视频，笔者发现提出的问题大多属于浅层理解，没有往深处挖掘，学生的能力没有螺旋式上升。

（三）AI 课堂评价促进教育高质量发展

为深入推进以人工智能为代表的信息技术与教育深度融合，学校于 2023 年 5 月 25 日开展项目推进会。推进会上，试点教师及教研组长分别就项目试点的进程及课堂教学分析报告自我反馈进行了交流，提出了自己对于 AI 项目的困惑，评价方技术负责人及时给出答案，同时园区教师发展中心教研员也针对人工智能赋能课堂教学评价给出了相关建议，各方积极构建教育数字化转型和新课标新课程背景下的新型教与学。

通过此次试点工作，笔者发现，AI 课堂报告可以精准反映出教师课堂教学背后深层的问题，让教师正视自己的不足，根据反馈中存在的问题，反复打磨教学设计，以学生活动为主，找准学生的思维生长点，持续关注学生的思维拓展。例如，针对上文提到的第一个问题，分析发现，在后期例题讲解与课堂巩固环节中，笔者采取了学生做题、教师拍照希沃投屏的方式，并在投屏后自己讲解归纳，没有发挥学生的主体地位。对于此问题有以下几点改进措施。

（1）以本节课的例 1 为例，题目给足判定全等三角形的三个条件，是新知的简单应用，对于这种较为简单的例题，不能再是教师自己将过程完整板书，可以采取一位学生说思路以及详细的证明过程，其余学生判断方法是否正确、证明过程是否严谨的方法。

例 1：如图 5-20 所示，∠1 = ∠2，∠3 = ∠4，△ABC ≌ △DBC 吗？为什么？

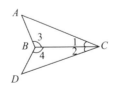

图 5-20　课堂教学例 1

（2）对于难度略微提高的题目，先带着学生读题，引导学生发现问题的突破口，说清思路后，一位学生上黑板板演，其余同学在学案上完成。大部分学生写完后，请学生对板演学生的解题过程进行批改，以生生互动的形式调动起学生活跃度。

针对上文中提到的第二个问题。以第一次课堂教学中的习题为例，在原有题目的基础上，添加了 4 条辅助线，提出了两个拓展性的问题：图中共有几组全等三角形和图中共有几组平行且相等的线段。其实这两个问题是很有价值的,但笔者并没有用好,只是简单地请一位学生回答了这个问题,没有深入挖掘,为什么这两个三角形可以全等,用的是哪一种判定方法。在课堂结束的时候,也没有向外拓展,只是让他们完成相应作业,其实完全可以提出一个为下节课作铺垫的问题:在两角一边的分类情况中,是否包括两角及一角对边的情况。

如图 5-21 所示,$AE=CF$,$AD\parallel BC$,$DF\parallel BE$,$\triangle ADF$ 与 $\triangle CBE$ 全等吗?为什么?

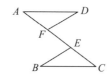

图 5-21　课堂教学习题

二、人工智能赋能课堂教学评价的应用展望

诚然,人工智能技术仍在发展阶段,尽管在相应行业已趋于成熟,但用于课堂教学评价仍处于试点研究阶段,即课堂教学评价并不能仅仅依靠人工智能。通过本次试点研究工作,人工智能的精准性、全面性等优势较明显,但在专业性方面仍存在一些问题。因此要构建更为专业化的评价体系,任重道远。

（一）评价的指导意见应凸显延展性

目前,人工智能赋能课堂教学评价能够很好地指出教师在某些方面的不足,但在数据的分析解读以及如何更有效地指导教学工作方面仍有所欠缺。而在传统的评价方式中,评价者能够通过观察教师的教姿教态、课堂氛围、教学重难点把控、教学节奏等多方面,就教师的优缺点给出相应评价,并提出更好的具有延展性的指导意见,集思广益,帮助教师更好地成长。

（二）评价的指标体系要关注差异性

不同学科有不同的课堂开展方式,例如数学相比语文、英语有更多的理性思考,在解题过程中,或许不会有很高的抬头度和活跃度,但这是否能说明这不是一堂优秀的课?不同学科在学科核心素养的培养上同样有所差异,仅依靠人工智能相同的评价体系无法深入评价具体学科。同时,对于同一门学科而言,新授课、习题课、复习课等也存在一定差异。例如新授课更注重激发学生的学习兴趣,强调对知识的掌握,而习题课更注重对于知识点的灵活运用,对相关题目的应用拓展,不同类型的课堂会呈现出不同的课堂表现,而人工智能需要探寻更专业化、具体化、层次化的评价体系。

（三）评价的价值导向要体现人本性

教师应主动把握信息时代的机遇,抓住人工智能赋能课堂教学评价的优势。人工智能可以精准分析课堂,分析教师表现、学生理解度等,但这并不意味着教师角色将被人工智能代替,教师也不能完全依赖 AI 教学报告。教师的根本任务是立德树人,在课堂教学中,教师需适时传递育人导向,在传授知识的同时,引导学生坚定理想信念,鼓励学生勇于担当责任,促进学生全面健康发展,帮助学生建立完整的人生观、世界观、价值观。而人工智能并不能很好地关注到"育人"这一层面，仍需要传统教学评价的辅助。

当前，人工智能的时代已然来临，试点研究项目得到了较优秀的反馈，作为教师我们应该充分发现人工智能赋能课堂教学评价的优势所在，积极探索人工智能在一线教学中的实际应用，充分发挥课堂教学评价在教与学中的积极作用，为今后人工智能的深入推广打下基础。

潘君怡

云端一体化初中物理课堂的"教—学—评—研"
——以《浮力》教学为例

一、云端一体化课堂"教—学—评—研"的意义建构

云端一体化"教—学—评—研"：利用移动互联、大数据、云计算、人工智能和物联网等新一代信息通信技术，实现"教—学—评—研"各业务流程与管理流程由端到云、由云到端的一体化，可实现"教—学—评—研"各流程互联互通与数据共享，避免多平台多账户切换，以及各平台数据和流程难以系统集成带来的不利影响。

二、云端一体化课堂"教—学—评—研"的教学实践

（一）云端备课研讨

使用集体备课最让人惊喜的是分享教学设计时可以跨越时空，并且可以以多样化的形式来分享。比如，笔者在进行《浮力》教学主备时，上传教案、课件、视频，特别是教案，把《浮力》教学过程的详案上传分享给组内老师，同时方便在第一遍稿件上进行多次修改，形成终稿，课件同样修改多稿形成终稿。在分享的过程中，与组内老师进行视频或语音研讨，随时记录灵感，发布在批注和评论中，最后主备老师采纳、修改，在《浮力》的备课过程中课件和教案修改了六稿。最终，一个凝聚了组内成员智慧结晶的教学设计完成，包括教学过程的详案、最终版本的课件、相关的视频资源等。

集体备课有助于提高教学质量、节约时间和资源、体现团队整体思维智慧、共享经验、促进教师专业成长和教学创新。集体备课有着多样化的教学方法和策略。通过集体备课，教师可以分享各自在不同教学方法和策略方面的经验和专长，这可以帮助教师寻找适合不同学生和学习目标的教学方法，并结合团队的智慧和创意，开发出创新的教学策略。集体备课还提供了教师之间相互反馈和建议的机会，团队成员可以分享对于教学资源、教案和教学活动的建议，这种互动能够促进不同视角的思考和对常规的突破，有助于提高教学质量和效果。通过集体备课，教师可以共享彼此的教学资源、学习资料和教具等。这样能够充分利用团队资源，提高教学效率，避免重复劳动，确保教学准备的充分性和多样性。

希沃白板 5 中提供了集体备课的平台。如图 5-22 所示，主备人点击"发起集体备课"，依次填写主题、内容、学段、学科、年级、教材和章节等备课信息后，至少选择希沃教案、希沃课件或知识胶囊等备课资源中的其中一项上传以供研讨；点击添加参与人，可以通过搜索的方式快速添加本校需要共同参与备课的教师，或通过输入电话号码邀请外校教师。为方便教师跨校进行研讨和交流，并适应不同的集体备课场景，主备人还可以进行访问、评论和批注权限的设置，完成后点击确定即可开启集体备课活动。点击右上方的分享，即可通过二维码或网址的方式邀请教师参与备课教研（移动端、PC 端均可）。如果主备人所邀请的教师已关注希沃信鸽公众号并绑定了学校，将在手机上实时接收到被邀请的通知，并且可以通过点击通知直接进入备课。如图 5-23 所示，参备教师不仅可以在评论区发表评论，还可以点击工具栏中的批注按钮，在对应的页面需要修改的元素旁添加批注，让主备人一目了然，随后主备人根据教师研讨的内容，对稿件做进一步的完善，再重新上传。历史上传的稿件都能回复查看，并与现有的最新稿件进行同屏对比，以便集备教师精心打磨，让资源发挥最大作用。完成集体备课后资源在校本资源库汇聚，备课组成员可下载并根据班级学情和教师的教学特点进行二次备课，既保证教学目标统一，又能兼顾不同的个性特点。整体达成线上线下深度融合，有效避免传统教研中因时空异步、人员不齐、资料收发烦琐等因素带来的干扰，可实现随时随地发起、随时随地参与，从一言堂转向群言堂，所有集体备课互动情况全程伴随性数据采集，云端存储，共建共享，支持随时翻阅查看，也便于后续的回溯和反思。主备人和管理员可全方位查看相关数据，还可一键导出到本地，随时随地进行多维度的数据分析，优化教研管理决策，实现了集体备课全流程数字化转型。目前最新版本还支持视频和语音教研，场景适应力更强，教师可将其用于小班授课和小组项目化协作学习。

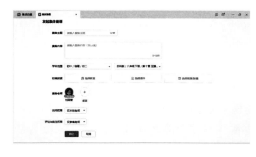
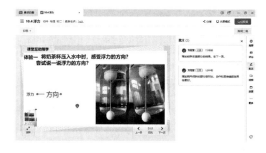

图 5-22　发起集体备课　　　　　　　　图 5-23　进行备课批注

在集体备课界面，主备人可以选择侧边栏的视频或语音研讨功能，并选择上传的教案、课件、视频进行叙述，参备教师可以与主备教师面对面，也可以在千里之外通过批注、评论的方式进行视频或语音研讨。在集体备课功能中，主备人可以对比不同稿件的异同，也可以通过数据分析看到参与人数、浏览次数、研讨次数、研讨字数、研讨词云等信息。参备教师通过侧边栏"更多"可以直接获取教案、课件、视频等资源。

（二）课前问卷诊学

教师在课前创作胶囊，做好课件后，在录制时可以选择添加答题板，录制后可以进行逐页编辑并插入课堂活动。通过复制海报或者复制链接的方式分享给学生及家长，无需下载 app，用微信登录即可参与胶囊及其互动。这既增加学生在课前的参与度、互动感、体验感，也方便教师提前了解学生的情况。胶囊制作者可以看到学生的互动情况、答题情况，同时可以获得学生互动后的数据，方便进一步根据学生情况调整教学内容。

（三）云端一体教学

希沃白板 5 不仅能很好地满足线下面对面的课堂互动教学，而且也能够很好地满足屏对屏的云端互动教学，以及 OMO 混合式互动教学。通过其云课堂模块，可以按需开启语音课堂或视频课堂，绑定课件、设置时间，发布链接或邀请码，学生报名即可。学生既可以按时收看直播，也可以在家长陪护下回看。直播时，学生可以举手连麦、互动批注、接管屏幕，教师可以推送课堂活动、答题板（主客观兼备）邀请学生全员参加。这一点相较线下教学时仅有几位学生参加板演更显公平，也更有利于教师动态把握整班学情与个体差异。

图 5-24　线上直播课

无论语音，还是深度交互，效果都好于腾讯会议。如图 5-24 所示，教师正在进行希沃云课堂中《浮力》直播课的时间设置，设置好后把直播课自动生成的链接或二维码分享给学生。

（四）云端一体化评价

听课评课的目的是为了促进教师的专业成长和提高教学质量。通过观察他人的教学，教师可以借鉴和学习他人的成功经验，发现自己的不足之处，并寻求改进的方法。听课评课也是教师之间的一种合作和分享方式，促进教师之间的交流和互助。教师可以互相邀请和参与听课评课活动，分享经验和教学资源，共同提升教育教学水平。

在希沃白板 5"我的学校"中有听课评课功能，需要学校开通希沃信鸽服务。教师可以进入"希沃白板5—我的学校"，通过"搜索学校"，确认学校是否开通希沃信鸽；然后通过"搜索学校"或"输入信鸽号"加入学校，以及管理员"邀请入校"（都需要学校信鸽管理员审核），或者通过学校信鸽管理员批量导入名单（无须审核）。这里补充一下，希沃信鸽是面向学校管理者的教研管理平台，可以对希沃旗下的各平台应用数据和校本资源进行云端一体化管理。在使用希沃白板 5 的基础上，开通希沃信鸽加入学校，可搭建教师个人融入学校教研的平台，并能一站式完成个人备课、集体备课、听课评课等教研活动，用信息化的手段简化教师的工作流程和方法，用互联网协作思维赋能教学创新变革。如图 5-25 所示，在听课评课界面中设置听课评课功能，需要填写课程名称、上课时间、评课表、课程资料、听课老师、评课方式，并设置开始时间。值得注意的是，评课方式有三种：线下评课、直播评课、视频评课。

图 5-25　线上听课评课

发起直播的教师可以看到导出记录、开始直播、编辑信息、分享。听课教师可以完成听课记录、听课交流、评课表等。直播结束后，教师可以查看评课的数据统计结果，对整节课做进一步的反思回顾、教学评研，最后研究回顾和总结提升。

除此以外，在希沃白板 5 的探索栏目中，还可以看到作业本，通过选择学科、年级、学段等选择对应的习题可以编辑成 PDF 版本直接发送给学生，并且通过扫描答题结果得到对应作业的数据统计结果，教师可以综合分析，调整教学内容。

总的来说，希沃白板 5 通过提供集体备课、胶囊、云课堂、作业本等丰富的功能来整合多媒体资源、教学演示、课堂互动与评估，为数字化和信息化教学提供强有力的支持。它能够提升教学效果、激发学生的学习热情和参与度，促进个性化学习和诊断，进一步推动教育的数字化转型。

刘冠莹

"教—学—评—研"云端一体化背景下初中地理项目化教学探究
——以《东方明珠——香港和澳门》为例

一、"教—学—评—研"云端一体化建构背景

"教—学—评—研"云端一体化是指将教、学、评价和研究工作融入云端平台，实现信息的共享和资源的整合。这一新兴的教育模式，为教育行业带来了许多便利和创新。它为教育工作者提供了更加高效便捷的教学与评价方式，为教育研究工作提供了更加广阔的研究空间，同时也有助于提升教育教学质量。新媒体平台和新技术的出现，为课堂教学提供了新的途径和手段，教师可以通过互联网获取更丰富、更优质的教学资源。尤其是易加平台、希沃白板 5 等智慧教学工具的迅速发展，为网络教学平台的建设提供了极大的便利。

二、项目化学习的概念与意义

（一）项目化学习的概念

项目化学习是建构主义理念下以学生为中心的学习方式。它主张学生通过一定时长的小组合作，解决真实世界中复杂的、具有挑战性的问题，或完成源自真实世界经验且需要深度思考的任务。学生在解决问题或完成任务的过程中，精心设计项目作品，规划和实施项目任务，进而逐步习得知识，获得可迁移的技能。教师根据学生的认知规律安排教学程序，包括创设情境、提出问题、分析问题、提出解决方案等，使学生能够自我引导、主动建构问题，发挥项目化学习的效果。

（二）项目化学习的意义

不断有研究者证明，相较于传统课堂，项目化学习模式效果更显著。特别是对于成绩欠佳的学生，项目化学习能有效缩小成绩差距，并提高学习积极性。在国内，项目化学习的学习观和方法有助于促进"双减"背景下育人方式的转型。项目化学习强调真实且复杂的问题情境、超越学科界限的素养、学生合作的方式、公开的项目成果及多样化的学习评价。通过让学生完成探究性、开放性的问题，培养其在分析和解决地理问题中秉持人地协调观、运用综合思维的区域认知能力和地理实践力。

三、"教—学—评—研"云端一体化背景下项目化教学架构

本节课构建建设粤港澳大湾区的课堂情境，分析粤港澳大湾区达成五个建设目标的优劣势，秉持可持续发展理念展开项目化研究，通过分析、探究等活动，有助于学生形成尊重和保护自然、绿色发展的概念，能够系统、动态、辩证地看待问题，增强热爱家乡的情感和国家认同感，增进对世界的理解。

依托易加平台与希沃白板 5 在教、学、评、研等方面的信息化功能，构建了"教—学—评—研"云端一体化背景下项目化教学架构（图5-26）。

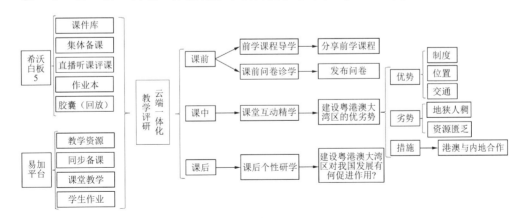

图 5-26　"教—学—评—研"云端一体化背景下项目化教学架构

四、"教—学—评—研"云端一体化背景下初中地理项目化教学实例

(一) 集体教研备课

"教—学—评—研"云端一体化为教育研究工作提供了更加广阔的空间。传统的教育研究往往受限于时间、地点和资源等因素,难以进行大规模的数据收集和分析。而通过云端平台,教育研究人员可以方便地获取大量的教育数据,进行深入的研究和分析。

此类云端平台类型丰富、功能强大。易加平台可以在区域内共享备课资源,数据化分析学生学情,精准把握教学。希沃白板5中的课件库功能提供了大量教育教学课例,丰富教学素材。集体备课功能由主备教师上传教案、课件初稿,根据实际情况邀请校内、外教师进行集体备课,通过评论、批注等功能对初稿进行修改建议,最终形成二稿、三稿,完成集体备课。云端集备促进教育研究人员之间的交流和合作,实现资源的共享和优势互补。

(二) 课堂实例

1. 前学课程导学

课前通过易加平台发布云课程(图5-27)。学生通过平台了解本课的学习目标。学生阅读《粤港澳大湾区发展规划纲要》、香港和澳门地形图、卫星图等资料,完成

图5-27 易加学院前学云课程

讨论任务:《填充图册》填图;粤港澳大湾区建设目标。通过易加平台,教师可以及时获取最新的教学资源和教学方法,为教学实践提供更多的选择和支持。同时,易加平台还可以根据学生的学习情况和兴趣特点,为教师提供个性化的教学建议和指导,帮助教师更好地满足学生的学习需求,在提高教学工作灵活性的同时提升学生的学习积极性和学习效果。

2. 课前问卷诊学

学生完成自主学习任务并进行检测,教师通过可视化数据表格分析(图5-28),了解学生的知识掌握情况,及时调整教学内容、方法策略,力求达成教学目标,突破重难点。

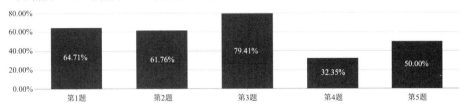

图 5-28　易加学院问卷报告

3. 课堂互动精学

（1）以粤港澳大湾区建设为背景导入。

展示中共中央、国务院印发的《粤港澳大湾区发展规划纲要》文件，了解粤港澳大湾区所包含的地区，从视频中找出粤港澳大湾区的五个建设目标。学生在课堂上展开以分析粤港澳大湾区选址及建设优劣势的项目化学习。

（2）新课讲授。

学生提出关于粤港澳大湾区建设的优劣势的发散性问题，如制度、位置、交通、人口密度等。教师根据学生的答案进行简单记录并从优势逐条分析。

① 溯港澳回归，感制度针对性。

展示香港、澳门回归照片。

提出问题：这两张照片拍摄于何时？记录了什么历史事件？

学生结合书本回答问题。强调设立香港特别行政区、澳门特别行政区，实行"一国两制"的基本国策，深刻理解香港和澳门是我国不可分割的一部分，增强民族自豪感与认同感。分析得出粤港澳大湾区兼备了社会主义与资本主义的制度优势。

（设计意图：此部分内容较为简单，学生简要阅读书本获得答案。重点在于对学生的爱国主义教育。）

② 寻地理环境，析位置优越性。

世界级城市群为粤港澳大湾区建设目标之一，通过自主学习了解粤港澳大湾区由哪些城市、地区组成。

前学反馈：展示在前学讨论中学生的填图情况，粤港澳大湾区位置及行政区划图，在前学基础上完成自主学习一。

提出问题：总结粤港澳大湾区位置优势。

学生结合书本完成自主学习一，明确香港、澳门与珠三角九市的纬度位置、海陆位置等基础知识。使用希沃白板 5 中的蒙层功能反馈学生课堂学习情况，总结港澳与珠三角九市紧密联系的地缘优势。

（设计意图：此部分内容较为简单，学生在前学环节基本掌握香港和澳门的位置。学生通过自主学习阅读书本并以活动的形式在粤港澳大湾区建设背景下进行读图、填图能力的训练，提高了学习兴趣，强化了运用知识的能力。）

合作探究：展示中国工业分布图、"一带一路"经济走廊及途经城市图、粤港澳大湾区区位优势图、长三角与大湾区海岸线图。

提出问题：

a. 与长三角地区（江浙沪皖三省一市）相比，粤港澳大湾区在地理位置上有什么优势；

b. 比较粤港澳大湾区与长三角地区的海岸线特征差异。

a 题：粤港澳大湾区位于一带一路交汇点，连接周边众多经济区；位于我国东南端，海陆交通便利，与东南亚紧密联系。

b 题：粤港澳大湾区比长三角地区海岸线曲折，天然良港多，港阔水深。

教师展示粤港澳大湾区空港、港口分布、港珠澳大桥、京九铁路等材料，师生共同总结粤港澳大湾区地理位置的优越性。

（设计意图：自主学习，从区域角度分析粤港澳大湾区位置的优越性，在此基础上以合作探究的形式，对比粤港澳大湾区与长三角地区（学生所在地、上一节内容），总结其在国家、世界方面的位置优势。）

承转：制度、位置优势使得粤港澳大湾区成为"一带一路"建设的重要支撑，此外，中共中央、国务院旨在将粤港澳大湾区打造为宜居、宜业、宜游的优质生活圈。让学生通过小组讨论活动来分析港澳地区的生活情况。

③ 察人地特征，悟发展局限性。

小组讨论：展示香港卫星影像图、人口密度表（香港、澳门、上海、北京、苏州、园区）。

提出问题：

a. 总结香港及澳门的人口特点；

b. 归纳香港的地形特点，其城市建设用地主要分布在什么地形，总结香港人地特征。

a 题：根据人口密度表可知香港及澳门人口十分稠密。

b 题：香港地形以丘陵为主，城市建设用地主要分布在沿海平原，其人地特征为地狭人稠。

追问 1：面对地狭人稠的人地特征，香港和澳门是如何做的？

使用 VR 展示香港的摩天高楼与填海造陆等手段，直观感受香港通过"上天""入地"的方法缓解人地矛盾。

追问 2：观察卫星影像图，香港虽然土地资源非常稀缺，但是已开发的土地面积不足 1/4，在已开发的土地中保留大片绿地。针对这种现象，谈谈你的看法。

生：打造宜居、宜业、宜游的优质生活圈，在经济发展的同时注重生态保护。

师：以星洋学校周围为代表，是否做到发展经济的同时不破坏生态环境？使用网站（https://livingatlas.arcgis.com/）对比 2014 年、2022 年星洋周围土地使用情况，得到否定答案，需向港澳地区学习。

④ 探产业优势,议合作互补性。

港澳地区凭借其制度、位置优势发展了香港的国际金融中心、贸易中心、航运中心、信息服务中心和澳门的博彩旅游业等优势产业,但由于其人地矛盾的劣势,需与祖国内地相合作,达成优势互补。

小组讨论:

a. 结合书本第62页,分析港澳地区和珠三角九市各自提供的优势条件;

b. 改革开放初期,在内地与港澳的合作模式中,谁扮演"店"的角色,谁扮演"厂"的角色?(港澳:店,内地:厂,可打造内地与港澳深度合作示范区)

学生通过希沃白板5课堂活动功能完成优势配对。

追问:阅读图文资料,说说目前粤港澳大湾区的合作模式与前"店"后"厂"合作模式的主要差异。

师生共同总结:产业升级,提高经济效益,兼顾环境和生态效益。打造国际科技创新中心。

(3) 课程总结。

师生结合思维导图(图5-29)共同总结本课,分析粤港澳大湾区的制度、位置、交通、资源等条件,肯定粤港澳大湾区五个建设目标的合理性与可行性,确定港澳与内地合作新模式的互补性。

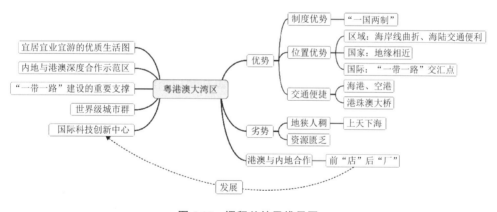

图 5-29 课程总结思维导图

4. 课后个性研学

如图5-30所示,通过易加平台发布个性化开放作业:建设粤港澳大湾区对我国建成社会主义现代化强国、实现第二个百年奋斗目标,以中国式现代化全面推进中华民族伟大复兴有何促进作用?

使用希沃白板5听课评课功能直播授课,邀请校内外老师听课评课,将课后回放链接、胶囊上传易加平台,便于学生回顾本课。

通过易加平台、希沃白板5等交互化软件,学生在云端完成学习、作业、复习、评价等,在复习反馈时遇到知识点未完全掌握时,可及时在云端再次学习,及时巩固。云端学习会生成个性化学习报告，对学生作业进行过程性分析，找出薄弱的知识点，有利于形成系统化的评价，促进教学评一体化发展。

图 5-30　易加平台课后个性化研学

五、不足与改进

（一）拓宽资料获取途径，增加学习自主性

本节课的项目化学习所使用的资料均为教师提供的学习任务单。可以课前布置任务，让学生分小组进行相关资料检索，在课堂上提出问题并论证，教师进行补充，同时完善小组分工。当问题涉及面较广，可以划分为多个子问题时，小组成员可以按照"拼图"学习的方法进行探究式学习。在解决问题的过程中，有发现问题、分析问题、解决问题等环节，可以培养学生的多种思维能力、交际能力和表达能力。同时，引入思维导图可以提高学生的创新思维能力、协作沟通能力和自主学习能力，促进学生综合能力的提高。

（二）提高课堂直观性，充分使用信息技术

学生讨论内容也可使用平台及时共享，再加以修改完善，充分发挥多媒体教学优势，全方位、多角度地呈现教学内容的作用，做到知识系统、重点突出、生动有趣。此外，教师还应学会运用现代信息技术手段与学生进行沟通与交流，以了解学生对知识的掌握情况，帮助学生理解相关知识和内容，并学会利用信息技术与学生进行互动讨论，增加课堂的直观性、趣味性和灵活性，从而提高教学效果。

（三）体现学生主体地位，提升课堂交互性

学生的讨论成果由小组代表上台展示。其余小组同学对其提出问题，由同组同学进行解答，实现课堂生生互动、师生互动。在课堂互动中，尊重学生的主体性，鼓励学生在规定的时间内积极主动地回答问题，减少负面评价，充分发挥学生的想象力和创造力。鼓励学生在课堂上发表自己的观点，培养学生发现问题、分析问题、解决问题的能力，从而调动学生的学习积极性，活跃课堂教学气氛。

唐思佳

实践研究感悟

导读：在教育数字化转型进程中，科技与教育正在互相赋能，教育数字化转型正成为全球教育改革发展的趋势，并逐步形成了全领域、全要素、全链条、全业务的系统性深度融合。教育数字化转型背景下云端一体化课堂是如何实践的，实践效果又如何，老师们在实践过程中有什么样的感受，是一线教师需要重点考虑的问题。本节重点从中小学一线教师的真实课堂出发，探索混合式教学、大数据下的探究式教学、线上线下全链条的教学、基于易加学院的教学、云端一体化课堂的"四学"范式与"四度"评价等，通过构建教育数字化转型背景下云端一体化课堂教学的新生态来寻求上述问题的答案。

云端一体化背景下物理"大单元"统整复习在线教学探索与实践

一、研究背景概述

近十年来，随着我国《"十四五"国家信息化规划》《教育信息化十年发展规划（2011—2020年）》等一系列重要文件的出台和前瞻性引领，国内教学新技术得到了进一步的开发和应用，网络教学技术在"互联网+"时代得到进一步的完善和赋能。

近年来，由于全球疫情的不确定性，网络授课成为新常态。全国各地教师通过两年多的亲身实战经历，对网络授课有了更深刻的理解。但网络在线课堂的教学效果一度引发社会各界的争议和诟病，特别是初三这个备受关注的群体，一边是紧迫的升学压力，一边是网络诱惑坠落的深渊，如何设计更为精准、生动、有效、结构化的线上课程成为新时代对教师提出的新挑战。

二、"大单元"统整项目化混合式课堂范式支架

笔者笔下的初三物理"大单元"统整在线课程是以原星洋学校校长——叶鹏松老师提出的云端一体化课堂为理论支撑的其中一种类型的课堂，它依托良好的网络平台以及结构化的概念图贯通课前、课中、课后，实现教、学、管、评、测云端一体化[1]，它的基本范式支架如图5-31所示。另外这里的"大单元"并不是传统意义上的一个章节内容，而是站在整个初中物理知识框架内去整理统合，形成前后知识的关联，构建知识脉络，为学生搭建"攀云梯"。结构化的概念导图能够达成很好的教学效果，课前通过绘制"大单元"概念导图，在课前、课中、课后进行不同程度的渗透，学生在潜移默化中形成知识大概念结构化的认知而不再是碎片化的、零星的知识片段。[2]

---

[1] 叶鹏松."互联网+"背景下"云课堂"的校本化建构[J].江苏教育研究，2019，(31)：16-20.
[2] 叶鹏松.以概念图为支架的云端一体化物理课堂的建构与思考[J].物理教师，2020，41（09）：64-68.

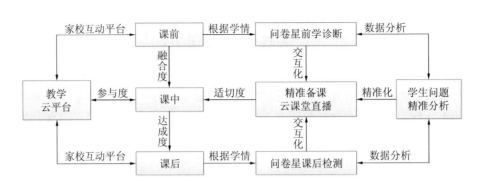

图 5-31　"大单元"统整在线课堂基本范式支架

本文所讨论的物理项目化教学是将物理课本中有意义的、有研究价值的综合实践活动、实验、概念等，通过可拆分的任务单元，以"项目"为线索，以任务驱动，寻找学科教学内容的真相和本质，通过项目深化对知识的理解，通过实践实现理论与实践的螺旋式上升。混合式教学在本文中是指将学科教学与网络化学习有机结合起来，将"互联网+"时代多种优质教学资源融入到物理学科课程的学习中，经过整理、组合、相互融合，实现学习路径的重构，优化学习方式，实现教学的智慧化和有效性，实现学科内部的统整和跨学科融合。

三、"大单元"项目化混合式课堂案例

基于学情、疫情，我们对线上教学的定位做了重新的规划和调整，主体宗旨是：立足学生、立足课本、立足基础、立足实验。下面笔者以苏科版初三物理复习课为例，从课前、课中、课后三个环节——介绍剖析我们的做法。

1. 概念图引领"大单元"知识自主重构

初三学生对物理的知识已经有了比较好的领悟，并形成了良好的物理观念，又具备自主复习的能力，此时教师需要做的是站在物理全局中再次深化已有的知识，在整个框架中盘活物理知识，打通知识间的壁垒。显然传统的教学模式是不够的，教师课前可以通过绘制大单元概念导图并推送给学生，帮助他们进行宏观层面的梳理，学生通过扫码的形式获取概念导图，并依托概念图的支架进行自主梳理，在梳理中对自己已有的碎片化的知识进行重构统整，形成知识点间的联结，从而碰撞产生新的认知和疑问。学生通过自主梳理更易于对书本知识留下深刻的印象，实现从传统教师的教，向教师主导、学生自主学习的方式转变，学生带着问题而来，带着思考而来，不再坐等老师灌输式的教学。

另外，物理是一门以观察和实验为基础的学科，在时间的冲刷中，一些重要的实验的一些细节性的问题已经变得模糊不清，希沃白板 5 这款软件中的概念图支持插入视频、音频、图片等，可以增加学生在自主复习中的乐趣，学生在自主复习的过程中可以再次回到实验情境中，再次审视实验，有条件的学生还可以根据视频导学做现场实验以加深印象。

在"互联网+"的时代背景下，教师通过结构化的概念导图为支架，实现学生自

我导向的个性化学习。课堂上学生带着问题而来，为课堂注入了新的活力，有效改善了师生教与学的方式。

2. 问卷星直击问题核心精准备课

美国认知教育心理学家奥苏伯尔曾说过：如果我不得不将教育心理还原为一条原理的话，我将会说，影响学习最重要的原因是学生已经知道了什么，我们应当根据学生原有的知识状况进行教学。那么问题来了，如何得知学生已经掌握了些什么？他的困惑还有哪些？显然传统的课堂大部分都是来自教师的经验，这样的课堂往往不够精准，不能抓住问题的关键所在。笔者和组内同事通过两年半的实践，利用问卷星这一软件对课前学生知识掌握的情况进行了大量的问卷调查，结果往往出乎我们的意料。下面笔者以第 15 章大单元复习的数据反馈为例一一说明。

为了更全面地了解初三学生对苏科版物理第 15 章电功和电热的整体掌握和遗忘情况，笔者运用问卷星，向学生发布了一份前测问卷项目化任务，问题主要关注了以下 7 个方面：（1）电流做功与消耗电能之间的关系；（2）电能表常量参数辨析，以及如何利用电能表常量推演解决生活中的实际电学问题；（3）电热和电功之间的关系，基本公式是什么？推演公式的使用条件是什么？（4）电功、电功率、电热实验的探究过程如何，实验结论如何表述？（5）实验过程中的各类故障如何排查？（6）电热器的高、低温挡的简单计算，以及热效率的问题；（7）通过概念导图自主复习后，你还有哪些不清楚的知识内容？针对前 6 个问题，教师对经典题目进行针对性的改编和设置，为了防止学生反复提交，可以在问卷中将答卷次数改为 1，并设置合理的作答时间，为了防止学生相互核对答案，还可以将题目选项设置为随机，从而提升前测问卷的信度。

学生通过扫描问卷星二维码，在规定时间内完成测试。在问卷发布结束之后，腾讯文档会对问卷星中学生的测试结果、答题情况在后台程序中进行及时的数据收集，形成系统的书面统计。教师根据数据反馈，便可以掌握学生对知识的整体掌握情况，这些数据将成为教师"大单元"设计、精准备课的一手宝贵资料。此次参加第 15 章复习课前学诊断的学生共计 185 人，但令笔者没有想到的是，数据反馈表明，笔者本以为初三刚学没多久的第 15 章的基本公式居然有 33 人觉得有混淆问题，对电热、电功、电功率相关概念辨析学有困难的人数也分别达到了 19、14、11 人次，问卷反馈下来，学生反而在笔者觉得有问题的高低温档的计算问题上以及故障分析问题上掌握得很好（图 5-32）。

两年半的实践告诉笔者，经验往往是不可靠的，笔者不得不再次审视课堂，学生有时候不想听课，可能真的不是因为不想听，而是教师花费大量时间讲解的内容本身已经不能再激起学生的任何兴趣，而真正有问题的东西教师反而没有为他解决。

关键字	☑公式	☑电热	☑电功	☑电功率	☑电路	☑电能表	☑单位	☑知识点
数量	33	19	14	11	8	8	6	5
关键字	☑短路	☑分不清	☑家庭	☑灯泡	☑功率	☑熟练	☑混乱	☑断路
数量	5	4	4	4	4	4	3	3
关键字	☑关系	☑区别	☑综合	☑困难	☑灵活运用	☑思路	☑电阻	☑电压
数量	3	3	3	3	3	3	3	3
关键字	☑连线	☑电能	☑LED	☑节能灯	☑kwh	☑概念	☐暂无	☑白炽灯
数量	2	2	2	2	2	2	2	2

图 5-32 问卷结果统计

在有限的初三复习时间里，地毯式的复习显然是不可取的，抓住问题的关键所在显然尤为重要，通过学生的前测反馈，教师可以更精准地定位学生的问题，对症下药，精准备课、精准设计课堂互动活动。比如上面提到的苏科版第 15 章的内容，笔者最后将复习的重心向测试有问题的基础实验情景回归，向基本公式的辨别和简单计算中公式的选择两个方面倾斜，为了兼顾所有学生和一轮"大单元"统整复习的全面性，课上教师还是以概念图为主层层展开，只是对学生集中出现的问题进行倚重并各个击破。

在物理"大单元"统整复习中，教师还可以通过现场直播演示实验、仿真实验或者利用学生手边的材料进行创新实验，增加线上课程的趣味性和效率，比如在浮力和密度的"大单元"复习中，教师完全可以让有条件的学生利用家里的烘焙电子秤或量米的量杯利用浮力的相关知识去测一测一只小碗的密度，通过虚实结合的线上实验互动形式，让学生参与到课堂学习中来，从而对复习课中的重难点问题进行靶向"治疗"，各个击破。

3. 增进课堂参与度的趣味线上小游戏

不同于线下教学，考虑线上教学的特殊性，笔者对线上教学模式也进行了细化和调整，在腾讯会议中增设了"小鹅"这款软件，以便更好地实现课堂互动，学生可以通过投票等方式参与到课堂互动中来，让学生紧跟教师的步伐，对他们反馈的问题进行各个击破。

为了增加初三"大单元"复习课线上课堂诊断的趣味性，教师可以利用希沃白板 5 中的几款分类小游戏让学生参与到课堂互动中来。经过两年多的实践，学生非常热衷于这项课堂活动，学生在小游戏中既能感受到升级打怪兽的快乐，也能很好地掌握物理知识，特别是在初三"大单元"复习课的大前提下，游戏对于学生而言更具有挑战性，它要求学生对知识既要有系统的全局认识，还要有一定的熟练程度，因为在竞技小游戏中，反应速度稍慢就可能输给"对手"，而自己所在的小组成员会受此"牵累"，所以每个学生在自主复习中就会更专注于探究知识的本质，只为在课堂小游戏竞技中成为"王者"。

4. 知识胶囊，哪里不会点哪里

传统的课堂时常在课堂教学结束后就画上了句号，学生生成的新的问题和困惑并不能得到很好的处理，这个问题在笔者的学校得到了很好的解决，笔者开始就提到云端一体化背景下初三物理"大单元"统整复习在线课堂实现了课前、课中、课后的闭环教学，学生课后的这些问题，同样可以通过问卷星进行收纳采集，针对学生的高频问题利用希沃白板 5 中的知识胶囊这一功能录制针对性的胶囊，问题便可以迎刃而解。学生可以根据自身所需选择所要观看的内容和播放进度，可以反复看，实现哪里不会点哪里，这样的胶囊使学习更具有针对性，能很好地满足课后个性化学习的需求。

5. 项目化驱动，实践和理论有机融合

物理和生活往往有着千丝万缕的联系，经过项目化任务的驱动，学生能更好地提高沟通能力、合作能力、创新能力。比如上文中提到的电功、电功率、热效率等问题，学生在掌握了丰富的理论知识的基础上，可以利用所学的知识测量家中用电器的实际功率，通过测量和用电器的铭牌参数进行对比，寻找测量值和铭牌参数之间存在差距的原因，不断改进实验方案，激发自己更多的思考。

第 15 章内容学习结束后，教师也可以布置测量电热水壶和煤气灶热效率的问题，将比热容、热值、内能、热效率等一系列物理问题有机串联起来，学生在测量中将物理知识前后关联起来，通过测量也引发了对电加热和化石燃料加热效率和提高热效率的新思考。比如学生会想到锅的材料和造型对热效率的影响以及如何让燃气更充分燃烧，用多大的火加热更合理等问题，以一个问题为中心，引发一系列问题，不断解决问题，在解决问题中不断深化对知识的理解和消化，并以此为契机引发新的认知冲突，从而实现理论和实践的螺旋式上升。

再如学生在学习蒸发内容后，通过土冰箱的制作加深了对蒸发制冷知识理解的同时，还主动去探索了家里冰箱的制冷原理，加深对蒸发器和压缩机功能的理解，将理论有机地落实到实践中去。再如声现象内容中，学生在学习了声学音调内容以后，利用家中的碗筷、杯子等器材自制了水乐器，加深了理论知识的理解的同时，还实现了跨学科融合，学生通过瓶子项目，不断深入探索物理和音乐，将两门学科紧紧联系在一起，通过项目推进和新的问题的出现，不断激发学生探索的欲望。

实践表明项目化教学活动具有极强的互动性和整合性，学生能很好地将不同学科知识整合起来，更有利于知识的整体架构，项目化任务为学生物理核心素养的落地搭建了脚手架。通过项目化任务，学生能很好地解决实际问题，将理论和实际有机融合起来，实现理论和实践的螺旋式上升。

四、"大单元"项目化混合式课堂反思与展望

全球疫情及"互联网+"的时代背景下，课堂模式正在悄然改变，网络在线课程在特殊时期在师生之间架起一座知识的桥梁，让每一个学生都能在特殊时期在家中得到更好的学习指导，真正做到"停课不停学"。

云端一体化下的"大单元"项目化混合式在线教学模式的探索与研究正在为线上课堂提质增效做出积极的努力，同时它也正在改变着课堂的广度和深度，让课堂不

仅仅发生在课堂上，课后也为学生留有思考和学习的空间，让学生站在整个知识体系中去理解知识、运用知识、盘活知识，通过这样的形式，打通了学生知识之间的屏障，为以后物理的学习打下更深厚的基础。随着研究的推进，该模式的课堂已经可以很好地对接线下课堂，为精准化的课堂设计提供更多的理论支撑，笔者也相信随着研究的推进，在未来更深入的研讨学习中，该模式将打通课内课外、面对面与网络、学科与综合，使之成为一个整体，形成"互联网+"时代的教育新常态，更好地服务于后疫情时代。

云端一体化下的"大单元"项目化混合式教学模式有其不可避免的诸多缺点，但这些将会随着5G时代的到来得到更好的解决，那时候网络直播的信号将更加趋于稳定，网络信号延迟将会得到更好的解决。另外随着科技的发展，VR、AR技术可以为网络授课中教师和学生之间提供更多真实的体验和互动的技术支撑。

钱婷

基于云端一体化课堂的中小学信息科技教学策略分析

核心素养以培养"全面发展的人"为核心，并将人的发展分为文化基础、自主发展和社会参与三个方面。自主发展作为人的最根本的属性，强调能有效管理自己的学习和生活，认识和发现自我价值，发掘自身潜力，有效应对复杂多变的环境。后疫情时代，学习环境从大规模线下转为大规模线上与线下相结合的"混合型"学习环境，教师的教学策略亟需调整。

一、"混合型"学习环境中学习者适应性表现

教师的教学策略总是基于特定的学习环境设计。如果学习者不认同或者不适应当前的学习空间环境，教师的教学策略可能是无效的。《互联网+教育：中国基础教育大数据》第四章中构建了七大教育数据分析模型，其中一个维度是"适应性学习模型"，由此可见测量学习者的适应水平对于决策的重要意义。为了探究学习者对当前学习环境的适应性，笔者以星洋学校为调查对象，以问卷和访谈的形式收集了系列数据。一共回收问卷492份，其中有效问卷492份，有效率为100%。

表5-1中问题1是一个单项选择题。其中选项A到D分别体现了学习者对老师和传统线下学习的依赖程度，从高到低。学习者的回答呈现以下特点：（1）年级越低，对线下学习环境以及教师的依赖性越大，自主学习驱动力越低；（2）不论哪个年级，大部分学习者都明确表示老师存在的必要性；（3）大部分学习者具备线上学习的意识和能力，但是希望得到个性化指导。

为了进一步求证学习者的态度，我们对参与问卷的学习者进行了访谈。

问：如果我们的平台资源足够丰富，且知识点讲得比老师在教室里讲得还好，你仍然需要在教室里吗？

表 5-1　Q1 你最喜欢的信息技术教学方式是什么？

年级	A 人数	A 百分比	B 人数	B 百分比	C 人数	C 百分比	D 人数	D 百分比	合计 人数	合计 百分比
三	17	48.5%	8	22.9%	9	25.7%	1	2.9%	35	100%
四	63	44.7%	30	21.2%	38	27.0%	10	7.0%	141	100%
五	70	41.9%	30	18.0%	59	35.3%	8	4.8%	167	100%
七	53	35.6%	30	20.1%	54	36.2%	12	8.0%	149	100%
合计	203	41.3%	98	19.9%	160	32.5%	31	6.3%	492	100%

注：
A. 老师集中讲，我就坐着听，跟着做
B. 老师只要告诉我们做什么，把教程资源推给我，我跟着教程学，学校线上与线下配合，老师只要一旁个性化指导就可以
C. 我根据资源自主学习，但是有时需要老师稍微指导
D. 老师在不在都没关系，我喜欢自己学

答：是的，因为现场可以和同学们一起互相帮助，相互交流，展示分享自己的作品。

问：在线上平台也可以做到分享、交流，你还是这样认为吗？

答：可能吧！但还是喜欢教室的氛围。

该名受访者的回答得到大多数同学的认同。从问卷和受访情况可以得出初步结论：目前，星洋学校学生比较适应当前的"混合型"学习环境。

在图 5-33 中，针对各年级组学习者进行关于课堂互动形式的调查，回收问卷 492 份，有效问卷 100%。其中，61.2% 的受访者选择了 B 选项，表明学习者对各类互动形式的喜爱。此外，从图 5-33 中还可以看出学习者选择只有语言互动的比例很少，学习者对互动形式的偏爱可见一斑。

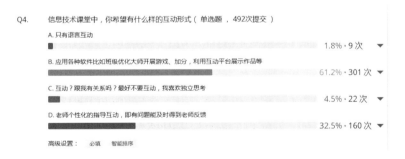

图 5-33　关于课堂互动形式的调查

沈书生教授认为，当前我们应该"顺应新常态：构建适应性学习空间"。他认为"混合型"是现在学习生态的基本特征，即"新常态"。[①] 并且他从心理学角度对此

---

① 沈书生. 顺应新常态：构建适应性学习空间 [J]. 广西师范大学学报（哲学社会科学版），2020，56（05）：88-96.

进行论证：学习者出于天生的安全感心理，将幼儿时期对父母的依赖转移到对教师的依赖。由此，明确了当前学习者适应的学习环境不能完全被数字化学习环境代替，这有助于教师在实施教学策略时做到有的放矢，在做决策时也会更自信和果断。

针对当前学习者高度适应"混合型"学习环境的现状，中小学信息科技课堂也应当顺势而为，构建新型课堂模式，应用新型教学策略以与新型学习环境相适应。

二、基于云端一体化课堂信息技术课教学策略

云端一体化课堂指利用移动互联网、大数据、人工智能和云计算等新一代信息技术，实现课程教学与管理流程由端到云、由云到端的一体化课堂。后疫情时代，该课堂的主要特征是在传统的线下教室学习环境中，师生可以借助云端资源和信息技术，对课堂进行互动、诊断、评价等。[①] 云端一体化课堂中关于学习的描述与核心素养中关于"自主发展"的论述不谋而合。即"让学习真正发生在学生身上"、"学生以自己的方式学习"以及"让学习变成自己的事"。突出了学习的主动性、自发性以及个性化培养。聚焦云端一体化课堂，如何让"自主发展"落地，笔者基于云端一体化课堂"四学"流程：前学课程导学、在线问卷诊学、课堂互动精学、课后个性研学，结合课堂教学案例提出以下教学策略。

（一）资源推送从单向到双向

个性化学习包括学习方式、学习习惯、学习水平等方面的差异。在"混合型"学习环境下，学生有充足的线上资源可以满足个性化学习需求。但是，也正是因为有丰富的资源，导致线下班级授课模式下，信息科技课堂中两极分化愈加严重。如果说资源的初心是为了个性化学习，那传统线下课堂是否反而制约了学优生的发展？如果说资源推送是单向的自上而下的分层策略，那么将学优生的资源推送至在线平台，既可以教学相长，也能做到同学之间互学共鉴，师生、生生也能实现双向奔赴，间接实现了个性化教学从单向到双向的转变。

【案例1】 五年级学生基于 Scratch 软件"小猫出题"学习"变量"这个知识点时，部分学生在极短的时间内完成了作业。在教师的引导下，学生完成了各种类型的"小猫出题"。图5-34中展示了三位同学"小猫出题"的升级版本。其中，A 同学综合应用了"广播消息"的方法，实现了"加减乘除"和四则混合运算，这和后面一课学习的"动物表演"一课中应用的方法一致。拓展了"广播消息"的应用；B 同学应用"自制积木"的方法实现了图形面积以及体积、行程问题等计算，不仅深化了变量的应用，还提前让其他同学了解到，可以有更优化的方法解决复杂问题；C 同学进一步升级了变量的应用，将题目进行了难度分级，进一步深化了对变量的认识。该作品中应用到的方法不仅对其他学习者有借鉴和指引作用，成为学习者的拓展学习资源，更可以作为深入学习下一个知识点时的生成资源。基于在线平台，学优生的作品得到最大限度的推广，激发了他们进一步探索的兴趣，同时，各个班级的学优生也

---

① 叶鹏松. 云端一体化课堂的构建与实践思考［J］. 中小学数字化教学, 2020,（07）: 55-57.

会相互学习，比较方法，从而进一步提高他们的思维水平。大多数学习者从其他同学的作品当中获得了知识的迁移。

A同学作品

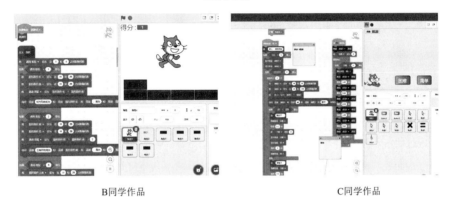

B同学作品　　　　　　　　　　　　　　　C同学作品

图 5-34　学生上传的各种版本"小猫出题"

图 5-35 展示了通过线上平台，学生可以查看优秀学生的作品。这些作品来自各个班级的优秀作品。

图 5-35　线上平台学生端查看本周和学生优秀作品代表

(二) 讨论——从线下延伸至线上

【案例2】 图5-36展示了信息技术课堂中开展的线上讨论互动。互动以UMU互动学习平台为媒介，本节课的重点是通过对舵机的应用—有趣的智能门—触碰开关控制门的闭合，深化学生对舵机的认识。但是，舵机的应用不止于此，它贯穿于物联网课程的很多项目，因此在本节课中的拓展任务中，设置了环节："老师的问题"——舵机可以实现生活中哪些小创意？学生纷纷表达自己的观点。但是，一节课中，学生的回答未免时间不够，思考不够充分，因此，在保证学情满足的情况下，将问题的提出分别设置在两个时间点：上一节课后（《初识舵机》）与本节课中。同时，还通过平台展示了其他班级关于本问题的回答。

图5-36　学生线上讨论

这种做法不仅扩大了学生的参与面，还延长了思考的时间。图5-36中展示了本节课中教师的提问与学生的回答。学生充分发挥自己的想象，提出了各种可能的创意思路。比如，有学生认为，舵机可以用来作为自动婴儿摇篮的摇晃装置；作为车库的道闸应用……也有学生的回答引起其他同学的反驳，比如，有学生说，舵机可以用来做时钟或者电风扇等，有学生留言："舵机的运行角度是180°，不可以实现这样的创意"。学生在平台中的互动恰恰体现了他们对难点的理解。

(三) 测验——从课下延伸到课前、课中

数据会说话，维克托·迈尔-舍恩伯格在《大数据时代》一书中各种举例论证，实际说明在大数据时代已经到来的时候，要用大数据思维去发掘大数据的潜在价值。大数据在课堂中最直观的应用就是通过问卷测试的方法获取学生对之前知识的掌握程

度，对于教师来说这是一个高效的方法，同时，教师还可以充分对数据进行分析挖掘，找出其中隐藏的规律问题，在以下案例中，学生的前测为下节课设计提供了借鉴。

【案例3】舵机的角度和舵机转接板的安装是上一节课的重点和难点问题，因此，在该节课下课后，教师给出了三道相关题目，从图5-37可以看到，学生的平均正确率只有35.56%，表明学生对该知识点掌握非常不好。因此，笔者在接下来的课中重点观察学生的表现，发现靠强化识记，学生可能只记住了选择题的选项，但是具体操作时还是会出现问题。在下一节课中，通过化难为简，笔者布置了一个看似很简单的任务：给舵机和乐高门连线，调试程序，让门顺利打开。此刻，学生的问题立刻就非常清晰得展示出来：由于角度调整不对，导致门的位置发生偏移。

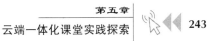

图5-37　测试结果

（四）评价——从封闭到开放

传统的评价方式以教师为主体，鉴于课堂时间有限，作业不能完全做到展示与共享，在线上平台的辅助下，学生不仅可以随时看到统一群体中每个人的作品，此外，对同伴的评价也更客观和具有说服力，这对进一步的作业提交具有指导意义。易加平台的作业上传功能，不仅能实现作业的展示，教师还能个性化地设置学习者欣赏、评价、下载的权限。图5-38展示了学习者在学习Scratch"吃豆精灵"时，提交展示的编程作品，可以直接在线预览，同伴们可以给予点赞评价。

信息技术课中，评价的内容不仅局限于作业的展示、分享。还涉及学习行为的各个方面。比如班级优化大师中的评价涉及多个维度，可以引用现有的评价维度，也可以自定义评价维度。图5-39展示了学习者在信息技术课堂中的表现情况。

图 5-38 "吃豆精灵"编程作品

图 5-39 学生在课堂中的表现情况

（五）资源——从统一推送到个性化推送

问卷中，大部分受访者倾向于线上资源学习和教师个性化辅导的学习方式，表明在星洋学校学生已经呈现"混合型"学习的第三层次。① 即学生已经逐渐具备从被动学习向主动学习转化的意愿。信息技术课具有较强的实践操作性，计算机设备齐全，非常有助于利用互动平台开展各类资源推送。目前，苏州工业园区基本实现全区优质教育资源共建共享，极大提高了资源的质量和利用率。但是在个性化资源推送方面仍需要教师重新整合和进行二次资源开发。一方面，资源要适应学生的个人兴趣和学习水平，建立有差异化的学习目标；另一方面，需要适应学生的学习风格，提供有差异化的学习方式。这要求教师首先要基于现有的课程目标，提供多样化的学习路径，供

---

① 沈书生. 学习空间的变迁与学习范式的转型 [J]. 电化教育研究，2018，39（08）：59-63+84.

给学生选择；其次，提供多样化的应用场景帮助学生掌握方法和技能以提高兴趣。例如，小学信息技术四年级知识点"复制粘贴"，如果只是讲方法，5分钟就可以结束，何须一节课时间。这时，可以为学生创设以下情景：（1）各种平台中复杂的账号和密码输入，复制粘贴可以防止出错；（2）重复的工作，比如设置文档的格式，可以用格式刷复制格式提高编辑效率；（3）大段文字的引用，输入太耗费时间，利用复制粘贴可以提高效率；（4）查找替换时，用复制粘贴方式查找出错内容等。此外，根据学生的学习风格和目标的差异，教师在推送资源时，可以以小项目的方式串联，把知识点切换成一个个问题，方便学生对号入座。学生在学习过程中，可以自由选择项目，也可以按照项目顺序来学习（图5-40）。

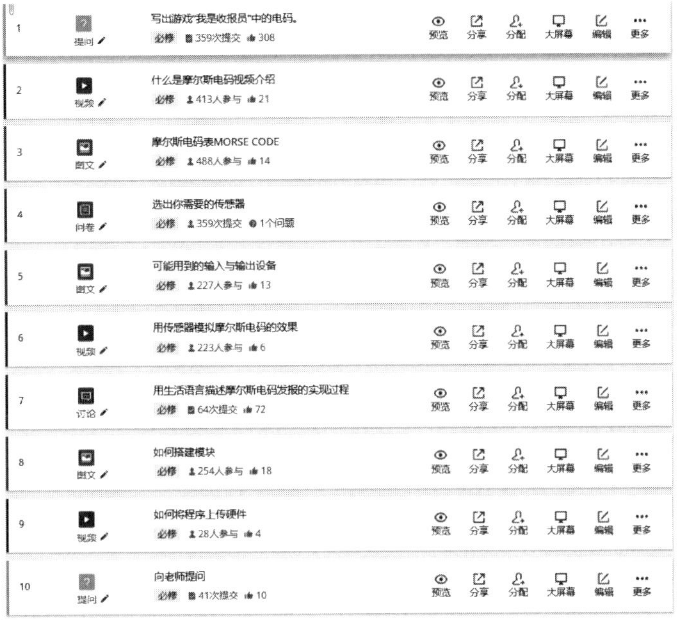

图5-40 学习项目列表

三、总结

教育部2022年发布的《教师数字素养》，从五个维度明确了教师数字素养的框架。基于当前数字化转型时期，教师应当巧抓机遇，创设线上网络学习环境与线下物理学习环境相结合的"混合型"学习环境，利用数字工具开展个性化教学，优化教学行为。星洋学校云端一体化课堂从混合学习的视角建立学习空间，实施教学策略，以"全空间"的视角理解学习行为数据，以"全数据"的视角理解学习者的差异性，帮助学习者建立了一个能实现自我价值、实现自我认同的成长路径。

柏菊花

云端一体，作文教学新的行走方式

一、小学生活作文教学的现状

作文教学历来都是小学语文教学的重中之重，许多学校也非常重视作文教学，想方设法提高作文教学的质量。学校通过开设一定数量的作文兴趣小组，让一部分学生能喜欢上作文。甚至有一部分家长给自己的孩子报了校外的写作辅导班，期望能提高孩子的作文水平。但是，在教学中也发现无论是学校还是家庭的这些举措都只是"治标不治本"，学生的作文水平并未有质的提高。教师苦恼太难教，家长着急难提高，学生痛苦写不出。只要提到作文，没有学生不唉声叹气的，真的到了谈作文色变的程度。

作文教学也是小学语文教学中花费时间最多的，收效却很一般，究其原因有很多，但其中最主要的一点就是学生每天上学基本上是家庭—学校两点一线或者家庭—学校—培训班三点一线，生活内容太过于单调，加之缺少对周围环境的细致观察，不能留意身边的细微变化，因此写作素材严重缺乏，这就导致他们作文时无米可炊，只能生编硬造，东拉西扯，写出来的作文也是内容呆滞不鲜活、干瘪不具体、虚假不真实，当然，作文教学的质量也不可能有多高。要解决这些问题，就必须顺应时代的发展，利用"互联网+"思维，将碎片化的生活利用云端进行集聚，开展云端一体的小学生活作文教学就势在必行。

二、云端一体的概念

所谓云端一体就是利用移动互联、大数据、云计算、人工智能和物联网等新一代信息通信技术，实现课程教学全流程由端到云、由云到端的一体化教学。这里既有师生之间的纵向一体化，也包括师师、生生，乃至家长端的横向一体。云端一体化课堂是网络虚拟学习空间与物理学习空间深度融合互动、优势互补的课堂。[1] 小学生活作文教学中的云端一体就是借助云端资源和技术，还原生活或者创设虚拟的生活情境，实现生活与教学双向呈现与互动、诊断及评价方式的转变与教学流程再造。

三、云端一体小学生活作文教学的策略

（一）作前云端指导，积淀生活素材

要想解决学生作文无素材可写的问题，就要指导学生学会观察生活，积淀生活中的素材，为后续写作的选材奠定坚实的基础。在"互联网+"时代背景下，教师要有开放的视野和前瞻的理念，紧跟时代的步伐，在习作前利用云端指导学生如何搜集素材，为课堂写作做好充分的准备。

1. 在线课堂预习

小学生在习作前需要教师进行一定的指导，以往都是教师利用课堂教学的时间进

---

[1] 叶鹏松. 云端一体化课堂的建构与实践思考 [J]. 中小学数字化教学，2020，(7)：3.

行作前指导，这样的指导对于一些接受能力强的学生来说是有效果的，但是对于一些接受能力稍微弱一点的学生来说，可能在作前预习的时候已经模糊了教师的提醒及要求，进而影响了作文的质量。在信息时代，教师可以发挥云端一体的优势，利用在线课堂对学生进行作前指导，这样既可以解决没有充足的课堂教学时间的问题，又可以让学生根据自身需要随时随地进行回看。

在线课堂需要在作文新授课前一周进行，这样便于学生能有目的地观察生活，并从观察的生活中搜集相应的素材。在线课堂的形式可以利用腾讯会议直播，也可以利用希沃白板5的直播课堂和知识胶囊录播。在线课堂前，教师根据习作的要求布置让学生有目的地观察周围生活的作业或开展适当的调查研究，在线课堂直播的过程中，学生可以随时点击举手标志要求连麦教师，就自己疑惑的地方现场提问，教师可以解答，在线的其他学生也可以进行线上讨论，实现师生、生生云端情境中的互动，真正调动学生学习的主动性，发挥学生的主体意识。当然，暂时还不能理解或接受讲授内容的学生可以根据教师分享的链接或二维码随时随地回看在线课堂，这样就更加灵活便捷，比起线下的实体课堂更能够做到因材施教。比如，要写一件印象深刻的事，这就需要提前要求学生仔细观察生活，关注生活中的细节。为了能积累素材，教师鼓励学生若有条件可以将生活中的点点滴滴以视频的形式记录下来，并上传到班级指定的素材库中，便于后面习作时调用。

作前云端指导让学生的预习变得更为自由与便捷、明确与清晰，也提高了学生作前预习的积极性和主动性，正如学生在周末日记中写道：

今天早晨起床后，我收看了老师昨天晚上发的知识胶囊，明白了双休日这两天该如何去体验生活，观察生活，观察生活中的哪些方面，将哪些方面作为重点进行观察和体验。这些指导很及时，也很有针对性，能够让我知道做什么和怎么做，再也不像以前还要想着老师课上讲了什么注意点，不会很模糊、很迷茫。我想，我这次的作文一定能写好。

2. 优化素材选择

经历了作前在线课堂的指导，学生选择素材的视野也开阔了，选材的面也广了，这样就为后续的课堂写作奠定了扎实的基础。此时，学生虽然有了大量的写作素材，但并不是所有的素材都能表现人物的形象，揭示文章的中心，反映事物的本质……这就需要指导学生进行一个作前素材的优化。这个过程无法在线下的实体课堂完成，因为没有多余的课时，只能依托在线课堂。在线课堂中，教师将班级素材库中的视频、画面或文字展示出来，提醒学生根据习作的要求展开讨论，需要发言的同学可以随时连麦表达自己的观点。哪些素材可以作为典型素材，哪些素材可以不选择，都可以让学生在线讨论、甄别、筛选，学生因为没有了线下实体课堂的现场拘束，都能够畅所欲言，既能指出别人的不足，又能在讨论的过程中看到自己存在的问题。整个过程中，学生的主体意识被激活，思维被充分调动，在线课堂显现出更多的思辨和争辩的情景。在此过程中，教师主要起到一个调控和指导的作用，当学生理解出现偏差的时候予以拨正，思维出现狭隘的时候予以拓宽，选材出现矛盾时予以明晰。如写《一个印象深刻的人》，可选的素材有很多，作前如何在线指导学生对素材进行优化呢？

师：课前老师布置大家去观察身边印象深刻的人了，你对这个人印象深刻的原因是什么？

生1：小张同学在课上表现特别抢眼，每次都会打断别人的话自己插话，所以我对他印象特别深刻。

生2：邻居张爷爷每天用电动车送孙子上学，到了学校大门口总是先打方向灯提醒后面的车子，孙子下车后就直接驶向前面的红绿灯处，从不在学校门口掉头逆行，这一点让我印象深刻。

生3：超市里的收银员小李阿姨身材好，人长得也漂亮，大家都对她印象很深刻。

……

（其间还有不少同学积极举手示意要连麦发言。）

师：同学们从语言、行为、容貌等方面介绍自己印象深刻的人以及印象深刻的原因，当然还有其他方面的原因，这些都是人物的特点。每个人的特点都是与众不同的，这些特点都能反映这个人的品质、形象等，如何表现人物的特点呢？那就要选择典型的事例。下面请看一些同学选择的事例能不能凸显这个人的特点。

（教师有选择性地播放学生上传到资源库的视频，学生甄别选择。）

师：同学们看了自己拍摄的一些视频，觉得这些事例都能表现人物的特点吗？

生1：这些视频中的事例有的可以表现人物的特点，有的不可以。

生2：有的事例与我们平时见到的那个人非常符合，那个人平时的形象就是那样的，这样的事例应该是典型事例。

生3：有的事例虽然是生活中的小事，但能突出这个人的人物品质，所以就可以算是典型事例。比如那个送孙子上学的爷爷，因为别的家长都是孩子下车后立即掉头逆行，而这个爷爷会继续前行到下一个红绿灯处。这就是这位爷爷与众不同的地方，这样的事例就可以选择，因为能凸显老爷爷遵守交通规则的品质。

……

师：同学们说得都很好，看来大家明白了如何去选择典型事例来表现人物的特点，这是我们学习写作中很重要的一点。

作前云端指导，弥补了线下实体课堂课时不足的现象，为学生能有意识地观察生活，有目的地搜集生活中的素材，在搜集的过程中不断比较、甄别、筛选，并将搜集的素材进行初步的优化提供了路径，为学生克服畏惧作文的心理提供了有益的帮助。同时，教师授课的形式也不再是单一的模式，将作前指导有意识、有目的、有方法地前置，提高作前准备的效率。

（二）课堂互动精学，描摹生活细节

学生有了素材并不代表就能写出一篇具体生动的文章，还需要教师借助云端媒介在课堂上指导学生将平时看到的、经历的或体验到的生活表达出来,让全班同学都能感受到生活的丰富多彩,领悟到生活中的真谛。生活作文来源于生活,反映生活中的真实,但作文作为文学艺术,还要高于生活,教师在习作指导课上就要教会学生描摹生活中的细节。

1. 还原本真生活

著名教育家叶圣陶先生说:"生活犹如源泉,文章犹如溪水,源泉丰富而不枯竭,溪水自然活泼流之不尽。"在指导学生积累了大量的写作素材后,并不能保证学生就能将这些生活的溪水自然活泼地流出,还需要教师在课堂上进行细致的指导,帮助学生还原生活中的场景,勾起对所观察的事件、事物、场面等回忆,这样学生对所写内容才更加熟悉,表达也就更为流畅,描写也才能更生动形象。

教师课前对前期所优化的素材根据习作的要求,进行整理和分类,制作成微视频,也可以在课前邀请学生一起来制作微视频,让学生讲述自己经过优化的素材,这样的素材既有鲜活性,也保持了真实性,对全班学生来说更具有可学习性。如教学如何描写一个小动物时,教师在课堂中让学生讲一讲自己熟悉的小动物,讲的学生对小动物了解,但听的学生就只能通过讲述者的内容去想象和揣摩,从而形成对小动物的外形特征、活动状态等的模糊感知。

师:课前,一位同学观察了自己家的小猫,然后写下了这只小猫的外形,下面我们来读一读这位同学写的片段,大家看写得怎么样。

(出示修改前的文字:我家养了一只可爱的小猫。一身金黄的毛就像穿了一件黄大衣,嘴巴两边有两根长长的胡须,一对眼睛特别有神,两只耳朵向上竖起,好像随时都在听着周围的动静。四只强健有力的腿,走起路来没有一点声音。)

师:大家觉得这段话写得怎样?写出了小猫的特点了吗?

生:我们也没见过他家的小猫,怎么知道他家小猫是什么样子的,只有见过了才知道啊!

师:好,那我们来观察一下他家小猫的视频,再对照这段文字,看看是不是完全符合。

(师播放视频,生仔细观察。)

师:现在大家再来说说他写出这只小猫的外形特点了吗?

生1:没有完全写出,比如说眼睛特别有神,怎么有神?我看视频中小猫的眼睛就像两颗黄色的水晶球那么明亮有神。

生2:还有他家的这只小猫是黄色的,文中写的是就像穿了一件黄大衣,但我看视频中小猫身上的毛好像很柔软,摸上去的感觉又怎么样呢?既要写出视觉效果,也要写出触觉效果。

……

师:同学们刚才提出了这么多的建议,相信对我们这位同学一定有所启发,同时我也希望其他同学能从刚才的交流中得到启示,对自己的作文进行修改,力求更详细、更具体、更生动。

（生修改片段）

师：大家也修改得差不多了，现在我们再来看看这位同学是不是将他家的小猫写得活灵活现的。

（出示修改后的文字：我家有一只十分可爱的小猫。它一身金黄的皮毛极为柔软，就像穿了一件呢子大衣，摸上去特别舒服。嘴巴两边的胡须长长的，就像京剧武将演员头上插的两根翎毛，一动就颤颤地抖动。一对眼睛特别有神，好似两个晶莹剔透的黄水晶球。两只尖尖的耳朵时刻向上竖起，好像随时都在倾听周围的动静，更是给它增添了几分古灵精怪的模样。四只强健有力的腿，走起路来没有一点儿声音，为抓更多的老鼠提供了方便。）

播放生活中的微视频，还原生活中小动物的本来面貌，并请与该视频有关的学生讲述或朗读文字，其余学生一边听一边观看，视听结合。这样，讲述者有了视频，讲述更清楚，表达更具体，听讲者有了视频，了解也更细致，这时候学生习作就有话可说，显得容易得多，而且也更具体生动。这样，云端一体化课堂就为学生习作打开了一扇更为清晰的窗，学生的视野也更开阔了。

2. 描摹刻画细节

学生有了写作的素材，终于"有米下锅"了，但并不代表他们能将文章写具体、写生动、写得能吸引读者，这还需要指导学生关注细节描写。现状是多数学生只会概括叙述，不会刻画细节。以往的教学就是靠教师一遍又一遍地反复训练，但"治标不治本"，不仅加重了学生的学业负担，让他们苦不堪言，还让他们产生了惧怕写作的心理。在云端一体的教学下，这些问题可以轻而易举地得到解决。比如，在教学描写一个人劳动时的细节时，利用云端一体开展教学就会方便得多。

师：老师看了大家写的劳动场景的片段，感觉对人物在劳动时的细节刻画还不够具体、细致、生动。下面老师将劳动场面的视频再播放一遍，大家仔细看人物的动作、神态。

（师播放劳动场面的视频，播放到细节处放慢镜头或者定格三秒钟。）

师：大家看了视频，再对照自己的作文，看看哪些细节还存在不足，应该怎样修改？

生1：视频中郁子成在移动桌子时由于个子小，力气也不大，他咬紧牙，脸涨得通红，太阳穴上的青筋都暴露了出来，看得出他使出了很大的力气，最后还看到他额头上开始冒汗了。

师：你看得很仔细，关注了人物的神态。

生2：我看到陈朵朵在擦桌子时特别认真，她左手扶着桌子，右手拿着抹布在桌面上使劲来回擦着。但污渍太难擦了，只见她又弯下腰，低下头，用嘴在桌面上哈了一口气，继续用力擦。见还没擦掉，她竟然用两只手抓住抹布擦，桌子都被擦得晃动了起来。终于擦干净了，陈朵朵长长舒了一口气，用手扶了一下眼镜。

师：说得非常好，你不仅关注了同学擦桌子时的动作，也关注了神态，这些都是劳动中的细节。

生3：只见陈源双手紧握扫把，岔开双腿，弓着背，像秋风扫落叶一样快速地扫着地，他是个急性子，很想速战速决，可是这样就导致教室里尘土飞扬，但他全然不顾，仍然这样快速地扫着。不过，他这样扫，教室却还是不干净，真是心急吃不了热豆腐啊！

师：能在描写的过程中加进自己的感受，也不错。

……

师：看来，同学们观察得都很仔细，我们在将人物的动作、神态等细节描写细致的同时，也要关注场面的描写，做到点面结合，这样写出来的文章才能生动具体，才能吸引读者。

很显然，在描写劳动场景时辅之以微视频，将人劳动时的场景以慢镜头的形式播放出来，学生就会很清楚地看到劳动者面部表情的变化、动作的细微变化和周围人的反应等，这时再让学生试着讲讲细节，全班再进行讨论交流如何写得更好，最后让学生动笔写出来，学生对于细节的描写就容易得多，而且也更生动具体得多。当然，如果是静态的物体或画面，也可以放大，让学生看得更真切，那么写得就会更深刻。

经常这样将生活中的情景链接到云端，学生能在课堂中深入生活、体验生活、感悟生活。通过线上线下融合训练，学生细节描写的能力就会逐步提高，作文教学的质量也会不断地提升。

（三）作后线上评价，深度感悟生活

作后评价也是作文教学中一个重要的方面，许多教师不够重视，很多时候只是走一个过场，读一两篇优秀习作就算完了。其实如果处理好作后评价这一环节，实际上也是对学生习作另一种方式的指导，既可以让学生明白习作中存在的问题，又可以习得修改的方法。这样，对学生而言，提高了习作的能力，对教师来说，既减轻了批改的负担，又可以提高作文教学的质量。

鉴于课堂教学时间有限，作后评价可以利用线上直播课堂进行，且可以回看，这样就弥补了部分学生因特殊情况不能及时参与的缺憾。在直播课堂中，教师根据学生的习作草稿，找出优秀的习作和存在不足的习作，与学生互动，让学生说出优秀的习作哪些地方值得学习，存在不足的习作该如何改进。线上对学生习作进行评价，尤其是对存在不足的习作进行评价时，教师可以将文字所描述的内容与相关的生活视频同时呈现出来，让学生将文字与画面对照起来观察，找出文字描写中与画面不一致的地方，教师与学生一起为习作把脉诊断，给出合理的修改建议。例如在讲评作文《我最后悔的一件事》时，选取其中一个细节描写不到位的地方，让学生先读一读文字内容，教师提醒学生注意动作、神态细节，学生就会发现这些细节描写不具体。然后，教师以慢镜头播放视频，提醒学生重点注意刚才文字中存在的细节问题，学生在细致观察时就会将动作、神态等细节看得清清楚楚，在接下来的修改中也会描述得更具体生动，内容也更吸引人。结合视频、画面的线上讲评，不仅让学生懂得了如何修改习作，而且在修改的过程中他们还会产生灵感，进行有创意的延伸，同时也对生活有了更深入的体会和感悟，渐渐就会养成仔细观察生活的习惯，也会产生随时搜集、筛选素材的良好意识。

总之，在小学作文教学中，结合现代媒体，利用云端一体的形式，线上线下深度融合，智慧地将生活化的方式加以科学化运用，让学生将作文的触角延伸到生活当中，把生活渗透到作前指导、课堂互动和作后评价的过程中，学生的习作能力就能不断提高，小学生活作文的教学质量也能够得以持续提升。

赵春松

基于云端一体，提升英语线上教学有效性

2020年，一场突如其来的疫情使各行各业都受到了影响，也包括教育行业。为了保障疫情期间的教学进度及质量，教育部要求各地积极开展线上教育，从而实现"停课不停教，停课不停学"的目标。线上教育在学习空间上由学校转变为家中；在学习方式上，由线下的班级授课制转变为线上教学模式，使得教师的教和学生的学都发生了巨大的变化。小学英语是一门具有基础性、实践性以及综合性的课程，《义务教育英语课程标准（2022年版）》明确指出义务教育阶段英语教学的目标是"发展语言能力""培育文化意识""提升思维品质""提高学习能力"。在教学中，培养学生的学习习惯以及自学能力，不仅要教会学生"学会"，更要教会学生"会学"，做到授人以鱼不如授人以渔。下面，笔者结合自己的线上教学实践，谈一谈如何利用易加平台，提高线上教学有效性，进而培养学生的英语自主学习能力。

一、线上教学对小学生在英语课程学习中的意义

新课程提倡的学习方式主要有自主学习、合作学习以及探究学习。改变了过去那种单纯接受式的学习方式。① 因此，使用线上教学并提高线上教学有效性，不仅可以激发以及培养学生的自学能力，而且有利于教师的教授，为教师的教学提供了极大的便利。线上教学方便与学生进行"一对一"形式的教育。同时，线上教学具有录播性，可供学生反复观看，从而有效避免常规教学中的"一次性教学"，更好地帮助学生巩固知识点，从根本上提高了小学生的英语综合能力。

二、巧用易加，提高线上教学有效性

（一）有效整理资源，提供资源支持丰富化

丰富的线上教学资源是线上教学的"物质保障"。疫情期间，苏州各个名师进行了录课，学生可以通过苏州线上教育这个app进行线上学习，跟上教学进度。苏州工业园区在易加平台上整合各级各类精品资源，既有微课也有练习，坚持共建共享理

---

① 闻蓉美. 在变革中提高小学科学线上教学有效性［J］. 中小学数字化教学，2020，（05）：21-24.

念，为教师的教授和学生的学习提供各式各样的资源，并不断加以补充和丰富。本校的教师也结合了本校的校情和各自班级的学情，通过希沃白板5的知识胶囊，有针对性地对资源进行了补充并运用易加平台进行推送。使得学生的学习能够打破时间和空间的限制，借助视频、知识胶囊以及练习提升自身的英语知识和学习能力。例如：在易加平台中微课资源充分。6A Unit 1 The king's new clothes 的微课，能够让学生在线上学习中提早预习一般过去时，也便于学生在课后复习巩固。通过4B Unit 5 Seasons（字母I的发音）的微课，学生能提前对I的发音产生一定的认知。在此期间，学生自主学习的能力也得到了一定的提升。

（二）明确教学目标，提高线上教学指向性

教学目标的设立有利于促进课程的推进，使老师在上课时做到心中有数。老师要对自己所教授的课程做好规划，细致到每一节课，通过详细的课程安排，使学生明白每节课需要完成的教学任务以及提升的能力。在易加的前学板块，即平台的校内资源、区域资源、市级资源中筛选出最合适的对应的教学目标。例如：在线上教学6B Unit 5 A party 第一课时中，我们通过易加平台筛选出以下教学目标：（1）能听懂、会说、会读、会写：What are you going to bring to the party? I'm going to bring some toys. Are you going to eat or play with the toys first?（2）能听懂、会说、会读clown，appear，balloon，put on … （3）能听懂、会说、会读、会写Children's Day，begin，end。通过易加平台进行课前推送，帮助学生熟悉本单元以及本课时教学目标，在线上教学前明确每一课时的教学目标。另外，在易加平台中，学生可以反复观看，反复学习，帮助其理解本课时重难点，有利于促进自学，提高自学能力。

（三）把握线上课堂，提高线上教学有效性

线下教学中，教师需要为学生营造民主平等的课堂氛围、良好的学习环境，创设英语学习情境，使学生乐于参与学习活动，乐于用英语交流。在线上英语教学中，教师也应该帮助学生营造良好的学习氛围，创设真实的语言环境，使学生能够主动投入教学活动中，轻松获得知识，提高英语学习能力。①

在易加平台的共学环节中，可以利用易加平台的随机抽选功能，激发学生在线上课堂的积极性，同时能够在线上教学中达成小组合作，使每个小组内的每名同学都参与其中，共同交流，共同创作。在共同交流和创作的过程中，学生体会到了自主学习以及合作学习的乐趣，激发了对英语学习的兴趣和好奇心，有利于自学能力的培养。例如：4B Unit 3 My day（revision and extended reading），在这一课的共学中，利用易加平台的绘本资源 *The angry dragon*，让学生们在线上课堂中自主阅读，互相讨论并提出观点和意见，共同完成读后感并配以图片，通过易加平台上传展示。

（四）优化线上课后作业，提高教学延展性

在传统的线下教学中，学生的作业内容多为练习的笔试作业。在易加平台中，教

---

① 王瑞娟. 浅谈如何培养小学生的英语自学能力［J］. 英语教师，2017，17（19）：132-134.

师可以设计讨论交流、思维导图、检测作业以及开放作业等。易加平台增加了作业任务的多样性，提高了学生对作业的兴趣，让学生对做作业由被动变为主动，在做作业的过程获得成就感，激发其学习兴趣。例如：在 6A Unit 7 Protect the Earth 这一单元，教师利用易加平台布置了开放作业（线上英语海报大赛以及英语演讲大赛），既能够让学生联系教材内容并拓展，也能激发学生的好奇心，提高学习的积极性，培养学生自主学习的能力。

（五）完善线上检测，提高线上教学精确性

线上教学由于无法像线下教学一样细致入微地观察到学生的学习过程，因而不能很好了解学生是否掌握该知识点。因此，适当的检测是必要的。首先，通过易加分析进行练习的编写，随后易加推送检测内容。在学生完成后，通过易加分析的数据反馈，能够很好地了解学生所处水平以及相关薄弱点。易加分析的应用，使教师能够精准分析学生的学习认知水平，从而帮助教师更好地了解班级中每个学生的学习情况。教师要格外关注个别学困生，并适当降低作业难度，增强学生的自信心。对于缺乏自觉性导致学习成绩下降的学生，教师需要及时跟进，与家长及时交流，形成家校合力。

三、巧用易加，在线上教学中培养小学生英语自学能力

（一）巧用易加，帮助教师引导学生进行自主学习

根据学生的认知特点和学习风格，整体安排学习策略的发展目标，有计划、有步骤地指导学生发展具体的学习策略，把学生培养成为自主的学习者。首先是指导学生做好前学工作（即预习），在线下学习中，教师也会布置前学任务，往往是读一读课文，读一读单词等。但是线上教学的前学任务需要拔高一个层次。不仅仅是读一读，而是需要做到提前感受以及提前认知，能够在前学的过程中自主地发现问题、研究问题，甚至能够解决一些问题，从而帮助学生获得自主学习的能力。良好的前学能够帮助学生奠定学习基础，还能够使得整个线上教学更为流畅顺利。例如：在 5A Unit 3 Our animal friends 里，教师通过教材内容，引导学生利用易加平台进行线上自主学习。如果家里面有宠物的，可以让孩子们运用所学的内容以及预习的内容用英文描述一下家里的宠物朋友，还可以配上一幅简单的画，如果家里没有宠物的，可以请学生选择自己最喜欢的动物来写一写、画一画，而后将作业上传至易加平台，并配以介绍视频。教师通过布置写作任务，引导式教学，使学生在任务驱动的作用下进行学习。换言之，就是学生进行了英语的自主学习，培养了英语的自学能力。

（二）巧用易加，帮助教师引导学生进行探究学习

探究性学习是以问题为载体，以主动探究为特征的学习活动，是学生在教师的指导下，用类似科学研究的方式去获取知识、应用知识以及解决问题的学习方式。对于学生而言，学会自主探究学习是创造性解决问题的关键所在。首先，要为学生创设良好的探究情境，与学生的日常生活相联系，激发学生的探究的兴趣，从而让学生乐于探究。例如：5A Unit 4 Hobbies 这一课中，hobbies（爱好）包含很多内容，每个学

生的爱好就是不一样的。教师通过易加平台的前学资料展现一些相对常见的爱好（dancing，singing，playing football and so on），引导学生说一说自己的爱好，并运用句型"What do you like doing? I like..."在线上与同学和教师进行交流。在线上，由于教学环境从教室转变为家中，学生的家长转变为学生的同学。学生还可以在家里面和父母一起聊一聊，问问父母的爱好，并将对话的方式转化为采访的方式。最后，教师可以通过易加平台布置开放作业，让学生将自己的采访稿以及采访视频上传，大大提高了学生学习的兴趣，提升了教学有效性，进而培养学生自主学习的能力。

（三）巧用易加，帮助教师充分发挥表扬的作用

"良言一句三冬暖。"很多时候，一句理解鼓励的言语能够给人以莫大的安慰。对于学生而言，更是如此。每一个学生都有其独到之处，后进生也是。[①] 作为教育者要努力发现其闪光点，并加以鼓励，利用有效的教学方法，帮助学生提高英语学习能力。赏识教育，是生命的教育，是爱的教育，是充满人情味、富有生命力的教育。人性中的本质需求就是渴望得到赏识、尊重、理解和爱。每个学生都希望能够得到赏识，赏识教育的特点是注重孩子的优点和长处，发现并及时表扬，让孩子有明确的目标和方向。不仅仅是优秀生需要得到表扬，每个学生对于表扬都有潜在的需求。针对后进生，同样也需要发挥表扬的作用，激励他们，帮助其树立学习英语的信心。例如：通过易加每周三次向家长推送学生的学习情况，主要推送的内容为前学表现优秀的学生，线上课堂表现优秀的学生，线上课堂表现进步以及课后巩固学习认真的学生。在线上课堂教学中，学生与老师通过视频的方式见面，且由于是线上课堂，课堂的时间较原先的线下课堂相对应减少了，但是对应地，教师有更多的时间可以回看学生在线上课堂的表现以及在易加平台上传的作业，教师可以针对学生的线上课堂表现以及作业评价留言，根据每一个孩子的性格给予个性化的评价和鼓励。更好地激发学生的学习热情，提高学生自主学习的能力。例如：4A Unit 6 At the snack bar 第一课时后的作业，教师在易加平台上传英语小报，可以选取一些作业评为优秀作业，并给予细致到位的点评（该作品版面设计美观，小报中英语书写工整漂亮等）。

（四）巧用易加，评价方式多元化

《义务教育英语课程标准（2022年版）》推动"教—学—评"一体化，其中"评"主要发挥监控教与学过程和效果的作用，为促教、促学提供参考和依据。利用易加平台，充分利用过程性评价和总结性评价，保证了课堂的和谐与高效。在过程性教学评价中，学生可以将自己的作业上传至平台。教师可以随时查看以及回看学生的练习，从而精确了解学生的薄弱点，同时及时表扬作业认真细致的同学。过程性评价保证了线上教学评价的及时性，提高了小学英语课堂的教学效率。在总结性教学评价中，每节课后，平台会自动生成一份完整的总结性报告，内容包括：第一，学生课程整体学习情况，主要包括课程学习参与度、课程平均学习进度、监测答题得分率、讨

---

① 朱晓琴. 提升小学英语自学能力 [J]. 黑龙江教育（理论与实践），2015，(04)：57-58.

论交流参与度。第二，教学环节的学习情况。第三，典型错误，平台会依据学生的学习情况整理、归纳出学生易犯的典型错误。同时，在该平台中，学生能够进行自评和互评，从而提高了评价的细致性和多样性，针对学生如何提高给予具体的指导，能够更好地培养学生的自学能力。例如：5B Unit 3 Asking the way 第一课时，请学生完成任务单并上传易加平台。学生可以通过观察别人的作业了解自己作业的优点和不足，并在易加平台上给自己的作业进行点评，同时也能发现别人作业的优点，给予对应的点评，从而提升评价的全面性。

四、总结

综上所述，在进行英语教学时，教师可以利用易加平台，提高线上小学英语教学的有效性并利用线上小学英语教学的优势，使教师能够更好地引导学生自主学习、合作学习以及探究学习，同时发挥表扬的作用，布置恰当的课后作业，合理评价学生表现，激发学生对英语学习的兴趣和好奇心，并为其提供丰富有趣的资源，继而培养小学生的英语自主学习能力。

干一菁

基于云端一体的小学语文个性化教学探究

由于新课程改革的深入，小学语文教学在发展的过程中越发注重教学方式的创新，加之新冠疫情的暴发，教师授课与学生学习的方式正在发生变化，云课堂教学悄然兴起。它打破了教师教和学生学的时空限制，让教与学更为方便快捷。教师应当将现代化教学设备融入其中，发挥其在教学中的作用，提高学生的学习效果。作为一名一线教育工作者，笔者力图结合自身教学实践，找到云端一体化语文教学的基本策略。

一、云端一体，做好学情分析

学情分析能让老师从学生的学习方法、学习特点、学习习惯等方面所表现出来的优势与不足进行分析，从而科学地制订学习目标、选择学习内容、有的放矢地开展教学。

（一）利用问卷星，进行"预成性学情分析"

利用问卷星，可以形成一种"预成性学情分析"，更好地做到特级教师闫勇老师说的三点，即"形成闭环，明确目标；以生为本，尊重主体；以学定教，有的放矢。"在执教《窗边的小豆豆》课外阅读时，笔者利用问卷星，发布问卷：（1）你是否看过《窗边的小豆豆》这本书？（2）你在阅读课外阅读时经常使用的阅读方式是什么？（3）你有做读书笔记的习惯吗？（4）你喜欢的学习方式是什么？（5）你是否喜欢当"小先生"，来组织组内的学习？……围绕以上问题，设计问卷选项，让学生进行选择。问卷星及时的汇总功能，让老师能一目了然地看到汇总数据。

查看问卷分析汇总，老师能更好地了解学生的学情。比如：通过第1题能清晰地了解学生对这本书的熟悉程度，是陌生化的阅读，还是熟悉状态下的阅读，一看便知。通过第2、3题，能了解学生比较喜欢的阅读方式，在教学时，教会学生把略读和精读结合起来，适时做笔记才能更好地学习。通过第4、5题，能了解学生喜欢的学习方式，对于喜欢当"小先生"的同学，可以邀请他担任组长，组织小组进行自主、合作、探究式的学习。

在问卷的设计上，教师要从多个方面进行考量。教师的"教"要教在学生学的起点上，利用问卷星进行"预成性学情分析"，很好地体现了这一教学理念。

(二) 利用 UMU 互动学习平台，进行"生成性学情分析"

在课堂教学中，还要进行"生成性学情分析"，因为不是所有的学情都可预见。教师设计的学情问卷题有限，不可能对学情有 100% 的把握，这就要求教师在学习的过程中，动态把握学生的学情。可以形象地把学生的学情理解为是一个"变量"，它会随着学习的深入、学生认知水平的提高而不断变化。

例如，笔者利用 UMU 互动学习平台设计了一个《窗边的小豆豆》课堂知识竞赛。可以设计一些闭合型或开放型的题目让学生在平板端进行即兴答题。例如可以围绕以下题目设计：巴学园的校门是用什么做的？巴学园运动会的奖品很特别，三等奖的奖品是什么？巴学园里有与众不同的什么？你最喜欢书中的哪一个人物？说说喜欢的理由？……在一边教学，一边反馈的过程中，教师可以动态了解学生的学习情况，及时调整自己的教学内容或进度，更有针对性地进行教学。

利用信息技术，能帮助教师方便、快捷地进行学情分析，从而有的放矢地进行教学。信息技术快速的统计功能，为云端课堂教学助力。

二、利用希沃白板，建设云端课堂

(一) 创设生动情境，激发学习兴趣

研究表明，以情境为支撑的学习更能给学生留下深刻的印象，教师在小学语文教学中借助希沃白板 5 的资料检索、素材加工等教学功能为学生收集、整理与教学内容相关的素材，弥补课程教学的资源的不足，进一步开阔学生的知识视野；利用希沃白板 5 给学生创设图文并茂、生动形象的教学情境，能有效激发学生语文学习的兴趣，将学生的学习兴趣逐渐转化为学习动机，激发学生学习的自主性与积极性，使学生沉浸其中，充分感知语文学习的乐趣。

例如，教师在教授《记金华的双龙洞》一文时，学生对基于新技术的学习具有一定的探索欲望。因此，教师需要保持学生的学习兴趣，重视希沃白板 5 与学生生活实际的有机整合，为学生创设生活化教学情境，让学生在学习语文知识的过程中能够联系生活实际，引发互动讨论。比如，教师可利用希沃白板 5 提前给学生收集双龙洞的有关资料，在讲解"油桐""溶洞""石钟乳""石笋"有关内容时，教师还可以为学生展示图片资料，加深学生对自己原本不熟悉的事物的理解。本篇课文讲述的是教育家叶圣陶曾游览过的一个地方，作者通过记叙游览金华双龙洞的经过，表现出金华双龙洞的神奇之美，寓情于景，表达自己对大自然的热爱之情与对祖国秀丽山河的品赏赞美之意。在本篇课文中，教师利用希沃白板5给学生整理作者游览的路线"金华—罗店—入山—洞口—外洞—孔隙—内洞—出洞"，在去双龙洞的路上作者看到"映山红""油桐""沙土""新绿""溪流"等景物，教师通过希沃白板5给学生展示相关的图片，让学生获得身临其境之感。之后教师询问学生这些景物的特点，想象作者的感受。在学生学习到"洞口""外洞""内洞"有关内容时，为促进学生对"突兀森郁""孔隙窄、险、矮""内洞黑、奇、大"等词汇的理解，教师同样在希沃白板5上给学生展示有关的图像资料，帮助学生理解文章描写内容。

利用希沃白板5给学生创设生动的教学情境，使学生在生动形象、图文并茂的教学模式下深化对课文内容的理解，促进自身的思维想象。在此过程中，学生能够基于自己比较熟悉的生活场景集中注意力，启发学习思维，进一步提高个人的语文阅读学习效率。

（二）设计互动环节，活跃课堂氛围

希沃白板5有助于构建生成性、交互性的课堂，改变学生以往在语文课堂"只能听"的学习现状。教师在教学中给学生设计与教学内容相关的希沃白板互动环节，使学生自主完成题目练习，有效唤醒学生作为课堂学习主体地位的意识。在希沃白板5的应用下，师生之间不断进行知识信息的相互交流，学生不仅获取了知识，同时还给予信息反馈，此种教学模式能够不断发现、解决语文问题，提高学生的学习效率。

例如，在进行《黄山奇石》一文的教学时，教师可以利用希沃白板5的交互性功能给学生设计有关的课堂互动练习。在运用希沃白板5的交互性功能时，教师要注意激发学生的语文学习欲望，使学生能够通过师生互动把握教材内容中的重难点。教师可以利用希沃白板5的资源多样性丰富师生互动的内容，帮助学生分析教材中所蕴含的思想感情，提高学生语文学习的能力。学生也能够在与教师互动的过程中，结合自身生活实际体验，领会课文中包含的真正情感。在本节课的学习中，学生对"黄山奇石"有了许多新的认知。课文中所提到的"仙桃石""猴子观海""仙人指路""金鸡叫天都"等体现出黄山奇石新奇有趣、充满神奇想象的特点。在学习完本课内容后，教师可以借助希沃白板5给学生展示有关"黄山奇石"的图片，让学生将图片与对应名字相连，启发学生的思维，激活学生的想象。教师让举手的学生上台完成图片连线练习，让学生回答"图上的岩石像什么？从哪儿看出来？"两个问题，使学生真正做到回答问题有理有据。在简单的课堂互动下，学生再一次巩固课文中的内容，对课文中有关描写岩石的语句进行仔细揣摩，有效提升学生对词汇的理解力与语言的表达力，深化学生的学习记忆。互动性的学习大大提高学生课堂参与的积极性，开放互动的教学情境有效活跃课堂学习氛围，为语文课堂注入新的生机与活力。在交互性的课堂中，学生的学习活跃度、专注度较以往有明显加强，学习的自主意识逐渐提高。

语文课中包括诸多部分的教学内容，如识字、阅读、写作等，各项内容都会传授给学生某项语文学习能力，如果利用希沃白板 5 进行教学，可以充分运用该软件的功能开展多类型的趣味活动，既能够促使学生尽情学习，又能够提高学习兴趣。

比如，在教学完五年级上册第二单元后，可以带领学生回顾本单元中包含的所有生字词，利用希沃白板 5 中的 "课堂活动" 模块，设计有趣的识字活动，促进学生加深记忆，提高运用能力。如会利用 "小熊运动会" 功能创建 "找错误" 的趣味活动，教师会将本单元中所学的生字词加入各个语句中，要求学生观察、思考生字的用法，然后每次会分别指定两名学生参与活动，一人作为图中的小熊猫，另一人作为图中的小熊，分别回答题目中的题目，如果选择错误，图中的动物会遭受冰冻、捶打等惩罚，同时会在上方位置计时，如果在规定的时间内未及时回答，会默认接受惩罚，在这样的过程中，学生能够更为深刻地记住各个生字词的用法，同时也会产生更为浓厚的参与兴趣。

三、超星教学平台使多媒体阅读更深入全面

超星教学平台可以为学生构建良好的视觉和听觉交互空间，丰富语文教学内容，从而取得较好的教学效果。教师可以采用线上线下融合式阅读、规定动作的体验式阅读、经典名著的沉浸式阅读等方式，丰富学生的学习体验，培养学生的自主参与意识。

（一）规定动作的体验式阅读

众所周知，体操比赛中有规定动作和自选动作，语文教学中也可以采取这样的方式。语文学习的规定动作可以理解为对学生听、说、读、写能力的培养和提高。传统的教学模式主要是通过课文学习使学生逐步掌握语文的听、说、读、写能力，教学效果往往不理想。教师在课堂上利用多元化的教学平台能够让学生更多地亲身参与、体验学习过程，从而较好地调动学生的学习积极性，取得理想的教学效果。

例如，教学《故宫博物院》一课时，教师可以结合导游专业特色，以课文为素材，让学生分小组进行导游词的讲解。教师创设情境：假如你是一名导游，正带团在故宫游览，你怎么向游客介绍故宫呢？学生进行分组讨论，利用超星教学平台搜集资料，了解导游词的基本构成，学习导游讲解时的神情、动作。完成讨论后，学生按照分组顺序依次上台讲述故宫的导游词，最后小组之间相互打分，相互点评。这样，教师通过一次体验式阅读，把语文与专业课教学有机结合，既使学生掌握了课文内容，又锻炼了他们的专业技能，一举两得。

（二）经典名著的沉浸式阅读

面对庞大的网络信息，教师需要引导学生摒弃其中糟粕，汲取其中的精华。对经典名著的阅读不失为一种最有效的选择，人们通过阅读经典名著，能够了解当时的社会现实和人文地理，感受其中蕴含的人生哲理。人的一生很短暂，阅读经典名著可以帮助学生感受不一样的人生经历，体验不一样的生活。

例如，在讲解五年级下册《草船借箭》时，为了激发学生的学习兴趣，教师可以先让学生分角色演绎课文中的各色人物，让学生沉浸到人物体验中，体会人物当时

的思想感情。同时，教师可以利用超星教学平台，播放《草船借箭》的经典影视片段，供学生学习借鉴，揣摩人物的内心世界。最后，由学生自由打分，根据舞台表现力进行排名。教师对排名靠前的学生予以鼓励，以调动学生参与课堂教学的主动性和积极性。

四、利用易加平台，助力智慧教学

（一）获取海量教学资源，增强学生语文素养

语文教材内容都是经过深思熟虑研究选择的，但要真正增强小学生的语文基础知识和文学素养，还需要大量课本之外的语文学习素材，通过不断学习和训练才能有所进步。教师可以利用易加平台中丰富的教学素材，拓展小学生的知识面和阅读量，以语文教材为核心，以课外知识为外延，建立起一套科学合理的语文教学体系，通过平台中的课程进度安排、课件管理等辅助工具，让语文教学工作更加严谨、扎实、高效。

例如，在部编版小学语文六年级上册《宿建德江》这一课的教学中，在正式讲解这首诗之前，教师可以运用易加平台为学生播放一段 Flash 动画，通过动画视频让学生了解到江边夜景的寂寞、清冷，然后再通过相关图片和资料，让学生对《宿建德江》这首诗创作时的历史背景和作者生平有一个更加深入的了解，感受到诗人的羁旅之愁和壮志未酬，使学生阅读这首古诗时能够理解得更快、更透彻。然后，教师可以从易加平台的教学素材库中调取诗句，拓展更多关于月亮的诗句，促进学生核心素养的提高。

（二）及时反馈教学评价，给予学生鼓励和指导

要提升小学生语文知识水平和实践能力，教师的正面鼓励和正确指导是十分重要的。当学生及时得到教师的反馈和评价后，就可以充分了解自身的语文水平，有针对性地对自己的错误进行纠正，补充和巩固薄弱部分。另外，每一个学生本身的接受能力、语文基础、理解水平都存在差异，在教学实践中不能一概而论，而是应当采用更加精准、到位、具体的分层教学，根据学生的实际语文水平和综合能力给予反馈、鼓励，借助易加平台错题查看、拟真测试等功能，掌握学生的学习进展。教师还可以在平台上将课前预习、巩固、测验、复习等部分串联起来，构建一套系统化的语文教学方案。

例如在部编版小学语文《飞向蓝天的恐龙》这一课教学前，让学生自行观看平台上的微课视频进行预习，讲解完这篇课文后利用平台分析学生的学习状态，给予打分和评价，然后布置具有针对性的课后阅读练习。

五、结语

传统的"一支粉笔、一块黑板"的教学模式已经难以满足当代社会发展的需要，在网络的冲击下，教学平台的出现及时弥补了传统教学的不足。多维互动的云端一体化智慧课堂的构建，极大地激发和调动了学生学习的热情和积极性，使学生真正参与到课堂中来，成为课堂的主人。网络教学平台上大量的教学资源也开阔了学生的视

野，丰富了学生的知识储备，提升了学生的人文素养，为将学生培养为新时代人才打下了坚实的基础。

金晓琴

教育数字化转型背景下大数据与小学数学探究式学习的融合

随着时代的不断发展，传统的探究式教育模式已经无法满足当下社会高速发展的需要。教育领域中涌现大量在线教育平台和学习软件系统，在师生的线上线下使用中，大量的教育数据就应运而生。① 于是，教师的教和学生的学开始产生前有未有的变化，如何改变现有的人才培养方式，如何成为教育数字化转型背景下大数据时代的"新公民"，成为时代教育新命题。

一、基于大数据反馈，掌控班级学情

随着学生自主学习系统、各类教育app的广泛应用，借助平板电脑、智能手机、各种传感器等信息采集设备，教育大数据呈现海量增长，预示着教育大数据时代的来临。对教育大数据的全面采集、精准分析、合理利用，已成为教育发展的重要原动力。这些教育大数据能够反过来应用于教学的各个环节，让智慧校园、智慧课堂逐渐成为可能。

每个班学生整体情况并不相同，对于一些知识的掌握也是参差不齐，那么课前如何了解学生的认知起点呢？学生进入教室时不是一张白纸，他们已有的知识储备在日常生活中已经留下一些痕迹，小到如何吃饭，大到宇宙的起源，他们几乎都有一些个人的看法。所以就需要通过课前准确的学情诊断，让教师能够清晰地关注到全班学生的掌握情况。②

比如在学习苏教版小学数学二年级上册《认识线段》这一课之前，针对线段的特点（直直的，有两个端点）这一知识点进行学情诊断时，通过易加平台和作业小盒，学生整个在线学习过程以及生成的教育数据会被传送至教师端，教师可以通过数据分析了解学生整体情况。这些数据包括：完成情况、班级平均情况、完成平均时长、订正情况、错因汇总等（图5-41）。在这些数据中，正确率最低的是一道判断题："有两个端点的线就是线段"（图5-42）。数据反馈出这一题错误的学生人数为31人，错误率高达68.9%，说明这一题是班级整体的重点错题，为教师的教学提供了数据支撑，建议教师在课堂教学中重视和突破"线段必须是直的"这一细化的知识点。

---

① 孔洋洋，刘建国. 基于大数据的个性化自适应小学数学在线学习分析［J］. 长春师范大学学报，2016，35（12）：55-59.

② 国波. "互联网+数学"：应用大数据反馈学情［J］. 中国现代教育装备，2016，(18)：58-59.

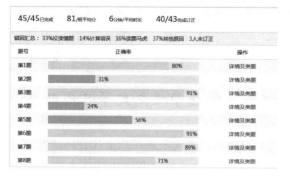

图 5-41　在线学习统计　　　　　　图 5-42　题目数据反馈

因为"线段是直的"这一个直观印象应该是很清晰的,笔者没有想到学生会在这里出现问题,在教学设计中并没有强调这一部分,现在根据作业平台反馈的大数据,发现需要及时调整教学设计。这样的探究式课堂必然是高效的,课堂学生的倾听也是专注的。这正是教师基于大数据及时掌握学生的学情,了解学生知识的薄弱点,改进学生的学和教师的教的实例。只有有效、全面收集和处理这些教育大数据,才能真正为课堂的生态发展建立清晰框架。

二、建立个性化图表,读懂学生内心

曾经,教师要记录每一位学生的表现,通过主观印象来记录或者用纸质表格来进行记录,时间久了之后就会发现主观印象的客观性不强,很多成绩中等的学生容易被忽视,教师无法关爱到每一位学生。同时,纸质的记录容易丢失数据或者数据不完整,缺乏记录的延续性。现在,学生在学习的整个过程中会形成大数据,这些动态数据的引领让学生的学习易触摸、易分析。平台的数据收集,对每一位学生的学习过程进行跟踪记录,经过统一规范标准能够把非结构化、不同形式的数据统一、定量的汇总和分析,再以可视化的图表形式呈现给教师,让学生的学习过程清晰化、直观化、系列化,帮助学生在科学的方法中高效学习数学,提升数学素养。

数据驱动,精准教学。在教学完新授知识后,可以借助易加平台的数据及时反馈的功能,具体关注到每一位学生。具体实施如下:首先教师精心设计检测学生掌握情况的练习题,然后在易加平台上进行布置。学生在学习完新授知识之后,在课堂上借助平板进行答题,系统自动批改形成可视化的答题反馈图表。在图表中,不仅可以看到正确和错误的比例,还可以具体看到还有哪些学生对这一知识点存在困惑以及对应的作答情况,真正实现教师对学生学情了如指掌。

比如在易加平台上布置了这样一道六年级填空探究题:某人在一次选举中,需全部选票的 $\frac{3}{4}$ 才能当选,计算全部选票的 $\frac{2}{3}$ 后,他得到的选票已达到当选选票数的 $\frac{5}{6}$。他还需要得到剩下选票的(　　)才能当选。

通过图表数据分析发现,学生的错误答案主要集中在 $\frac{1}{6}$（共 8 人）、$\frac{1}{4}$（共 10

人）、$\frac{1}{8}$（共 10 人）。通过反向分析，可以推测学生可能出现错误的具体原因。

（1）错误答案是 $\frac{1}{6}$ 的学生，可能是用把全部选票看作单位"1"，然后用 $1-\frac{5}{6}=\frac{1}{6}$。这些学生没有理解 $\frac{5}{6}$ 和问题中涉及的单位"1"，出现错误。

（2）错误答案是 $\frac{1}{4}$ 的学生，可能是这样计算：$\frac{5}{6}-\frac{3}{4}=\frac{1}{12}$，$\frac{1}{12}\div\frac{1}{3}=\frac{1}{4}$。这些同学理解了问题中的单位"1"，但是没有理解 $\frac{5}{6}$ 这个分数对应的单位"1"是当选选票数，并不是全部选票。

（3）错误答案是 $\frac{1}{8}$ 的学生，可能是这样计算：$\frac{3}{4}\times\left(1-\frac{5}{6}\right)=\frac{1}{8}$。这些同学理解了 $\frac{5}{6}$ 这个分数对应的单位"1"，却忽视了所求问题中的单位"1"是剩下的选票数，并不是全部选票。

因此，看似这些同学的答案都是错误的，而且都是错在对于不断变化的单位"1"的理解有部分或全部错误，但是错误的程度是不一样的，有的是全部的单位"1"都理解错误，有的是其中一个。通过大数据分析，可以追踪学生的学习轨迹和思路中的提升点，以便不同的学生都能进一步加深对于数学的认识、理解和掌握。

数据驱动，多元评价。在小学阶段的数学学习中，数学探究式学习的成果不能仅仅看成绩，更需要借助智慧评价系统，从情感、态度、兴趣、交流、合作等多个维度来刻画和记录学生的学习过程，立体化展示学生的数学学习情况。[①] 借助班级优化大师，教师可以从不同的角度来评价学生的学习情况，比如：探究学习情况、数学作业情况、课堂发言情况、在线学习情况、数学实践活动情况、预习情况、家长评价情况等（图 5-43）。

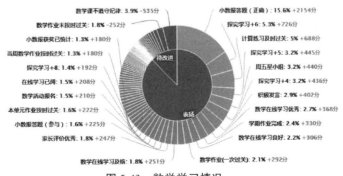

图 5-43　数学学习情况

---

① 付达杰，唐琳. 基于大数据的精准教学模式探究 [J]. 现代教育技术，2017，27（07）：12-18.

大数据下的学生多元化评价是真实的。通过对探究式学习的大数据量化分析，可以让不同学生在不同层次上取得不同程度的进步。① 透过数据的分析，教师可以分析学生学习行为与学习结果之间的关联，了解不同学生存在的差异性，从而更好地因材施教，落实"适合的教育"。

三、实施针对性策略，落实因材施教

传统教学中，当天数学知识学习完之后，教师一般会布置家庭作业巩固所学知识。但是学生对所学知识的理解情况，一般要等教师批阅作业之后才能详细了解。在心理学上有一个"首因效应"，即先接收的信息构成脑中的核心知识或记忆图式，后接受的其他信息会被整合到这个记忆图式中去。也就是说，如果当天的家庭作业中有错误的地方并且没有及时纠正，那么第二天再纠正会困难一些。

数字化转型背景下，这个问题可以逐步解决了。基于互联网的大数据分析，数学学习的作业反馈可以更加快捷、准确，教师可以更方便地去了解学生的个性化掌握情况。教师结合数据分析之后，可以借助企业微信或者每日交作业，及时推送与学生错题相匹配的类似练习，用于检测学生是否已经真正解决问题。同时，对于部分学生的个性化困惑，教师可以提供线上答疑通道，课后辅导摆脱时间和空间的束缚，有效解除班级授课制下无法针对性辅导的弊端。

比如在学习了《因数和倍数》单元后在云课堂上布置课后小练习，题目如下：

(1) 选择：要使三位数"56□"能被3整除，"□"里最大能填（　　）
A. 7　　　　　　B. 8　　　　　　C. 9

(2) 选择：一个两位数除以8和9都余7，这个两位数是（　　）
A. 72　　　　　B. 79　　　　　C. 65　　　　　D. 77

(3) 判断：自然数 a 是自然数 b 的8倍，那么 a 和 b 的最大公因数是8。（　　）

(4) 填空：它是一个三位数，同时是2、3和5的倍数，它最小是（　　）。

(5) 填空：体育课上，40名学生面向老师站成一行，根据老师口令，从左到右报数：1，2，3，…，40，然后，老师让所报的数是4的倍数的同学向后转，接着又让报的数是5的倍数的同学向后转，最后让所报的数是3的倍数的同学向后转，现在面向老师的同学有（　　）人。

学生在线作答之后，系统根据学生作答的情况，将正确答案和对应的详细解析推送给学生，并将每位学生个性错题对应知识点的同类习题推送到相应的学生端，以便每位学生自主巩固提升。

巩固（1）选择：要使三位数36□能同时被2、3、5整除，□里应填（　　）
A. 0　　　　　　B. 2　　　　　　C. 5

巩固（2）填空：一个小于500的数，它除以13余7，除以19余16，那么这个数最大是（　　）。

---

① 卢伶俐. 教育大数据背景下数学课堂教学改革深度分析［J］. 华夏教师，2017，(03)：80-81.

巩固（3）填空：非零自然数 a 和 b，如果 $b=9a$，那么 a 和 b 的最小公倍数是（　　）。

巩固（4）填空：能同时被 3、5、6 整除的最小的两位数是（　　），最大的两位数是（　　）。

巩固（5）填空：在 1 到 2020 的所有自然数中，能被 2 整除，但不能被 3 或 7 整除的数有（　　）个。

根据大数据统计分析，尊重个体在掌握知识的不均衡性，教师能全方位地了解学生的实际学习情况，根据每位学生的易错点有针对性地进行一对一指导，并合理设计与每位学生能力匹配的课后探究式作业，引导其制订适合自己的数学学习方案和进阶目标，[①] 从而真正地做到孔子提倡的因材施教，让每一位学生获得真正意义上的自我发展。

基于大数据引导下的学习策略，"翻转课堂"是落实因材施教的一个选择。传统的学习是集中式学习，学生在教室进行知识的学习，课后则进行知识的巩固和内化。"翻转课堂"则恰好相反，在大家集中之前通过网络开展个别化、碎片化学习；集中在一起的时候进行分享、讨论、内化、巩固所学知识，从而更好地帮助学困生的学习。因为传统教学中，每一个学生都是只能学习一次，可是对于学困生来说，仅仅听教师讲授一遍新知识根本无法掌握。而翻转模式下，学困生可以在家多看几次，这样也可以在上课交流之前和其他学生掌握得差不多。"翻转课堂式教学模式"，让学困生的学习充满自信，让班级学习不再只是学优生的乐园，也是学困生的天地。

综上所述，在数字化转型背景下的探究式学习中，教师要基于大数据分析优化教学策略，实施精准教学，全方位提升师生的数字胜任力和面向未来的学习核心竞争力。当然，在教学中教师要深入理性化思考，避免为了使用大数据而使用，谨防技术捆绑，真正实现关爱每一位学生，逐步提升学生的数学素养。

何杰

小学英语课内外全链条"云课堂"教学模式的实践

当前，教育信息化受到了教育部门和教育工作者们的广泛关注，也已正式成为国家战略行动的一部分。"云课堂"是教育信息化的重要表现形式，在国家和学校的倡导鼓励下，教师们也纷纷开始践行"云课堂"教学，却并没有使教学效果得到显著提高，因此也引发了一些教师的疑惑："云资源"和"云课堂"能够增强教学效果吗？这样的疑惑打击了教师使用"云资源"、探索有效"云课堂"教学模式的积极性，造成恶性循环。

[①] 叶鹏松. 初中物理"教—学—评—研"云端一体化整体架构与创新实践［J］. 物理教师，2023，44（07）：61-65.

那么，什么是有效的"云课堂"教学模式？如何才能利用"云资源"辅助教学，实现最佳的教学效果呢？本文将对"云资源"的充分利用和有效"云课堂"教学模式构建进行探讨。笔者认为对于"云资源"的利用，不应仅仅是简单的推送"微课""云练习"等教学资源，而是要综合运用包括教学资源、教学工具、评价工具、交流工具等在内的多种"云资源"。"云课堂"教学模式的构建，也不仅仅是课后推送"云资源"，而是要将"云教学"、"云任务"和"云评价"与课前、课中、课后各个环节深度融合（图5-44）。

图 5-44　小学英语"云课堂"教学模式的构成

本文将以小学英语译林版四年级上册第五单元"Our new home""方位介词"的复习整理课为例，在教学实践中将"云教学""云任务""云评价"有机结合，对多种"云资源"综合运用，将"云课堂"贯穿课前前学、课中教学、课后研学的整个教学过程并深度融合，希望能够为中小学教师们开展"云课堂"教学实践、提高教学效果提供一种切实可行的思路，起到抛砖引玉的作用。

一、"云课堂"课前前学模式

课前前学，即预习，是课堂教学的准备阶段，是对将要学习的新知识进行自学的过程，它有利于提高课堂学习的针对性和培养学生的自学能力。然而，传统的预习模式中往往存在诸如学生难以获得有效指导、投入时间少、学习效率低等问题，预习效果往往不佳。本课例所采用的"云课堂"课前前学模式克服了传统预习模式的问题，利用"云资源"给予学生丰富的自学资源和充分的前学指导，并利用大数据了解学生前学过程中的难点，从而有针对性地设置课堂教学的重难点。同时，"云评价"也贯穿于前学任务中，激励学生积极完成前学任务。

具体而言，本课例首先利用易加口语布置了听说作业：跟读四年级上册第五单元的 Story time 部分，使学生回顾课文内容并模仿正确的发音，智能 AI 能够逐词逐句评价学生的发音，并给出评分和建议。据此，学生可以及时调整自己的发音，并根据指导反复练习直到发音准确。然后，教师利用希沃白板 5 制作思维导图，其中包含方位介词的定义、用法、例句、相关微课链接等部分，为学生的前学提供丰富的资源和结构化指导。利用思维导图，学生可以学习到方位介词"是什么""怎么用"，还能够通过两个微课来学习"课文中方位介词的用法"和"方位介词的拓展用法"。同时，教师利用晓黑板发布了前学任务，依据前学云资源内容中涉及的重点，设置了选择、判断、排序和听力等练习题目。在做题过程中，学生如果答错某题，可以立刻收到提醒并获得正确答案和解析，从而帮助他们掌握相应的知识点。除此之外，学生还可以回过头从思维导图中获得帮助，有针对性地学习自己较薄弱的知识点。

上面的应用除了能够对学生的学习情况进行实时"云评价"外，也能够对全班学生的整体答题情况进行"云评价"，即进行统计和大数据分析，从而帮助教师掌握学生的前学情况和学习难点，以便针对性设计课堂教学重点。例如，易加口语的统计结果表明学生朗读错误率最高的单词是 in 和 on。晓黑板中云任务的统计结果表明有 2 道题的正确率低于 80%，它们分别是：听录音，为图片排序［图 5-45（a）］；看图，判断正误［图 5-45（b）］。以此为依据，本课教学重难点可以设置为以下两点：(1) 在听力中区分方位介词；(2) 方位介词 on，in 的发音和用法。

(a) 题目"听录音，为图片排序"　　(b) 题目"看图，判断正误"

图 5-45　利用晓黑板 app 发布的练习结果统计

二、"云课堂"课中教学模式

一方面，根据课前前学的大数据统计分析结果，笔者得以精准设计教学重难点，这将大大提高教学目标达成的效率。另一方面，通过课前前学，学生也了解了自己的知识薄弱环节，能够带着疑问参与课堂学习，激发其课堂学习的主动性和积极性。

由于这是一节复习整理课，课文内容已经学过，且在前学任务中安排了对课文的复习，因此，为了更好地吸引学生注意力，高效地推进复习，笔者创设了一条有趣的任务主线帮助学生贯通整个课堂学习过程，即帮助小男孩 Ben 寻找他的 3 只小宠物（蜘蛛、小猫和变色龙）。课中教学分为学习、练习和总结三个环节。

1. 前学反馈，精准学习

笔者首先进行了前学反馈和评价。笔者用到了"云评价"工具——班级优化大师，对学生"会前学"的行为给予奖励，然后教师针对前学反馈中学生存在的朗读问题，对相关课文进行重点带读，帮助学生全面掌握课文内容。

在对前学进行评价和点拨之后，笔者通过设置活动"寻找蜘蛛"，让学生试着说出蜘蛛的方位，从而对本课的重难点进行操练。这里使用希沃白板 5 的"云工具"——蒙层和擦除功能进行任务设置，制造了悬念，增强了学生寻找蜘蛛的兴趣。

在通过寻找蜘蛛活动帮助学生操练了基本方位介词用法的基础上，笔者进一步通过设置"寻找宠物猫"的情境对本课需要掌握的所有方位介词进行梳理。为了让学生保持高度的专注，笔者利用了希沃白板 5 的"云工具"——图片随机闪现来增加趣味性，学生能够跟着随机闪现的场景来说出宠物小猫的方位，在游戏中对各个方位介词进行熟练掌握。

2. 注重交互，充分练习

在练习环节中笔者设置的情境是帮助小男孩 Ben 寻找他的宠物变色龙。在该环节中，重点练习了前学任务大数据分析得出的教学重难点："区分 on the tree 和 in the tree"以及"在听力中区分 on、under、in 等方位介词"。

第一项活动是针对"区分 on the tree 和 in the tree"这一教学重难点设置的。首先运用希沃白板 5 的"云工具"——蒙层和擦除功能，吸引学生一起来寻找宠物变色龙，学生的目光追随着逐渐展现的图片，在变色龙刚露出来的时候，就有学生说出了变色龙的方位。在这个过程中，有些学生的表达会出现偏误，尤其是涉及 on the tree 和 in the tree 的时候，学生非常容易混淆。这时，老师及时针对性讲解 on the tree 和 in the tree 的用法，引导学生说出二者的区别，并纠正学生的表达。在此基础上，采用希沃白板 5 的"云工具"——互动游戏功能，让学生将 on the tree 和 in the tree 与不同语境进行搭配（图 5-46）。以上"云教学"让学生在猜一猜、玩一玩的过程中轻松、高效地练习并掌握 on the tree 和 in the tree 的用法。

图 5-46 利用希沃白板 5 超级分类游戏来学习重难点

第二项活动的主要目的是让学生学会 on、in、under 等方位介词的读音，并在听力中区分 on、in 和 under。这里我们用到了"云工具"——词典，它可以被随时调用，且兼具发音、释义和举例的功能，学生可以通过跟读与模仿，纠正自己的发音，同时也加深了对词义的理解，进而有利于在听力中对 on、in 和 under 进行准确的区分。

在对教学重难点进行针对性练习后，笔者进一步通过设置创编对话任务提升学生运用方位介词的综合能力。具体任务如下：又到了晚上，Ben 的宠物们都不见了，请你帮 Ben 找一找吧。为了创设情境，笔者设置了多个可移动的图片：小猫、变色龙、沙发、茶几、钟、墙画，其中沙发、茶几、钟、墙画的图片设置为"顶层"，学生可以通过移动这些房间里的物品来寻找隐藏的蜘蛛、小猫和变色龙，并在寻找的过程中创编丰富的对话（图 5-47）。

练习环节通过运用多项"云工具"，开展互动游戏，寓教于乐，吸引学生注意力，帮助学生掌握本课的重难点并提升对方位介词的综合运用能力。在"云教学"和"云任务"

图 5-47　利用希沃白板 5 移动图形功能创编对话

的过程中，笔者也引入了"云评价"机制贯穿整个环节，例如，利用班级优化大师对"会互动"的个人和"会合作"的小组给予奖励，鼓励学生积极投入到学习任务中去。通过"云评价"的辅助，赋予学生更强的学习动机，使他们全身心投入课堂学习。

3. 思维导图，有效总结

对知识进行总结的目的是：使知识条理化、系统化；巩固强化知识；激发兴趣，培养智慧。[①] 而采用"云工具"再现知识体系，既能引导学生有层次、有条理地复述本课的知识点，也能够作为课后复习资料，供学生反复学习。为了达到总结的目的，在本环节中，笔者再次运用希沃白板 5 的"云工具"——思维导图，将英语中方位介词的定义、口诀、例句、例图等进行了结构化的呈现，并对本课重难点进行强调（图 5-48）。笔者利用该"云工具"引导学生复述本课的知识，对知识进行有效总结和熟练掌握。

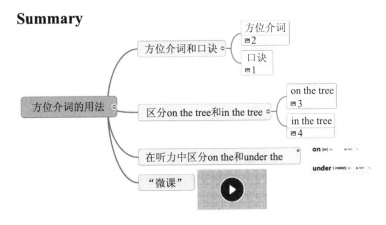

图 5-48　利用希沃白板 5 思维导图工具再现和总结知识点

---

① 桑明康. 画龙点睛的"结课"艺术 [J]. 华夏教师，2012，(08)：64.

三、"云课堂"课后研学模式

笔者综合运用了"云教学"、"云任务"和"云评价"相结合的手段来进行研学任务设计：任务一，请学生学习微课"英语中的方位介词"，并将课堂笔记补充完整。任务二，请学生完成发布在 UMU 互动学习平台上的"云任务"。

在第一项研学任务中，微课"英语中方位介词的用法"将课堂内容进行了提炼和浓缩。利用这一课后"云教学"方式，可以帮助学生重现课堂内容、补充笔记、温故知新。该方式比传统的回忆式复习更加系统和有效，同时也满足了不同程度学生的个性化学习需求。尤其是对课堂学习疏漏较多的学生而言，微课可以随时随地反复观看，无疑增加了他们学习的机会，有利于他们更好地掌握课程知识。在教学实践中，学生对该研学微课的利用率较高，评价较好。

在第二项研学任务中，利用 UMU 互动学习平台设置了包含 8 道单选题、2 道多选题的"云任务"，覆盖了本课的主要知识点，旨在引导学生进行任务驱动式的练习和复习。学生在线完成任务后，可以查看自己答案的对错和题目解析，第一时间发现自己的问题并予以纠正。在学生完成"云任务"后，老师通过大数据统计，针对错误率较高的题目录制微课，进行有针对性、详尽的讲解，使学生能够进一步针对薄弱环节进行巩固提高。在该项"云任务"过程中，完成了"云任务"和纠错微课的同学可以获得一张由 UMU 互动学习平台颁发的电子证书，同时，老师也会利用班级优化大师给完成了任务的同学以积分奖励。

四、结语

本课例构建的"云课堂"教学模式，综合运用包括教学资源、教学工具、评价工具等在内的多种"云资源"，将"云教学"、"云任务"和"云评价"与课前前学、课中教学和课后研学深度融合，实现了较好的教学效果。在课前前学环节，笔者利用微课、知识导图和易加口语来帮助学生进行前学，一方面，使学生初步熟悉和掌握知识，另一方面，教师能够根据大数据统计分析针对性设计课堂教学重难点。在课中教学环节，首先将前学反馈与课堂导入相衔接，对学生的前学进行评价和点拨；然后，引入了一条教学主线来创设任务情境，运用交互式白板的多项"云功能"来推动课堂任务的进行，增强了课堂的交互性，并使得课堂更加紧凑高效；最后运用思维导图工具来进行总结延伸。在课后研学环节，利用微课来复现课堂，帮助学生根据自己的学习程度进行自主有效的复习；利用思维导图来为学生提供课后学习的支架和资源；利用"云任务"帮助学生检测和反思学习效果。另外，在前述所有的教学环节中，"云评价"始终贯穿其中，一方面，通过 AI 智能评价、教师评价、学生评价等环节激发学生学习动力，管理学生学习行为，反馈学生学习效果，使其能够积极、认真、有重点地进行学习。另一方面，通过大数据分析，教师对教学效果进行准确把握，有利于有效地开展教学反思，不断提高教学效果和水平。

采取本文提出的课内外全链条"云课堂"教学模式，能够使学生沉浸到学习的各个阶段，从而显著提高学生学习的积极性，增强学习效果。本文所构建的融合

"云教学""云任务""云评价"的教学模式是笔者进行的一个初步探索,取得了较好的教学效果,希望能够为教育工作者们提供参考,以期在更多的课程中进一步验证和完善。

吴骏

云端一体,地球与宇宙科学领域实验教学数字化转型新路径

一、科学四大知识领域

在教育数字化转型的背景下,科学知识也需要"数字化"。小学科学是一门体现科学本质的综合性基础课程,知识体系总体涵盖四大领域,其中包括物质科学领域、生命科学领域、地球与宇宙科学领域、技术与工程领域。其中,生命科学领域是贴近自然的一环,物质科学领域涵盖物质自身的本质,技术与工程领域是与先进技术、现代社会最密切相关的。而地球与宇宙科学领域,是人类跨越摇篮的一个板块,是人类放眼太空、仰望星空的知识领域,是最神秘、最令学生感兴趣的一个知识板块,同时也是与"数字化"最为契合的知识领域,所以在教育数字化转型的背景下,该领域的实验教学亟待云端一体化[1]的整合。

二、地球与宇宙科学领域

笔者认为,地球与宇宙科学领域是务必要进行教育数字化转型的版块,该领域对学生有着很大的吸引力,从小学一年级开始,无论男生女生,都是向往太空的,对太空中那神秘的天体、外星的环境、奇特的星云都充满着浓厚的兴趣和想象力,这是学生们的共性。地球与宇宙科学领域包括以下知识:在太阳系中,地球、月亮和其他星球有规律地运动着;地球上有大气、水、生物、土壤和岩石,地球内部有地壳、地幔和地核;地球是人类生存的家园。无论是地球本身的科学知识,还是外太空的科学知识,都是神秘而动人的,顺应学生对该领域的兴趣,推进科学教学,可稳步提升学生科学素养,促进实验教学数字化转型。

三、科学课堂探究的必要性

探究在科学课堂中尤为关键。在教育数字化转型的背景下,探究需要进行云端一体化的转变。小学科学课堂学习面广,学习深度不深,但是对初中的理化生地的学习有着非常重要的基石作用。探究很关键,而探究的背后是由实验支撑的。实验是什么,实验是对于未知结论的探索进行的实际性的操作,或者是对于已知实验结论的验证。换句话来说,探究必须要有实验,实验本身也是一种探究。课堂探究对于提升学生的科学素养,对于培养科技后备力量,实现我国科技强国梦,都有着非常重要的意义。总结来说,科学课堂的必要条件是以实验为主的探究。

---

[1] 叶鹏松.云端一体化课堂的建构与实践思考[J].中小学数字化教学,2020,(07):3.

四、地球与宇宙科学领域的"探究困境"

地球与宇宙科学领域的探究，是有趣的，但也是充满困难的，如果一味灌输理论知识，那将适得其反，不能达到预期的学习效果，但是，想要把地球乃至宇宙的知识以可视化的形式展现出来，确实又是比较困难的。首先对于地球本身来说，有句话说得好，身在庐山"不识庐山真面目"，虽然我们生活在地球上，但是对于地球本身的观察还是欠缺的、片面的。人类虽然生活在地球上，准确地说，生活在地壳表面，但对于地壳的观察都很局限，更不用说地幔和地核了。总之，把地球本身的知识以学生能看得见的方式展现出来，是对科学课堂一种非常有力的帮助。对于地球之外的宇宙，学生很少、也很难去观察，对于宇宙，学生的观察停留在"仰望星空"，对于学生来说，浩瀚的宇宙、天体的运行、太阳表面的激荡都是不曾知晓、难以观测的。同样，对于小学科学课程来说，使用微课、图片等形式来辅助科学课堂探究已不在少数，对于科学课堂的帮助、作用也是相当大的。在微课、图片在科学课堂中已经普及的情景下，笔者发现，图片是静态的，微课是无法控制的固定视角，虽然对于探究的辅助作用很大，但还是存在着一些难以解决的问题。比如在学习月相变化时，视频、图片展示的内容，对于学生来说，还是很不明朗的，月相变化是立体的，而且月球的运行轨道和地球的运行轨道之间存在一定的夹角，这就是为什么不会每月发生一次日食的原因（图5-49），总之，通过图片、微课展示的是一种二维空间，很难帮助学生去理解月相的变化，严重点来说是在误导学生，让学生放弃了对空间中天体运行规律的理解，像这样的教学案例暴露的问题是很多的，这里不再赘述。总之，需要一种方法，来帮助学生理解地球与宇宙科学领域的知识、辅助对该领域的探究。在教育数字化转型的背景下，宇宙科学领域的实验教学，需要进一步转变，应结合云实验平台，进行云端一体化的整合。

图 5-49 常规教学无法立体可视化的教学困境

五、突破探究困境

1. 知识可视化的必要性

在教育数字化转型的背景下，知识的可视化是非常必要的。在澳大利亚墨尔本大学约翰·哈蒂教授的著作《可见的学习》中，就提出了"教与学可视化"的教学理论，也叫可见的教学，这样的教学能够让学生体验学习过程，获得最佳的学习效果。"可视化"其实分为两层含义，一层是让老师看到学生的"学"，一层是让学生看见、看清老师的"教"，教师能清楚地看到自己所起的作用，也能让学生渐渐成为"自己的老师"。传统的教学要么注重于教师的教学，或者着重于学生的学习。"可视化教学"就是让老师了解学生的"学"，让学生懂得老师的"教"，对症下药，给予学生最有效的支持与反馈。学校教育的根本目的是保证所有学生的"学"，要先保证他们学到了，而不是简简单单地让学生处于被教的状态。教育可视化就像一面镜子，教师把知识在这面镜子上呈现出来，学生不仅仅能够在镜子上看到烦琐的知识变得可视化，也能看到自己学习的状态。同时，学生也像一面镜子，教师将知识通过信息化手段来将知识呈现出来，学生在尝试读懂、了解知识的过程中，究竟能掌握到什么样的程度，学生这面镜子都会把这些信息反馈给教师，教师再进行教学方式的变换。知识是烦琐、复杂、多样的，不论什么学科，都有一根绳索将这些"七零八落"的知识串接起来，达成实验、教学云端一体。

2. 科学知识静态可视化

在教育数字化转型的背景下，进行知识静态可视化转变是第一步，对于地球与宇宙科学领域，其中地球的形状，比如：高原、盆地、山脉、峡谷、平原等地形；还有地球上的岩石和矿物，它们的颜色、形状等特征，月球表面的地形，例如环形山、月陆和月海；还有太阳系中的八大行星和太阳的表面及内部，地球的地壳、地幔、地核等结构，[1] 以上都是关于地球与宇宙科学领域的"静态"知识，比较固定，教师可以利用"云平台"虚拟实验来呈现，使这些"静态"知识可视化，利用"云平台"虚拟实验的三维视图，把学生的视角带入太空的视角，从太空去观察地球乃至其他天体。对于学生来说，三维的视图比微课、图片的形式好在它可以随着操作者本身的意愿来控制视角，观察的视角很多样，真正意义上把课堂交给了学生。图片、微课形式的呈现形式，方式很固定，视角是锁定的，只是"看"而不是利用云平台虚拟实验的"学"。众多虚拟实验平台均可达到此效果，比如希沃白板5里的"星球"功能，就是一种很适合课堂教学的虚拟实验平台（图5-50），利用"星球"功能，可以一览八大行星、月球、太阳的全貌，以太空的视角去观察这些天体，可以清晰、自由地看到地球、月球表面的地形，太阳的表面以及三个天体的内部结构，清晰、明朗、视角可切换，这些都是微课、图片形式的展示所不能达到的。总的来说，利用虚拟实验平

---

[1] 刘晋斌，李佳涛. 基于学习进阶的小学科学建模教学——以"地球与宇宙科学领域"内容为例[J]. 中小学教材教学，2021，(10)：40-45.

台去展示地球与宇宙科学领域中的"静态"知识,在学生的脑海里,形成三维的概念,了解到天体都是立体的,优点很多。虽然没有"动态"知识的可视化效果那么明显,但是依旧是强有力的辅助探究的工具,使实验教学可以从线下走向云端,进行数字化转型。

图 5-50 太阳系静态模拟

3. 科学知识动态可视化

在教育数字化转型的背景下,进行知识动态可视化转变是第二步。有关地球与宇宙科学领域的"动态"知识,可以说是琳琅满目。地球表面地形的形成、地球表面的大气流动、水循环、火山活动、地球的自转与公转;月球表面地形的形成、月球的轨道运行;太阳表面的活动;太阳系的运行方式乃至银河系的运行方式等都是"动态"的,都是每时每刻都在变化的。在科学课堂中,以传统的微课、图片的形式来展示以上"动态"知识,是很固定、很局限的,而利用虚拟仿真实验平台可以很巧妙地解决这个问题,利用虚拟仿真实验平台,以三维的视角来观察、来呈现、来模拟地球、月球、太阳的运行以及本身的情况,是一种真正意义上的"可视化"的探究方式,真正意义上达成实验教学数字化转型与云端一体教学范式(图 5-51、图 5-52)。在研究太阳系中各天体的运行轨道时,无论是木星、土星还是地球,都是巨大的天体,但它们相比较于太阳系本身,还是渺小的。传统教学上利用图片、微课形式展现太阳系和众多天体关系时,一般都会将八大行星以及太阳放大,这样方便学生观察到,但其实这是错误的比例,不符合真实太阳系中,八大行星、太阳与太阳系之间的真实比例,这对学生何尝不是一种误导。虚拟仿真实验就可以解决这个问题,利用虚拟仿真实验平台,可以将比例与现实太阳系相同的虚拟太阳系呈现出来。可以看到,天体虽大,但太阳系的本身范围更大,从系外太空的视角去观察太阳系会发现,太阳、木星、土星这样的天体还能看出是一个近似球体的天体,而对于体积较小的水星、火星等甚至只能看到一个点。在学生看来,这是震撼的,而且是真实的。通过虚拟仿真的呈现,学生深刻地体会到宇宙的广袤无垠,我们生活的地球、我们的存在是如此的渺小,深刻体会"寄蜉蝣于天地,渺沧海之一粟"的情感态度,并且向往太空,憧憬未来。

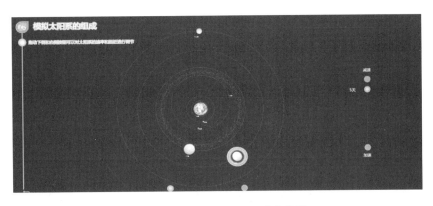

图 5-51　NOBOOK 太阳系动态模拟

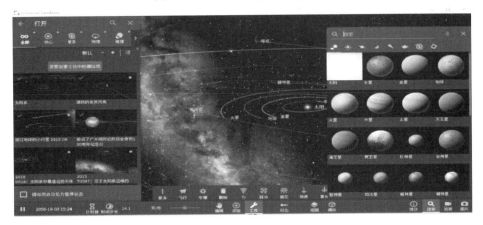

图 5-52　Universe Sandbox 太阳系动态模拟

除了上述应用之外，在探究月相变化的课堂中，利用虚拟实验也将达到事半功倍的效果。月相变化是有规律的，与太阳、地球、月球三者的位置关系有关，但是，三者的位置关系是三维的，并且月球轨道和地球轨道有着一定的夹角，利用传统的微课、图片进行教学将达不到三维视角的效果，让学生的思维变得固化，利用虚拟实验，直接模拟三者的位置以及轨道关系，一目了然，学生可以深入理解月相变化的规律（图5-53）。同时，"日食""月食"的天文现象，虽然难度不大，但对于缺乏一定空间想象力的小学生来说，理解起来还是有一定的阻碍的，日食是太阳的光被月球挡住，而月食是地球挡住了太阳照向月球的光，并且也存在一定的夹角和远近程度不一样等难点，此时，利用虚拟仿真实验，便可以让太阳、地球、月球三者的位置关系有清晰的展示，并且也可以将它们动态的运行呈现在学生的眼前。① 对于学生来说，"动态"的宇宙是吸引人的，学生感受到天体的"动态"运行，才能理解月相的"动态"变化，这对学生脑海中形成月相概念，理解月食、日食的原因是有很大帮助的。知识与实验云端一体，构建地球与宇宙科学领域知识网格。

---

① 杨海青，刘世贵. 虚拟仿真实验教学的初步探索［J］. 学周刊，2022，（09）：189-190.

图 5-53　Stellarium 太阳、月相、日食、月食

六、云平台虚拟实验对学生素养的提升

在教育数字化转型的背景下，地球与宇宙科学领域实验教学转型，能切切实实帮助学生去"脚踏实地，仰望星空"。对于学生来说，要脚踏实地地去学习，更要仰望璀璨的星空。教师要培养学生刻苦学习，探索科学真理、宇宙奥秘的科学素养。以前，人们可以利用望远镜、星座图来观察、学习、了解星象，观测星空，但是只利用这些工具，学生时常会遇到这些问题：这颗很亮的星星，它叫什么？这是哪一个星座？它是恒星还是行星？我们知道，夜空中亮闪闪的大部分是恒星，离地球十分遥远，但是也有一些是行星，比如金星、火星，它们在夜晚也会闪闪发亮，因为它们反射了太阳的光线。虽然可以用星座图对照，但是由于天气、地球自转、季节等原因，星座图并不适合初次观察的同学们去对照，这样会给学生带来很多困扰，用望远镜只能"看个热闹"。这时，可以利用"云平台"虚拟仿真来辅助，PC 端、移动端都有此类星空 app，它可以利用摄像头拍摄，将拍摄到的画面利用 AR 增强现实技术，根据季节、时间、重力感应角度、方向确定方位，标注出拍摄到的星星的信息，甚至可以找到此时的太阳、月球在观察者身处的地球背面的哪个角度，还有银河系、各类人造卫星的位置（图 5-54），这样，学生在仰望星空时，就有迹可循，并不是"看个热闹"，不仅看到了星空，也学习到这些恒星、行星的知识，可以深刻体会到宇宙行星、恒星的运行法则和浩瀚宇宙的广袤无垠。观测结束后，学生根据刚刚观测到的星星，了解到了名称，利用网络进行查阅资料，学习该星星是哪种恒星或者行星，它身处于哪个恒星系，它距离地球有多远。总的来说，利用这类"云平台"虚拟仿真技术，可以辅助学生来探索星空。对于在科学课堂上学习的知识也是很好的巩固，体现云端一体的架构，促进教育数字化转型。

图 5-54 星空 app 模拟太阳系、银河系

七、总结

在教育数字化转型的背景下，小学科学课堂的知识体系是很广泛的，其中实验教学也是亟待转变的，地球与宇宙科学领域是其中之一。这个领域的知识是神秘的，是令学生十分感兴趣的，它深邃、惊奇，学生对其有着浓厚的学习动力。在小学阶段，顺应学生的心理特点、兴趣方向，引导学生学好、学扎实地球与宇宙科学领域的知识，是很重要的，利用"云平台"虚拟仿真实验平台，解决很多传统微课教学的难题，云端一体，实现了知识"可视化"，促进了科学教学数字化转型，摆脱困境，辅助学生探究复杂天体运行与其内部的结构，对培养学生科学素养有着至关重要的作用。

教育数字化转型的科学课堂探究的案例还有很多，以上介绍只是冰山一角。对于新课标指导下的小学科学教学，要在保留原有科学核心要素实验探究的前提下，利用网络虚拟实验平台，助推科学数字化教与学，让学生在云端一体化实验平台上再实验、再探究、再验证，总结现象，得出结论。云平台虚拟实验在教育数字化转型的背景下，促进了地球与宇宙科学领域实验教学云端一体范式的变革，开辟了地球与宇宙科学领域实验教学的新路径。

卫巍

人工智能驱动课堂改革，数字技术赋能教师成长
——以评价改革引领教育高质量发展的探索与实践

星洋学校是一所诞生于"互联网+"风口的学校，建校之初，就提出"建一所预见未来的智慧学校"的办学愿景。

一、开拓进取，敢当预见未来的"弄潮儿"

在省前瞻项目引领下，学校紧紧依托园区智慧教育创新实践优势，建构了以八朵主干教育云为支撑的"云课堂"，营造"学—教—测—评—管—研—培—服务—家校共育"全流程云端一体化智慧教育生态。出版专著《"互联网+"背景下"云课堂"的校本化建构与创新实践》，成果获江苏省教育研究成果二等奖。学校先后获评"省智慧校园示范校""江苏省教科研先进工作集体"等，实现了学校的快速发展、创新发展和智慧发展。

二、继往开来，把准赓续发展的"方向盘"

建校以来，星洋学校规模急速扩张。面对两大校区、大体量、扩张快、新进教师多、家长期待高的发展状况，一方面，星洋人致力于办老百姓家门口的好学校；另一方面，学校也一直面临地段情况复杂、生源薄弱且流失严重、尖子生不突出的困局。星洋学校把"办人民满意教育　建师生幸福校园"作为学校"十四五"发展目标，立足实际，攻坚克难，力求探索一条具有星洋品牌特色的教育高质量发展之路。

强校必先强师。在人工智能等新技术迅猛发展、国家教育数字化战略行动的背景下，学校以"八朵云"中的"云教学"为突破口，立足课堂，挖掘教学深度，提升教学品质，建强师资队伍，用技术赋能课堂。

三、守正创新，点燃教师提升的"强引擎"

1. 树立新理念，驱动教学转型

2022年12月，星洋学校成功申报第五批苏州市基础教育前瞻性教学改革实验项目二类项目"教育数字化转型背景下'云端一体化课堂'校本化创新实践"。云端一体化课堂线上线下同步开展，区域内外共建共享，促进师生面向未来发展，丰富学生线上线下混合式学习方法、技能、体验与素养，同步丰富教师数字化转型背景下面向未来的TPACK。

智能技术赋能为教育评价变革发展提供了重要机遇，智能技术与教育评价融合创新是深化新时代教育评价改革的必然选择。2023年4月，星洋学校被列为园区"人

工智能赋能课堂教学评价项目"试点学校。自项目实施以来，在园区教师发展中心相关学科教研员的指导下开展了项目的研究工作。以六位种子教师的常态课堂作为研究窗口，组建"学科教研组长+种子教师"的项目实施研究团队，开展专题研修，创新教学评价；反思研读报告，优化教学行为；加强团队研究，驱动教学转型。5月25日，园区教发中心杨原明主任、许凤副主任带领教研员走进星洋学校，激励教师立足园区教智融合背景，积极探索人工智能赋能课堂教学评价，进一步构建高质量评价新体系，探索数字赋能新路径，丰富评价驱动新样态。

7月15日，21世纪教育研究院《中国教育蓝皮书》调研团队郑万瑜主任一行在园区教育局权俊良处长的带领下莅临星洋学校调研指导，对我校办学给予充分肯定和赞许。

2. 融入新技术，促进师能提升

我校以苏州市第二批"四有"好教师重点培育团队、教师教育基地引领助推教师专业发展，学校连续两年教师人才指数排在区域前列。

通过两个多月的"人工智能赋能课堂教学评价项目"的研究与实践，教师的课堂教学特征得以精准勾勒，教师自省能力明显增强，教学设计能力与课堂教学行为有所改善，教师团队得以成长，课堂品质得以提升。5月16日，在园区易加分析星浦实验中学专场展示中，我校初中语文蒋慧萌、数学许俊教师借助易加分析微监测数据进行"教—学—评—研"一体化课堂设计。基于园区易加分析、麦盟人工智能赋能课堂教学评价、希沃信鸽等平台与教学评价新技术的融合运用，构建了教学评价的新样态，有力支撑教师面向未来教育的师能提升。

四、凝心聚力，共建学校发展的"好生态"

2023年，在园区教育党委的正确领导下，在原星洋学校校长叶鹏松的带领下，全体星洋人弘扬"四敢"精神，共建学校发展的"好生态"。学校"科创+俱乐部"筑峰课程、"强基+班级组"提升课程，在"双减"背景下，积极做好科学教育加法，同时高质量承办苏州市"小小生命科学家"终评活动。学校工作赢得了家长的充分肯定，取得了良好的社会效应，促进了星洋学生综合素养的显著提升。

人工智能驱动课堂改革，数字技术赋能教师成长。星洋学校将继续探索评价改革引领下的教育高质量发展路径，通过循证施"教"、循证助"学"，打造"数据循证"的评价改革生态，推动园区教育优质均衡提升再上新台阶，为园区教育高质量发展和现代化建设做贡献！

肖晨

后 记

苏州工业园区星洋学校成立于 2015 年 7 月，作为一所诞生于"互联网+"风口的学校，成立伊始就以"建一所预见未来的智慧学校"为办学愿景，以技术、资源、课程、空间以及师生活动线上线下的深度融合为教学特色，积极构建个性化、自主化、智能化、泛在化的云端一体化课堂，在致力于培养中国学生发展核心素养和 21 世纪学习者技能等育人理念的指引下，率先提出"教育数字化转型背景下云端一体化课堂"的教学主张。

得益于江苏省、苏州市和苏州工业园区智慧教育的区域优势和校本化的先行先试，2018 年 5 月，在苏州工业园区教育局沈坚局长的关心指导下，学校成功申报江苏省基础教育前瞻性教学改革实验项目"'互联网+'背景下'云课堂'整体架构的创新实践"；2018 年 7 月，"'互联网+'背景下'云课堂'整体架构的创新实践研究"又成功申报江苏省"十三五"教育科学规划重点自筹课题；2021 年 12 月，"教育融合背景下云端一体化课堂整体架构的创新实践"成功申报中国教育学会 2021 年度教育科研课题。

在前瞻项目实验与课题研究过程中，我们得到了中国教育科学研究院主任王素、中国教育学会副秘书长高书国、江苏教育学会名誉会长陆志平、江苏中小学教研室主任董洪亮、江苏省教育学会原副秘书长吴兆虎、苏州市教育局基教处副处长王双全、苏州市电教馆馆长顾瑞华、苏州市电教馆原馆长金陵、苏州市教育学会副会长宋杏元、园区教育学会秘书长孙春福等专家领导的悉心指导；同时学校紧紧依托江苏省名师空中课堂、苏州市线上学习中心、园区易加学院平台和希沃云端一体化教学平台，基于移动互联、跨平台智能终端，融入云计算、大数据、人工智能等信息化技术与资源，以系统化创新思维，引入"云问卷""云教研""云教学""云评价""云直播""云阅卷""云合作""云课程"八朵主干云为支架，对传统课堂教学进行深度流程再造与整体架构，科学深化了"云课堂"的概念界定、基础环境、应用架构与课堂评价体系，不断优化课堂的呈现形式、互动方式、评价方式，不断推进教与学方式的结构性变革，不断提升师生资源分享、及时互动、精准评价和个性化教与学的体验。

在此基础上，重点围绕参与度、适切度、融合度、达成度四个维度，结合大数据诊断，分别从学生主体性、教师主导性、课堂生态性、教学有效性四个方面，聚焦精准化、情境化、交互化、结构化四个特征，提出了前学课程导学、在线问卷诊学、课堂互动精学、课后个性研学"四学"云端一体化创新教学范式，成效显著。

星洋学校的课堂既可以在线下，也可以在云端；学习既可以在校内，也可以在校外。线下课堂也不再传统，可以自由调用云端的资源进行展示、分享、交互和诊断，或借助直录播平台走向云端，不断拓展教与学的边界，星洋学校的云端一体化课堂不仅在工业园区起到示范引领作用，而且还远程推送辐射到贵州铜仁和新疆霍尔果斯，以及省内众多友好学校、联盟校和周边许多民工子弟学校，和他们共享教育数字化背景下的优质教育资源与课改成果，无论是教还是学，都呈现出深度融合的创新发展生态。富有成效的探索和实验确立了学校在教育数字化转型时代发展的核心竞争力和学习者的主体地位，也让星洋学校成功应对了新冠疫情带来的挑战，展现了项目实验与课题研究对推进教育数字化转型时代课堂变革的前瞻性与示范带动作用。

学校先后获评首批"江苏省中小学智慧校园示范校"、教育部"2019年网络学习空间应用普及活动优秀学校"和江苏省"教科研工作先进集体"。

叶圣陶先生曾说："教是为了不教。"教育数字化转型时代，以移动互联、云计算、大数据、人工智能等为标志的新一代信息技术，不仅可以赋能教师，让教师教得更精准、更泛在、更智能，也可以赋能我们的学生，让学生学得更个性、更自由、更深入，所以积极探索面向未来的教学改革与创新，既有利于更好地达成叶老所倡导的"教是为了不教"的教育，同时也有利于师生获得面向未来的持续的学习力与创新力等核心竞争力！

本书是对中国教育学会课题、江苏省和苏州市前瞻项目实验研究成果的系统梳理，希望能在教育数字化转型时代为更多学校面向未来的教学创新实践带来有益的启迪。由于实践时间短，技术与资源迭代快，团队能力水平有限，不当之处在所难免，恳请专家同仁批评指正！

叶鹏松
2023 年 10 月 8 日